Donald L. Kirkpatrick

Konferenz mit Effizienz

Erfolg mit gut geplanten Besprechungen

Orell Füssli

Aus dem Amerikanischen übertragen von
Marion Zerbst

Redaktion: WZ Media Productions
Werner Waldmann + Marion Zerbst

Titel der Originalausgabe: How to plan
and conduct productive business meetings

Umschlag: H. + C. Waldvogel, Zürich
Satz, Druck und Einband: Ebner Ulm
Printed in Germany
ISBN 3 280 01910 9

Inhalt

Vorwort

Sicherlich haben Sie es schon hundertmal erlebt: Sie verlangen jemanden am Telefon, und seine Sekretärin sagt bedauernd: »Tut mir leid, Herr X ist gerade in einer Besprechung.« Haben Sie sich eigentlich schon einmal ausgerechnet, wieviel Zeit Sie und Ihre Kollegen in Besprechungen zubringen? In jeder größeren Firma oder Institution finden tagtäglich unzählige Besprechungen statt, und erschreckend viele davon sind pure Zeitverschwendung.

Daher sollten Sie sich nach jeder Besprechung vier Fragen stellen:

- War die Besprechung auch wirklich notwendig?
- Ist etwas Sinnvolles dabei herausgekommen?
- Wenn nicht, warum nicht?
- Wie könnte ich meine Besprechungen künftig effizienter gestalten?

Ich habe dieses Buch hauptsächlich für Manager geschrieben, die für die Organisation und Leitung von Konferenzen verantwortlich sind. Es enthält praxisorientierte Ratschläge und Anregungen für Konferenzen aller Art – in Industrie, Geschäftsleben, Regierung, Militär, Schulen, Kirchen, wohltätigen Organisationen usw.

Die Befürworter von Konferenzen können sicherlich gewichtige Argumente dafür vorbringen, warum Besprechungen notwendig sind und was man mit ihnen alles erreichen kann. Die Konferenzgegner könnten ebenso überzeugend schildern, wieviel Zeit und Geld für Besprechungen vergeudet wird, bei denen nichts herauskommt. Beide Parteien haben recht – und gleichzeitig unrecht. In diesem Buch möchte ich Ihnen zeigen, wie man Besprechungen effizient organisiert und gestaltet.

Mit dem Wort »Konferenz« oder »Besprechung« meine ich eine Versammlung von drei oder noch mehr Leuten, die mit Hilfe eines Konferenzleiters ein Ziel oder mehrere Ziele erreichen möchten. Die drei wichtigsten Konferenztypen sind:

1. die Abteilungskonferenz, bei der der Abteilungsleiter sich mit seinen Mitarbeitern trifft, um ihnen Informationen zu vermitteln, sich seinerseits von ihnen informieren zu lassen oder ein Problem zu lösen.

2. eine Besprechung innerhalb eines Ausschusses, eines Teams oder eines Qualitätszirkels, bei der die Gruppe unter Leitung des Vorsitzenden ein Ziel oder mehrere Ziele zu erreichen versucht.

3. eine Schulung, bei der der Konferenzleiter versucht, den Kenntnisstand und die Fähigkeiten seiner Mitarbeiter zu verbessern oder ihre Einstellung zu ihrer Arbeit zu verändern.

Bei diesen Besprechungen sitzen sich in der Regel alle Teilnehmer in ein und demselben Raum gegenüber. In letzter Zeit finden jedoch immer mehr »Telekonferenzen« statt, bei denen die Teilnehmer sich an verschiedenen Orten befinden (siehe Kapitel 18).

Ich wende mich in meinem Buch hauptsächlich an Konferenzleiter – an den Chef, der sich mit seinen Mitarbeitern zu einer Besprechung trifft, an den Vorsitzenden eines Komitees oder an den Trainer, der den Besprechungsteilnehmern beibringen möchte, wie sie ihre Aufgaben effizienter erfüllen können. Jeder Konferenzleiter hat unabhängig von seinem Titel oder seiner Befugnis die gleiche Aufgabe – nämlich die Besprechung so zu organisieren, daß etwas Sinnvolles dabei herauskommt.

Dieses Buch hat nur ein einziges Ziel: Es möchte Ihnen dabei helfen.

Donald L. Kirkpatrick

PS. Dieses Buch enthält auch ein Kapitel, das sich an Konferenzteilnehmer wendet. Wenn die Besprechungen in Ihrer Firma oder Organisation fast immer ineffizient und pure Zeitverschwendung sind, brauchen Sie keineswegs zu resignieren, hinter vorgehaltener Hand zu gähnen und heimlich auf die Uhr zu sehen. Lesen Sie Kapitel 19, und Sie sind für die nächste ineffiziente Konferenz bestens gewappnet!

Einführungstest

Dieses Buch enthält einen Einführungs- und einen Abschlußtest. In den beiden Tests werden Fragen zu den wichtigsten Themen dieses Buches gestellt. Bitte beantworten Sie die Fragen dieses Einführungstests, *bevor* Sie das Buch lesen. Dann können Sie sich bereits ein Bild von Ihren Fähigkeiten als Konferenzleiter machen und gewinnen Klarheit darüber, was für eine innere Einstellung Sie eigentlich zu Besprechungen haben. Werten Sie die Testergebnisse mit Hilfe des Schlüssels aus.

Nach der Lektüre dieses Buches beantworten Sie bitte die Fragen des *Abschlußtests.* Vergleichen Sie das Ergebnis des Einführungstests mit dem des Abschlußtests – Sie werden überrascht sein, wieviel Sie gelernt haben. Das Ergebnis des Abschlußtests gibt Ihnen auch Aufschluß darüber, mit welchen Kapiteln dieses Buches Sie sich noch einmal eingehender befassen sollten.

Sie können die Testfragen entweder mit »Ja« (J) oder mit »Nein« (N) beantworten. Die üblicheren Antworten »Richtig« oder »Falsch« habe ich absichtlich vermieden. Bei Besprechungen gibt es kaum »richtige« oder »falsche« Konzepte und Strategien. Die Lösungen, die ich zu den beiden Tests ausgearbeitet habe, stellen lediglich meine persönliche Meinung dar, zu der ich durch langjährige Erfahrung und Beschäftigung mit dem Thema gelangt bin. Die Antworten »Ja« und »Nein« geben Ihnen die Möglichkeit, eine Lösung zu befürworten, ohne die andere Alternative gleichzeitig als »falsch« verdammen zu müssen.

Bei einigen Fragen werden Sie sich vielleicht nicht ganz sicher sein, ob Sie mit »Ja« oder mit »Nein« antworten sollen. Dann markieren Sie einfach die Antwort, die Ihrer Einstellung und Ihrem Kenntnisstand am ehesten entspricht. Bitte lassen Sie keine Fragen aus, und machen Sie sich keine Sorgen darüber, ob Sie sie richtig oder falsch beantwortet haben. Denken Sie daran: Dieser Einführungstest soll Sie in erster Linie dazu animieren, sich erst einmal selbst Gedanken über das Thema »Konferenzen« zu machen, ehe Sie das Buch lesen. Ein Vergleich mit dem Abschlußtest am Ende des Buches wird Ihnen dann zeigen, was für Fortschritte Sie gemacht haben.

Einführungstest: Bitte beantworten Sie die Fragen dieses Tests, *ehe* Sie mit der Lektüre des Buches beginnen.

Was wissen Sie über effiziente Konferenzen?

(Markieren Sie die Antwort, die Ihnen am zutreffendsten erscheint)

	Ja	Nein

1. Wann ist eine Besprechung erforderlich?

	Ja	Nein
1. Eine Besprechung ist die beste Methode, einer Gruppe von Mitarbeitern Informationen zu vermitteln.	☐	☐
2. Eine Besprechung ist der beste Weg, um von mehreren Personen gleichzeitig Information zu erhalten.	☐	☐
3. Eine Konferenz ist erforderlich, wenn es Probleme zu lösen gibt.	☐	☐
4. Eine Besprechung ist die beste Möglichkeit, Mitarbeiter zu schulen und fortzubilden.	☐	☐

2. Wann ist eine Besprechung effizient?

	Ja	Nein
5. Eine Besprechung ist effizient, wenn durch sie das Ziel erreicht wird, das der Konferenzleiter sich gesteckt hat.	☐	☐
6. Eine Besprechung ist effizient, wenn der Leiter sein Ziel innerhalb möglichst kurzer Zeit erreicht.	☐	☐
7. Eine Besprechung ist effizient, wenn der Leiter sein Ziel innerhalb möglichst kurzer Zeit erreicht und auch die Konferenzteilnehmer mit dem Ergebnis zufrieden sind.	☐	☐

3. Wie kostspielig sind ineffiziente Besprechungen?

8. Normalerweise lassen sich die Kosten einer Besprechung ziemlich genau ermitteln. ☐ ☐

9. Im allgemeinen läßt sich recht genau feststellen, welchen Nutzen eine Besprechung erbracht hat. ☐ ☐

10. Die Kosten einer ineffizienten Besprechung können unter Umständen viel höher sein als die Gehälter des Konferenzleiters und der Teilnehmer. ☐ ☐

11. Bei ineffizienten Besprechungen kostet die negative Einstellung der Teilnehmer die Firma oder Organisation häufig am meisten Geld. ☐ ☐

4. Die häufigsten Ursachen ineffizienter Besprechungen – und ein paar praktische Lösungsvorschläge

12. Der Konferenzleiter hat es in der Hand, ob eine Besprechung effizient ist oder nicht. Er hat die meisten Faktoren, durch die eine Besprechung ineffizient wird, unter Kontrolle. ☐ ☐

13. Viele Ursachen ineffizienter Besprechungen lassen sich durch gute Planung und Vorbereitung von vornherein ausschalten. ☐ ☐

5. Die Rolle des Konferenzleiters

14. Der Konferenzleiter sollte eher eine Art Katalysator sein als eine starke Führungsrolle übernehmen. ☐ ☐

15. Bei einer wirklich effizienten Besprechung müssen alle oder fast alle Teilnehmer sich an der Diskussion beteiligen. ☐ ☐

6. Die Vorbereitung der Konferenz

16. Die genaue zeitliche Vorausplanung einer Besprechung ist wichtig für ihren Erfolg. ☐ ☐

17. Technische Hilfsmittel sind eine wichtige Voraussetzung für die Effizienz einer Besprechung. ☐ ☐

18. Eine Tafel, ein Flip-chart und/oder ein Overheadprojektor sollten bei jeder Besprechung zur Standardausrüstung gehören. ☐ ☐

19. Es ist wichtig für die Effizienz einer Besprechung, daß der Konferenzleiter alle Teilnehmer vorher rechtzeitig informiert. ☐ ☐

20. Wenn der Konferenzleiter dafür gesorgt hat, daß die erforderlichen technischen Geräte zur Verfügung stehen, braucht er sie kurz vor der Konferenz nicht unbedingt noch einmal zu überprüfen. ☐ ☐

21. Ein wichtiger Bestandteil der Vorbereitung einer Besprechung besteht in der Auswahl der richtigen Teilnehmer. ☐ ☐

7. Die effiziente Darbietung von Informationen

22. Wenn der Konferenzleiter den Teilnehmern einen Text vorliest, sollte das nicht länger als ein paar Minuten dauern, da sonst unter Umständen die Konzentration der Zuhörer erlahmt. ☐ ☐

23. Für eine effiziente Präsentation sind unbedingt visuelle Hilfsmittel erforderlich. ☐ ☐

24. Je geringer die rhetorischen Fähigkeiten des Konferenzleiters sind, um so hilfreicher sind visuelle Hilfsmittel. ☐ ☐

25. Es ist gut, wenn der Konferenzleiter den Text seiner Präsentation vorher auswendig lernt. ☐ ☐

26. Bei Vorträgen erlahmt die Aufmerksamkeit der Zuhörer spätestens nach zwanzig Minuten. ☐ ☐

27. Durch Beobachtung guter, geübter Redner kann man eine effiziente Präsentationstechnik erlernen. ☐ ☐

28. Es lenkt die Zuhörer ab, wenn der Redner sich ständig bewegt oder seinen Vortrag durch häufige »Ähs« unterbricht. ☐ ☐

29. Humor trägt stets zum Erfolg einer Präsentation bei. ☐ ☐

30. Je weniger Notizen der Konferenzleiter bei einer Präsentation benutzt, um so effizienter ist sie. ☐ ☐

31. Ein Redner merkt immer, ob die anderen ihm bei seiner Präsentation zuhören oder nicht. ☐ ☐

8. Der richtige Umgang mit Fragen

32. Der Leiter einer Konferenz, die der Schulung von Mitarbeitern, der Lösung eines Problems oder der Beschaffung von Informationen dient, muß in der Lage sein, klare, verständliche Fragen zu stellen, die die Teilnehmer beantworten können. ☐ ☐

33. Ein guter Konferenzleiter muß alle Fragen beantworten können, die die Teilnehmer stellen. ☐ ☐

34. Wenn ein Konferenzteilnehmer eine Frage stellt, sollte sie sofort – noch innerhalb derselben Besprechung – beantwortet werden. ☐ ☐

35. Wenn ein Konferenzteilnehmer eine Frage stellt, sollte man sie an die Gruppe weitergeben. ☐ ☐

36. Der Konferenzleiter sollte seine Fragen häufiger an die ganze Gruppe richten als an einzelne Teilnehmer. ☐ ☐

9. Die Motivation der Konferenzteilnehmer

37. Wenn es dem Konferenzleiter gelingt, die Teilnehmer gleich von Anfang an zu motivieren, wird ihre Begeisterung die ganze Besprechung hindurch anhalten. ☐ ☐

38. Wenn man Filme richtig einsetzt, können sie zur Motivation der Teilnehmer beitragen. ☐ ☐

39. Es besteht ein direkter Zusammenhang zwischen dem Grad der Begeisterung der Konferenzteilnehmer und dem Ausmaß ihrer Beteiligung an der Besprechung. ☐ ☐

40. Viele Konferenzteilnehmer beteiligen sich nicht an der Diskussion oder sind nicht motiviert, weil sie Angst davor haben, sich vor dem Konferenzleiter zu blamieren oder von ihm verspottet zu werden. ☐ ☐

41. Wenn der Konferenzleiter Begeisterung zeigt, reißt er damit auch die Teilnehmer mit. ☐ ☐

42. Man kann die Motivation der Besprechungsteilnehmer aufrechterhalten, indem man die Konferenz abwechslungsreich gestaltet. ☐ ☐

43. Die Teilnehmer sollten die Konferenz mit dem Gedanken verlassen: »Ich freue mich, daß ich dabeigewesen bin.« ☐ ☐

10. Wie behält man die Konferenz unter Kontrolle?

44. Der Konferenzleiter sollte pünktlich mit der Besprechung anfangen, selbst wenn noch nicht alle Teilnehmer da sind. ☐ ☐

45. In seinen einführenden Worten soll der Konferenzleiter die Ziele der Besprechung abstecken und darauf achten, daß alle Teilnehmer aufmerksam zuhören. ☐ ☐

46. Es ist leichter, die Teilnehmer zur Beteiligung an der Diskussion zu motivieren, als die Besprechung unter Kontrolle zu halten und in die gewünschte Richtung zu lenken. ☐ ☐

47. Eine Besprechung leitet und steuert man am besten, indem man von vornherein verhindert, daß sie außer Kontrolle gerät. ☐ ☐

48. Wenn der Konferenzleiter mit einem der Teilnehmer Probleme hat, sollte er diese Situation meistern, ohne den betreffenden Teilnehmer in Verlegenheit zu bringen oder vor den anderen zu blamieren. ☐ ☐

49. Wenn der Konferenzleiter das Gefühl hat, daß es mit einem der Teilnehmer Probleme geben könnte, sollte er das potentielle Problem bereits vor der Konferenz mit ihm diskutieren. ☐ ☐

50. Der Konferenzleiter sollte während der Besprechung niemals die Beherrschung verlieren. ☐ ☐

11. Der Abschluß einer Konferenz

51. Eine Besprechung beendet man am besten mit einer Frage-und-Antwort-Phase. ☐ ☐

52. Am Ende einer Besprechung sollte man die Zielsetzungen noch einmal formulieren und zusammenfassen, was besprochen worden ist, und welche weiteren Schritte unternommen werden müssen. ☐ ☐

12. Die effiziente Koordination von Konferenzen

53. Wenn man einen Referenten vorstellt, sollte man das in möglichst kurzen Worten tun. ☐ ☐

54. Wenn ein Referent oder Konferenzleiter die Besprechung leitet, sollte der Koordinator oder Vorsitzende nichts tun, um sie unter Kontrolle zu halten oder in eine bestimmte Richtung zu steuern. ☐ ☐

55. Der Konferenzleiter sollte sich bemühen, bei einer Besprechung, in der ein Problem gelöst werden soll, seine persönlichen Ansichten oder Lösungsvorschläge nicht allzu eindringlich zum Ausdruck zu bringen. ☐ ☐

56. Nicht der Sprecher, sondern der Koordinator ist für den planmäßigen Ablauf der Konferenz verantwortlich. ☐ ☐

13. Bewertung der Konferenzergebnisse und Verbesserung künftiger Konferenzen

57. Ein Konferenzleiter merkt immer, ob bei einer Besprechung etwas Sinnvolles herausgekommen ist oder nicht. ☐ ☐

58. Die Teilnehmer merken stets, ob eine Besprechung effizient ist oder nicht. ☐ ☐

59. Es ist eine gute Idee, die Effizienz einer Besprechung von einem geschulten Beobachter bewerten zu lassen, der sein Urteil dann dem Konferenzleiter übermittelt. ☐ ☐

60. Je mehr Konferenzen man leitet, um so effizienter werden sie. ☐ ☐

14. Brainstorming

61. Ein Brainstorming ist nichts weiter als ein zwangloses Geplauder, bei dem man vom Hundertsten ins Tausendste kommt. ☐ ☐

62. Bei einem Brainstorming wird nur auf die Quantität der Ideen geachtet; die Qualität wird völlig außer acht gelassen. ☐ ☐

63. Beim Brainstorming sollte der Leiter jede Idee, die vorgebracht wird, kurz bewerten, ehe man zur nächsten übergeht. ☐ ☐

64. Die Technik des Brainstormings steht im Widerspruch zu den normalen Denkprozessen der meisten Menschen. ☐ ☐

15. Konferenzen zur Lösung eines Problems

65. Konferenzen, die der Lösung eines Problems dienen, sind am schwierigsten zu leiten. ☐ ☐

66. Eine Konferenz zur Problemlösung erfordert in der Regel weniger Vorbereitung als eine Besprechung, bei der Informationen vermittelt werden. ☐ ☐

67. Zu Beginn einer Besprechung, die der Lösung eines Problems dient, sollte man kurz erläutern, warum diese Besprechung notwendig ist, und die Zielsetzungen klarstellen. ☐ ☐

68. Brainstorming kann ein wichtiger Bestandteil einer Besprechung sein, bei der ein Problem gelöst werden soll. ☐ ☐

69. Der Konferenzleiter sollte darauf achten, bei einer Problemkonferenz nicht zu dominieren. ☐ ☐

70. Bei einer Besprechung zur Lösung eines Problems sollte der Konferenzleiter keine eigenen Ideen oder Lösungsvorschläge vorbringen. ☐ ☐

71. Bei Problemkonferenzen muß der Konferenzleiter zu der Entscheidung stehen, die die Gruppe fällt. ☐ ☐

72. Die Teilnehmer einer Problemkonferenz bieten häufig schon zu einem Zeitpunkt Lösungen an, an dem die Diskussion über die Fakten und deren Ursachen noch gar nicht abgeschlossen ist. ☐ ☐

73. Bei der zeitlichen Planung einer Problemkonferenz sollte der Konferenzleiter die Anfangszeit genau festsetzen, aber nicht das Ende. ☐ ☐

74. Bei einer Problemkonferenz sollte der Leiter mehrere verschiedene Rollen spielen. ☐ ☐

16. Managementtrainings- und Fortbildungsprogramme

75. Durch firmeninterne Fortbildungsprogramme kann man die Einstellung der Mitarbeiter zu ihrer Arbeit verändern und ihnen gleichzeitig neue Kenntnisse und Fähigkeiten vermitteln. ☐ ☐

76. Der wichtigste Faktor bei internen Fortbildungsprogrammen ist die Effizienz des Konferenzleiters. ☐ ☐

77. Je mehr die Teilnehmer eines Fortbildungsprogramms sich am Gespräch beteiligen, um so besser. ☐ ☐

78. Durch den Einsatz von Tests läßt sich die Effizienz interner Trainingsprogramme erhöhen. ☐ ☐

79. Firmeninterne Fortbildungsprogramme sind häufig ergiebiger, als wenn man die Mitarbeiter zu Lehrgängen außerhalb der Firma schickt. ☐ ☐

80. Bei einem effizienten internen Fortbildungskurs müssen greifbare Resultate erkennbar sein: Das Verhalten der Teilnehmer muß sich verändern und ihre Leistungen müssen sich verbessern. ☐ ☐

81. Linienkräfte können ihre Mitarbeiter besser schulen als Stabskräfte wie z. B. Ausbildungsleiter und Berater. ☐ ☐

82. Es ist effizienter, die Mitarbeiter von internen Trainern schulen zu lassen, als externe Berater heranzuziehen. ☐ ☐

17. Vertreterkonferenzen

83. Je humorvoller und lebendiger man eine Vertreterkonferenz gestaltet, um so besser. ☐ ☐

84. Trainer, die dem Verkaufspersonal technische Kenntnisse und Fähigkeiten vermitteln, sollten visuelle Hilfsmittel verwenden. ☐ ☐

85. Trainer oder Referenten sollten ihren Vortrag von einem Manuskript ablesen, um sicherzugehen, daß der gesamte Stoff behandelt und das Zeitlimit nicht überschritten wird. ☐ ☐

86. Vertreter möchten bei Konferenzen lieber unterhalten als instruiert und fortgebildet werden. ☐ ☐

18. Telekonferenzen: Methoden und Einsatzmöglichkeiten

87. Der größte Vorteil von Telekonferenzen gegenüber Konferenzen, bei denen die Manager persönlich anwesend sind, ist die Kostenersparnis. ☐ ☐

88. Bei Telekonferenzen geht die Kommunikation nur akustisch vonstatten; Kommunikationsmedium ist das Telefon. ☐ ☐

89. Wenn die Teilnehmer einer Telekonferenz zusätzlich auch noch per Telefax miteinander kommunizieren, hat das den Vorteil, daß sie sich gegenseitig sehen können. ☐ ☐

90. Die elektronische Wandtafel ist ein Beispiel für ein Video-Teletrainingssystem. ☐ ☐

91. Der größte Nachteil von Videokonferenzen ist ihre Kostspieligkeit. ☐ ☐

19. Wie kann man als Teilnehmer zum Erfolg einer Konferenz beitragen?

92. Ein Konferenzteilnehmer kann nur wenig oder gar nichts dagegen tun, wenn eine Besprechung ineffizient ist. ☐ ☐

93. Konferenzleiter haben etwas gegen Teilnehmer, die Vorschläge machen, wie man die Besprechung sinnvoller gestalten könnte. ☐ ☐

94. Man kann eine ineffiziente Besprechung »retten«, indem man den anderen Konferenzteilnehmern mit gutem Beispiel vorangeht. ☐ ☐

95. Die anderen Konferenzteilnehmer ärgern sich darüber, wenn einer von ihnen versucht, eine Besprechung mit Hilfe von Kommentaren oder Fragen effizienter zu gestalten. ☐ ☐

96. Wenn der Leiter die Konferenz aus irgendeinem Grund nicht pünktlich eröffnet, sollte ein Konferenzteilnehmer, der rechtzeitig gekommen ist, versuchen, den Leiter auf taktvolle Art dazu zu bringen, daß er mit der Besprechung beginnt. ☐ ☐

20. Und was kommt nach der Besprechung?

97. Der Konferenzleiter sollte immer dafür sorgen, daß eine Zusammenfassung oder ein Protokoll der Besprechung erstellt und den Teilnehmern zugeleitet wird. ☐ ☐

98. Eine Zusammenfassung der Besprechung sollte auch an alle Betroffenen geschickt werden, die nicht an der Konferenz teilgenommen haben. ☐ ☐

99. Wenn den Teilnehmern im Lauf einer Besprechung bestimmte Aufgaben zugeteilt wurden, sollte der Konferenzleiter diese Aufgaben in Form eines schriftlichen Resümees zusammenfassen und den Konferenzteilnehmern dieses Resümee zukommen lassen. ☐ ☐

100. Der Konferenzleiter sollte jede Besprechung in irgendeiner Form bewerten. ☐ ☐

Und jetzt werten Sie den Einführungstest aus! Vergleichen Sie Ihre Antworten mit der Auflösung (siehe unten).

Ihre Punktzahl erhalten Sie, indem Sie die Anzahl der »falschen« Antworten von 100 abziehen.

Punktzahl des Einführungstests ___________

Nun lesen Sie das Buch, und beantworten Sie im Anschluß an die Lektüre die Fragen des Abschlußtests. Sie werden überrascht sein, welche Fortschritte Sie gemacht haben.

Auflösung des Einführungstests

J = Ja N = Nein

1.	N	26.	N	51.	N	76.	J
2.	N	27.	J	52.	J	77.	N
3.	N	28.	N	53.	N	78.	J
4.	N	29.	N	54.	N	79.	N
5.	N	30.	N	55.	J	80.	N
6.	N	31.	N	56.	J	81.	N
7.	J	32.	J	57.	N	82.	N
8.	J	33.	N	58.	N	83.	N
9.	N	34.	N	59.	J	84.	J
10.	J	35.	N	60.	N	85.	N
11.	J	36.	J	61.	N	86.	N
12.	J	37.	N	62.	J	87.	J
13.	J	38.	J	63.	N	88.	J
14.	N	39.	N	64.	J	89.	N
15.	N	40.	J	65.	J	90.	N
16.	J	41.	J	66.	J	91.	J
17.	J	42.	J	67.	J	92.	N
18.	J	43.	J	68.	J	93.	N
19.	J	44.	J	69.	J	94.	J
20.	N	45.	J	70.	N	95.	N
21.	J	46.	J	71.	J	96.	J
22.	J	47.	J	72.	J	97.	N
23.	N	48.	J	73.	J	98.	J
24.	J	49.	J	74.	J	99.	J
25.	N	50.	J	75.	J	100.	J

1. Wann ist eine Besprechung erforderlich?

Das Wort »erforderlich« ist vielleicht ein wenig zu stark. Wahrscheinlich ist keine Besprechung unbedingt erforderlich. Das Leben und die Arbeit würden auch ohne Konferenzen irgendwie weitergehen. Man würde Alternativen finden, die vielleicht kostspieliger und weniger effizient, aber durchaus brauchbar wären.

Statt zu fragen: »Wann ist eine Besprechung erforderlich?«, sollte man sich vielleicht lieber die Frage stellen: »Wann ist eine Konferenz *erstrebenswert*?« Ich möchte Ihnen in diesem Kapitel einige Situationen vorstellen, in denen eine Besprechung die beste Methode ist, um ein bestimmtes Ziel zu erreichen. Zu diesem Zweck will ich noch einmal auf die verschiedenen Besprechungstypen eingehen und jeweils untersuchen, wann eine Besprechung erstrebenswert ist und wann nicht. Um diese Entscheidung fällen zu können, muß man sich auch Gedanken über Alternativen machen, mit denen man sein Ziel ebenfalls erreichen könnte.

Besprechungen zur Vermittlung von Informationen

Ehe man beschließt, eine solche Besprechung anzuberaumen, sollte man zunächst einmal über Alternativen wie z. B. eine Hausmitteilung oder einen schriftlichen Bericht nachdenken. Diese Lösung ist sicherlich billiger – aber können Sie Ihren Mitarbeitern die Information auf diesem Wege ebenso klar und deutlich vermitteln? Wenn Sie das Gefühl haben, daß die Mitarbeiter Ihre schriftlichen Informationen nicht so gut verstehen oder vielleicht nicht einmal lesen würden, ist es vielleicht besser (wenn auch teurer), eine Konferenz anzuberaumen. Man kann auch visuelle Hilfsmittel einsetzen, um das Interesse der Teilnehmer wachzuhalten und die Informationen leichter verständlich zu präsentieren.

Besprechungen zur Einholung von Informationen

Wenn Sie von Ihren Mitarbeitern Informationen benötigen, ist eine Besprechung die naheliegendste Lösung. Auf diese Weise können Sie alle Beteiligten nach ihren Ideen, Problemen und Lösungsvorschlägen fragen, sich danach erkundigen, was sie erreicht haben usw. Trotzdem sollten Sie sich einmal überlegen, wie Sie sich diese Informationen sonst noch beschaffen könnten. Zum Beispiel könnten Sie alle Beteiligten bitten, die gewünschten Informationen schriftlich niederzulegen und Ihnen zukommen zu lassen. Wenn Sie auf diese Weise alle Auskünfte erhalten, die Sie brauchen, ist das natürlich viel billiger, als eine Besprechung anzuberaumen. Selbst wenn ein Informationsaustausch zwischen den Beteiligten notwendig ist, kann man unter Umständen auf eine Besprechung verzichten: Verteilen Sie doch einfach Kopien der Informationen, die Sie erhalten haben, an alle Beteiligten. Wenn allerdings ein Ideenaustausch zwischen den Beteiligten wünschenswert ist oder wenn Sie das Gefühl haben, daß eine Besprechung Ihnen mehr und bessere Informationen bringen würde, sollten Sie vor dem größeren Kosten- und Zeitaufwand nicht zurückschrecken und eine Konferenz anberaumen.

Eine Sonderform einer Besprechung, bei der Informationen eingeholt werden, ist das Brainstorming, auf das ich in Kapitel 14 noch näher eingehen werde. Beim Brainstorming sollen die Teilnehmer »laut denken«, d. h. spontan äußern, was ihnen gerade einfällt. Es geht darum, möglichst viele Ideen zu sammeln. Die Teilnehmer lassen ihrer Phantasie freien Lauf; eine Bewertung der Äußerungen ist verboten. Man kann die Beteiligten natürlich auch einzeln nach ihren Ideen fragen. Aber bei einem Brainstorming inspirieren die Teilnehmer sich gegenseitig. Wenn diese wechselseitige Anregung, dieser Ideenaustausch wichtig ist, sollten Sie sich also auf jeden Fall für eine Konferenz entscheiden.

Besprechungen zur Lösung eines Problems

Wenn der Konferenzleiter gleichzeitig der Chef ist, kann er Probleme natürlich auch allein lösen. Aber vielleicht hat er das Gefühl, daß man mit Hilfe einer Besprechung eine bessere Lösung finden könnte oder daß die Beteiligten diese Lösung dann eher akzeptieren würden. Bei einem Produktionsproblem beispielsweise kann es sehr wichtig sein, daß die Lösung, für die man sich entscheidet, die volle Unterstützung der Mitarbeiter findet. Schon viele Chefs haben gute Lösungen gefunden, mußten aber hinterher feststellen, daß die Mitarbeiter ihre Entscheidungen entweder absichtlich sabotierten oder ihnen unabsichtlich zuwiderhandelten, weil sie sie nicht akzeptieren konnten. In einem solchen Fall ist eine Besprechung sehr erstrebenswert – vorausgesetzt natürlich, daß die Teilnehmer überhaupt in der Lage sind, zur Lösung des Problems beizutragen.

Besprechungen, die der Motivation dienen

Manchmal hält man eine Besprechung ab, um seine Mitarbeiter zu motivieren oder um sie von einer bestimmten Idee, Strategie oder Entscheidung zu überzeugen. Dabei geht es um viel mehr als um bloße Vermittlung von Informationen. Es gibt drei verschiedene Methoden, dieses Ziel zu erreichen:

1. durch eine schriftliche Darstellung
2. dadurch, daß man mit jedem Beteiligten einzeln spricht
3. durch eine Konferenz

Jede dieser Methoden hat ihre Vor- und Nachteile. Eine schriftliche Darstellung ist in der Regel nicht so wirkungsvoll wie eine mündliche, denn auf mündlichem Weg kann man seine Mitarbeiter besser überzeugen. Man ist dann auch flexibler: Zum Beispiel kann man die wichtigsten Punkte mehrfach wiederholen und hervorheben, auf Reaktionen achten, Einwände entkräften und seine Überzeugungsstrategie individuell auf seinen Gesprächspartner abstimmen. Andererseits ist eine schriftliche Darstellung im allgemeinen billiger und zeitsparender.

Bei einer Besprechung findet im Gegensatz zum Einzelgespräch stets eine Interaktion zwischen den Teilnehmern statt. Wenn Sie das Gefühl haben, daß diese Interaktion es Ihnen erleichtern könnte, Ihre Mitarbeiter zu überzeugen, ist eine Besprechung die beste Lösung. Es gibt aber auch Fälle, in denen diese Interaktion sich eher ungünstig auswirkt. Dann sollten Sie sich lieber für Einzelgespräche entscheiden. Beide Methoden sind ungefähr ebenso kostspielig und zeitraubend.

Besprechungen, die der Instruktion und Fortbildung dienen

Es gibt viele verschiedene Methoden, seine Mitarbeiter zu instruieren oder fortzubilden, z. B.:

1. ihnen die Lektüre von Büchern oder Artikeln zu empfehlen
2. Fernunterrichtskurse
3. individuelle Unterweisung durch den Chef oder eine andere qualifizierte Person
4. ein individuell erstelltes Unterrichtsprogramm mit oder ohne Computer oder andere Lehrmaschinen
5. einzelne Mitarbeiter zu einem Fortbildungskurs außerhalb der Firma zu schicken
6. firmeninterne, gruppenweise Schulung

Mit all diesen Methoden kann man den Wissensstand, die Fähigkeiten, die Motivation und das Verhalten seiner Mitarbeiter verbessern, wenn sie effizient durchgeführt werden. Jede hat ihre Vor- und Nachteile.

Bei einer firmeninternen, gruppenweisen Schulung von Mitarbeitern sollten folgende Voraussetzungen erfüllt sein:

1. Eine Gruppe von Mitarbeitern (in der Regel mindestens 10) bedarf der gleichen Instruktion und Fortbildung.
2. Dieses Ziel läßt sich mit Hilfe einer gruppenweisen Schulung gut erreichen.
3. Es stehen qualifizierte Lehrkräfte innerhalb oder außerhalb der Firma zur Verfügung.
4. Die Firma verfügt über geeignete Räumlichkeiten und Hilfsmittel für die Schulungen.
5. Die Vorgesetzten können die Kursteilnehmer so lange entbehren, wie das Fortbildungsprogramm dauert, *oder* die Teilnehmer erklären sich bereit, den Fortbildungskurs in ihrer Freizeit zu absolvieren, *oder* die Firma ist bereit, ihnen die zusätzliche Arbeitszeit, die sie für die Schulung investieren, zu vergüten.
6. Ein qualifizierter Mitarbeiter der Firma ist in der Lage und bereit, das Fortbildungsprogramm zu planen und zu koordinieren.
7. Die Kosten des Programms werden durch den Nutzen, den es voraussichtlich erbringen wird, aufgewogen.

All diese Kriterien müssen Sie bei der Entscheidung, ob eine interne Fortbildung sinnvoll ist oder nicht, berücksichtigen.

Punkt 7 erinnert mich an eine Anekdote über Ernie Pyle, den berühmten Kriegskorrespondenten. Während des Zweiten Weltkriegs fragte die Armee Ernie um Rat, was man gegen die Nazi-U-Boote im Atlantik tun könnte, die amerikanische Truppentransportschiffe und Handelsschiffe torpedierten. Ernie dachte ein paar Sekunden lang nach und sagte dann: »Bringen Sie den Ozean auf Siedetemperatur. In kochendem Wasser funktionieren U-Boote nicht.«

Der Militärsprecher fragte: »Aber Ernie, wie sollen wir denn das machen?«

Da antwortete Ernie: »Ich habe euch die Lösung geliefert. Die Details sind euer Problem!«

»Überlegen Sie sich, ob der Nutzen des Fortbildungsprogramms die Kosten aufwiegt« – das ist natürlich leichter gesagt als getan. Sie sollten es aber trotzdem versuchen, und zwar so objektiv wie möglich.

Wenn Sie nach reiflicher Überlegung zu dem Schluß kommen, daß eine firmeninterne, gruppenweise Fortbildung nicht erstrebenswert ist, daß Ihre Mitarbeiter aber trotzdem dringend Instruktion und Schulung benötigen, sollten Sie sich für eine der fünf anderen Alternativen entscheiden.

2. Wann ist eine Besprechung effizient?

Nach Beendigung einer Konferenz kann man die verschiedensten Kommentare hören, von »Das war eine hochinteressante Besprechung« bis hin zu »Es war pure Zeitverschwendung«. Der Konferenzleiter hat häufig das Gefühl, daß eine Besprechung »sehr effizient« war, wenn alle Ziele erreicht worden sind. Es kann aber sein, daß die Teilnehmer diese Konferenz trotzdem als »ineffizient« und »wirkungslos« empfinden. Warum? Weil es verschiedene Ansichten darüber gibt, wann eine Besprechung »effizient« ist.

Das erste und wichtigste Kriterium zur Beurteilung einer Konferenz lautet: Wurden die Ziele erreicht? Auf die Ziele bin ich in Kapitel 1 (»Wann ist eine Besprechung erforderlich?«) bereits eingegangen; sie werden in der Regel vom Konferenzleiter festgelegt.

Das zweite Kriterium lautet: Wurden die Ziele innerhalb möglichst kurzer Zeit erreicht? Das läßt sich schon weniger leicht feststellen. Manche Teilnehmer halten Kommentare und Diskussionen für notwendig; andere empfinden sie als Zeitverschwendung. Und der Konferenzleiter ist sich vielleicht nicht sicher, welche Haltung er einnehmen soll.

Das dritte Kriterium lautet: Sind die Teilnehmer zufrieden? Das bedeutet nicht, daß sie von dem Thema der Besprechung oder von den getroffenen Entscheidungen unbedingt begeistert sein müssen. Das Ziel einer Konferenz kann zum Beispiel darin bestehen, den Teilnehmern mitzuteilen, daß Entlassungen notwendig sind. Darüber wird sich natürlich niemand freuen. Aber wenn man ihnen die Gründe für die Entlassungen klarmacht und ihnen die Möglichkeit gibt, Fragen zu stellen und vielleicht auch andere Lösungsvorschläge zu machen, werden sie zumindest zufrieden sein. Das heißt, um die Konferenzteilnehmer zufriedenzustellen, muß man ihnen unter Umständen Zeit zu einer ausführlichen, offenen Diskussion geben.

Es gibt also drei Kriterien für die Beurteilung der Effizienz einer Besprechung:

1. Die Ziele sind erreicht worden,
2. und zwar innerhalb kürzester Zeit,
3. und alle Teilnehmer sind zufrieden.

Natürlich ist es für den Konferenzleiter nicht ganz leicht, die beiden letzten Kriterien miteinander zu vereinbaren. Manchmal kostet es Zeit, die Konferenzteilnehmer zu überzeugen und zufriedenzustellen. Hier gilt es, einen goldenen Mittelweg zu finden. Wenn man sich am Ende einer Besprechung sagt: »Ich habe meine Ziele innerhalb kürzester Zeit erreicht«, muß man sich stets auch die Frage stellen: »Sind die Teilnehmer mit dem Ergebnis der Besprechung zufrieden?«

Ich werde im Lauf der nächsten Kapitel noch ausführlich darauf eingehen, wie sich alle drei Kriterien erfüllen lassen.

3. Wie kostspielig sind ineffiziente Besprechungen?

Nur selten versuchen Führungskräfte, sich auszurechnen, was eine Besprechung eigentlich kostet. Dabei gibt es mittlerweile sogar ein Gerät, das bei der Errechnung der Kosten hilft: den sogenannten »Econometer«. Es wurde in Dänemark konstruiert, und zwar mit dem Ziel, die Konferenzfreudigkeit vieler leitender Angestellter ein wenig zu dämpfen. Der »Econometer« rechnet die Kosten einer Besprechung auf die Minute genau aus, und zwar aufgrund der Anzahl der Teilnehmer und ihres durchschnittlichen Jahresgehalts. Er wird im Konferenzraum installiert und funktioniert wie ein Elektrizitätszähler – je höher der »Energieverbrauch«, um so schneller rotiert die Scheibe, und um so höher wird die »Rechnung«. Auf einer Digitalanzeige kann man genau ablesen, was die Besprechung kostet. Natürlich kann man die Kosten auch ohne dieses Gerät errechnen, und es ist durchaus empfehlenswert, sich einmal diese Mühe zu machen: Jeder Manager würde es sich in Zukunft zweimal überlegen, ehe er eine Konferenz einberuft.

Viel schwieriger (wenn nicht ganz und gar unmöglich) ist es, festzustellen, welchen Nutzen eine Besprechung erbracht hat. Der Nutzen läßt sich bei weitem nicht so exakt und objektiv ermitteln wie die Kosten. In Kapitel 2 habe ich drei Voraussetzungen genannt, die bei einer effizienten Besprechung erfüllt sein müssen: Die Ziele wurden innerhalb kürzester Zeit erreicht, und die Teilnehmer sind zufrieden. Nun möchte ich Ihnen zeigen, was es die Firma kostet, wenn eine Besprechung eines dieser drei Kriterien nicht erfüllt.

Die Ziele wurden nicht erreicht

In diesem Fall muß man die Besprechung wohl als Mißerfolg betrachten. Wenn man sich ausrechnet, welches Gehalt die Konferenzteilnehmer während der vergeudeten Zeit verdient haben, weiß man auf Heller und Pfennig genau, wie teuer diese Besprechung war. Dazu addiert man noch das Geld, das der Konferenzleiter die Firma innerhalb dieser Zeit gekostet hat, und die Kosten für Geräte, Materialien, visuelle Hilfsmittel, Bewirtung usw.

Zwar kann auch eine solche Besprechung unter Umständen positive Nebenwirkungen haben (z. B. eine Verbesserung der Beziehung zwischen Konferenzleiter und Teilnehmern); trotzdem ist sie eindeutig ein Mißerfolg, und das Geld, das sie gekostet hat, hätte man ebensogut zum Fenster hinauswerfen können.

Bei der Besprechung wurde Zeit vergeudet

Man kann sich in etwa ausrechnen, wieviel Zeit verschwendet wurde, und diese Zeit mit dem Gehalt der Teilnehmer multiplizieren, dann weiß man, was die Zeitverschwendung die Firma gekostet hat. Hinzu kommen auch noch indirekte Kosten, die daraus resultieren können, daß manche Teilnehmer über die Zeitverschwendung verärgert und enttäuscht sind. Ob Zeit vergeudet wurde oder nicht, ist stets Ansichtssache und läßt sich nicht immer leicht beurteilen. Wenn zum Beispiel ein Besprechungsteilnehmer einen sehr langen Kommentar abgibt, der nicht zur Sache gehört oder den man auch kürzer fassen könnte, hält der Konferenzleiter das vielleicht für Zeitverschwendung. Derjenige, der den Kommentar abgegeben hat, ist dagegen sicherlich der Überzeugung, daß seine langatmige Erklärung wichtig und notwendig war.

Wenn man nicht sicher ist, ob ein Teil der Besprechung Zeitverschwendung war oder nicht, stellt man sich am besten die Frage: Hat diese Gesprächsphase zur Erreichung des Ziels beigetragen? Wenn nicht, dann hätte man sie sich wahrscheinlich auch sparen können. Vergessen Sie aber nicht, daß Sie in die Überlegung, ob Zeit vergeudet worden ist oder nicht, stets auch das dritte Kriterium – die Zufriedenheit der Teilnehmer – mit einbeziehen müssen!

Die Teilnehmer sind mit dem Ergebnis der Besprechung unzufrieden

Was kostet es die Firma, wenn die Teilnehmer den Konferenzraum mit einem Gefühl der Unzufriedenheit verlassen? Das läßt sich nicht so exakt ausrechnen. Dennoch können diese Kosten unter Umständen viel höher sein als alle anderen, auf die ich in diesem Kapitel eingegangen bin. Es kann zum Beispiel folgendes passieren:

1. Einer der Teilnehmer beschließt:
   a) Zur nächsten Besprechung komme ich nicht.
   b) Ich werde in Zukunft überhaupt nicht mehr an Besprechungen teilnehmen, es sei denn, mein Vorgesetzter besteht ausdrücklich darauf.

2. Einer der Teilnehmer sagt sich:
   a) Der Konferenzleiter ist ein unfähiger Mensch (unvorbereitet, unqualifiziert, dumm, willkürlich – vielleicht fallen ihm auch noch schlimmere Adjektive ein). Das kann sich ungünstig auf seine künftige Beziehung zum Konferenzleiter auswirken, vielleicht sogar auf seine Einstellung zu der Abteilung, die der Konferenzleiter vertritt.
   b) Konferenzen sind sowieso nur Zeitverschwendung – warum verzichten wir nicht ganz auf sie?

All das sind negative Haltungen, die auf eine gewisse Frustration schließen lassen. Sie können zu Verhaltensweisen führen, die die Firma Geld kosten, z. B. Leistungsabfall, Beschwerden, Mangel an Motivation bei künftigen Besprechungen, im Extremfall sogar Kündigung oder Wechsel in eine andere Abteilung.

Zusammenfassend läßt sich sagen: Es ist nicht immer ohne weiteres möglich, die genauen Kosten einer ineffizienten Besprechung zu ermitteln. Doch diese Kosten können erstaunlich hoch sein, und daher sollte man alles tun, um Konferenzen so sinnvoll und produktiv wie möglich zu gestalten.

4. Die häufigsten Ursachen ineffizienter Besprechungen – und ein paar praktische Lösungsvorschläge

R. Alec Mackenzie, ein bekannter amerikanischer Unternehmensberater, der sich auf das Thema Zeitplanung spezialisiert hat, hat einmal eine Untersuchung über die wichtigsten Faktoren durchgeführt, die in der Industrie, im Geschäftsleben und in Regierungsinstitutionen zu unnötigem Zeitverlust führen. Auf den folgenden Seiten finden Sie seine Untersuchungsergebnisse für fünf verschiedene Berufsgruppen, die er befragt hat. Jeder der Befragten wurde aufgefordert, die 10 Störfaktoren zu nennen, die ihn am meisten Zeit kosten, und zwar in der Reihenfolge ihrer Wichtigkeit. Der schwerwiegendste Faktor erhielt die Punktzahl 10, der zweitwichtigste die Punktzahl 9 usw.

In einer Zusammenfassung seiner Untersuchungsergebnisse zählt Mackenzie diese Faktoren in der Reihenfolge ihrer Wichtigkeit auf:

Wichtigste Faktoren, die zu unnötigem Zeitverlust führen

1. Unterbrechungen durch Anrufe
2. Besucher, die hereinschauen und bei der Arbeit stören
3. Besprechungen
4. Krisen
5. Keine klaren Zielsetzungen, keine eindeutigen Prioritäten, keine festgesetzten Fristen und Termine
6. Unaufgeräumter Schreibtisch, Unfähigkeit, die Arbeitszeit richtig einzuteilen
7. Ineffizientes Delegieren, Beschäftigung mit zeitraubenden Routinearbeiten und Kleinigkeiten
8. Man versucht zuviel auf einmal zu erreichen und schätzt die Zeit, die man zur Erreichung seiner Ziele brauchen wird, nicht realistisch ein
9. Mangelhafte Kommunikation innerhalb der Firma, keine eindeutigen Instruktionen
10. Ungenügende, ungenaue oder verspätete Übermittlung von Informationen

Ist Ihnen etwas aufgefallen? »Besprechungen« stehen auf dieser Liste an dritter Stelle! Mackenzie hat untersucht, warum Besprechungen so häufig Zeitverschwendung sind, und sich überlegt, wie man diesem Mißstand abhelfen könnte. Seine Lösungsvorschläge finden Sie am Ende dieses Kapitels. Zunächst jedoch sollten Sie sich die Ergebnisse seiner Befragung zum Thema »Zeitverschwendung« einmal genau ansehen.

Faktoren, die zu unnötigem Zeitverlust führen

a) Antworten von 125 Managern einer größeren Firma, die Nahrungsmittel produziert.

(Erläuterung der Abkürzungen: Anz. = Anzahl der Befragten, die den betreffenden Faktor mit der Punktzahl 10 bewertet haben, also für den wichtigsten hielten. Pkt. = Punktzahl, die der Faktor insgesamt erhalten hat.)

	Anz.	**Pkt.**
1. Management in der Krise / Ständig wechselnde Prioritäten	66	196
2. Besprechungen	43	125
3. Keine klaren Zielsetzungen und Prioritäten, keine planmäßige Tageseinteilung	55	113
4. Unterbrechungen durch Anrufe	38	108
5. Ineffizientes Delegieren / Alles selbst erledigen wollen / Beschäftigung mit zeitraubenden Kleinigkeiten	36	94
6. Besucher, die hereinschauen und bei der Arbeit stören / Offene Tür	43	90
7. Befugnisse und Autoritätsverhältnisse nicht eindeutig festgelegt	38	88
8. Nicht »nein« sagen können	31	75

9.	Unentschlossenheit / Verzögerungen	24	63
10.	Ungeeignete, ungenügend ausgebildete Belegschaft	13	45
11.	Unklare Kommunikation / Mangel an Kommunikation / zuviel Kommunikation	15	44
12.	Privatgespräche und Feiern innerhalb der Arbeitszeit	14	40
13.	Überfüllter, unordentlicher Schreibtisch / Unfähigkeit, seine Arbeit richtig zu organisieren	16	35
14.	Unzureichende Informationen / Warten auf Entscheidungen	9	28
15.	Man versucht zuviel auf einmal zu erreichen / Unrealistische Einschätzung der Zeit, die man zur Erreichung seiner Ziele brauchen wird	11	26
16.	Man will über alle Fakten orientiert sein	11	25
17.	Aufgeblasene Hierarchie (zu viele Chefs)	4	13
18.	Unfähigkeit, mit schlechten Leistungen der Mitarbeiter fertigzuwerden	6	12
19.	Zuviel Kontrolle	2	10
20.	Personelle Veränderungen	3	10

b) Antworten von 60 Managern eines Elektronikunternehmens

	Anz.	Pkt.
1. Keine klaren Zielsetzungen und Prioritäten, keine planmäßige Tageseinteilung	38	118
2. Management in der Krise / Ständig wechselnde Prioritäten	26	87
3. Besucher, die hereinschauen und bei der Arbeit stören	30	75
4. Unrealistische Einschätzung der Zeit, die man zur Erledigung einer bestimmten Aufgabe brauchen wird	27	72
5. Unentschlossenheit / Verzögerungen	25	66
6. Ineffiziente Kommunikation	22	65
7. Unterbrechungen durch Anrufe	23	63
8. Mangelnde Bereitschaft zum Delegieren	24	59
9. Überfüllter, unordentlicher Schreibtisch / Unfähigkeit, seine Arbeit richtig zu organisieren	15	54
10. Aufgaben, Befugnisse und Autoritätsverhältnisse nicht eindeutig festgelegt	17	45
11. Besprechungen	15	36
12. Privatgespräche und Feiern innerhalb der Arbeitszeit	10	26
13. Ungeeignete, ungenügend ausgebildete Belegschaft	10	25

c) Antworten von 75 Verwaltungsangestellten, die an Schulen arbeiten

		Anz.	Pkt.
1.	Ineffizientes Delegieren	31	69
2.	Unterbrechungen durch Anrufe	30	57
3.	Besprechungen	22	49
4.	Besucher, die hereinschauen und bei der Arbeit stören / Offene Tür	19	42
5.	Management in der Krise / Ständig wechselnde Prioritäten	18	33
6.	Keine klaren Zielsetzungen und Prioritäten, keine planmäßige Tageseinteilung	13	30
7.	Aufgaben und Befugnisse nicht eindeutig festgelegt	10	17
8.	Zeitraubende Routinearbeit	4	9
9.	Unentschlossenheit / Verzögerungen	5	8
10.	Mangel an Kommunikation / Unklare Kommunikation	3	8

d) Antworten von 50 Verwaltungsangestellten eines Krankenhauses

		Anz.	Pkt.
1.	Unterbrechungen durch Anrufe	40	164
2.	Besucher, die hereinschauen und bei der Arbeit stören / Offene Tür	27	104
3.	Ineffizientes Delegieren (Beschäftigung mit zeitraubenden Kleinigkeiten und Routinearbeiten; mangelnde Bereitschaft, Arbeiten an andere weiterzugeben)	34	89

4.	Besprechungen	23	72
5.	Zu wenige / ungeeignete Sekretärinnen	16	49
6.	Keine klaren Zielsetzungen und Prioritäten, keine planmäßige Tageseinteilung	18	44
7.	Man versucht zuviel auf einmal zu erreichen	19	43
8.	Privatgespräche und Feiern innerhalb der Arbeitszeit	9	32
9.	Überfüllter, unordentlicher Schreibtisch / Unfähigkeit, seine Arbeit richtig zu organisieren / Chaos	12	31
10.	Management in der Krise / Ständig wechselnde Prioritäten	13	29
11.	Nicht »nein« sagen können	11	28
12.	Unzureichende Informationen	8	27
13.	Verzögerungen / Unentschlossenheit	11	23
14.	Mangelnde Arbeitsplatzbeschreibung / Aufgaben und Befugnisse nicht eindeutig festgelegt / Befugnisse ohne Autorität	8	23
15.	Mangelnde Teamarbeit / Konflikte innerhalb des Teams	7	20
16.	Keine klare Kommunikation	7	18
17.	Keine eindeutigen Richtlinien, keine Kontrolle / Mangelndes Feedback / Zu starres Festhalten an Regeln	9	17
18.	Unfähigkeit, mit schlechten Leistungen der Mitarbeiter fertigzuwerden	5	15
19.	Keine eindeutig festgelegte Firmenpolitik	4	11
20.	Probleme mit Mitarbeitern	2	10

e) Antworten von 26 Managerinnen

	Anz.	Pkt.
1. Unterbrechungen durch Anrufe	25	60
2. Besucher, die hereinschauen und bei der Arbeit stören	14	51
3. Management in der Krise / Man versucht zuviel auf einmal zu erreichen / Ständig wechselnde Prioritäten	16	40
4. Befugnisse ohne Autorität / Aufgaben und Befugnisse nicht eindeutig festgelegt / Zwei Chefs / Mangelnde Arbeitsplatzbeschreibung	8	35
5. Beschäftigung mit zeitraubenden Kleinigkeiten und Routinearbeiten / Mangelnde Bereitschaft zum Delegieren	10	33
6. Personalmangel / Keine Sekretärin	4	14
7. Unvollständige Informationen / Mangel an Kommunikation / Mangelndes Feedback	5	13
8. Besprechungen	2	7
9. Keine klaren Zielsetzungen und Prioritäten, keine planmäßige Tageseinteilung	2	7
10. Überfüllter, unordentlicher Schreibtisch / Konflikte innerhalb des Teams / Nicht »nein« sagen können / Privatgespräche und Feiern innerhalb der Arbeitszeit	1	4

Wie verhindert man Zeitvergeudung bei Besprechungen?

von R. Alec Mackenzie

Ursachen	**Lösungen**
Vor der Besprechung	
1. Zweck und Ziel der Besprechung sind unklar.	Keine Besprechung ohne eindeutig festgelegte Zielsetzung, nach Möglichkeit schriftlich.
2. Keine Tagesordnung.	Keine Besprechung ohne Tagesordnung. Bei einer planmäßigen Besprechung arbeiten Sie die Tagesordnung schriftlich aus; bei einer außerplanmäßigen Konferenz setzen Sie sie mündlich fest, damit die Teilnehmer vorbereitet sind.
3. Nicht die richtigen Teilnehmer / Zu viele oder zu wenige Teilnehmer.	Laden Sie nur die Teilnehmer ein, deren Anwesenheit auch wirklich erforderlich ist.
4. Falscher Zeitpunkt.	Achten Sie darauf, einen geeigneten Zeitpunkt zu wählen.
5. Falscher Ort.	Wählen Sie einen Ort, der den Zielsetzungen der Konferenz dienlich ist, an dem keine Unterbrechungen oder Störungen zu erwarten sind, an dem alle erforderlichen Geräte zur Verfügung stehen und der für die meisten Teilnehmer möglichst leicht und schnell zu erreichen ist.
6. Keine Planung.	Kalkulieren Sie genügend Zeit für die Planung und Vorbereitung der Konferenz ein.
7. Zu viele Besprechungen.	Überprüfen Sie, ob »regelmäßige« Besprechungen wirklich erforderlich sind. Lassen Sie gelegentlich einmal eine dieser Routinebesprechungen ausfallen und warten Sie ab, was das für Konsequenzen hat. Oder kürzen Sie die Zeit für Besprechungen, die sich erfahrungsgemäß lange hinziehen, um die Hälfte.

8. Zu wenige Besprechungen.	Überlegen Sie sich genau, wer an Ihrer Besprechung teilnehmen muß, welche Informationen die Teilnehmer benötigen und welche organisatorischen Arbeiten erforderlich sind.
9. Die Teilnehmer haben keine ausreichende Vorinformation erhalten.	Kündigen Sie die Konferenz allen Teilnehmern schriftlich an. Die Vorankündigung sollte alle wichtigen Informationen enthalten – auch, welche Beiträge von den Teilnehmern erwartet werden und welche Materialien für die Vorbereitung notwendig sind.
10. Unpünktlicher Beginn.	Fangen Sie pünktlich an. (Wenn Sie mit dem Beginn der Konferenz warten, bis auch die unpünktlichen Teilnehmer eingetroffen sind, »bestrafen« Sie die Pünktlichen und bestärken die zu spät Gekommenen in ihrem Verhalten!

Während der Besprechung

11. Privatgespräche.	Heben Sie sich Privatgespräche mit Ihren Mitarbeitern für einen geeigneteren Ort und Zeitpunkt auf. Kommen Sie sofort zur Sache.
12. Unterbrechungen.	Legen Sie das Besprechungsprogramm genau fest, und teilen Sie es allen Teilnehmern mit. Dulden Sie nach Möglichkeit keine Unterbrechungen – es sei denn, es handelt sich eindeutig um einen Notfall. Besprechen Sie Dinge, die nicht zur Sache gehören, bei der Kaffeepause oder beim Mittagessen.
13. Abschweifen von der Tagesordnung.	Verlangen Sie von den Teilnehmern, daß sie sich an die Tagesordnung halten. Dulden Sie keine Abschweifungen vom Thema.
14. Der Schluß der Besprechung oder die Zeiten, die für die einzelnen Themen zur Verfügung stehen, wurden nicht genau festgesetzt.	Setzen Sie für die Konferenz und für jeden einzelnen Punkt der Tagesordnung eine bestimmte Zeitdauer fest, um sicherzugehen, daß die Diskussionszeit der Wichtigkeit des jeweiligen Themas angemessen ist.

15. Teilnehmer, die nicht mehr gebraucht werden, müssen bis zum Schluß der Konferenz dableiben.	Wenn ein Konferenzteilnehmer nur einen bestimmten Beitrag zu der Besprechung zu leisten hat und dann nicht mehr gebraucht wird, entlassen Sie ihn gleich im Anschluß an seinen Beitrag.
16. Mangelnde Entschlußfreudigkeit.	Behalten Sie das Ziel der Besprechung im Auge, und steuern Sie es möglichst direkt an.
17. Beschlußfassung ohne ausreichende Informationen.	Ehe Sie eine Konferenz einberufen, sorgen Sie dafür, daß die erforderlichen Informationen vorliegen, und verwenden Sie sie.
18. Die Besprechung wird nicht pünktlich beendet.	Beenden Sie die Besprechung pünktlich, sonst kann keiner der Teilnehmer die Zeit unmittelbar nach der Konferenz sinnvoll verplanen.
19. Ergebnisse und Beschlüsse werden am Ende der Besprechung nicht zusammengefaßt.	Fassen Sie Ergebnisse und Beschlüsse zusammen, um sicherzugehen, daß alle damit einverstanden sind, und erinnern Sie die Teilnehmer nochmals an die Aufträge, die Sie ihnen im Lauf der Besprechung erteilt haben.

Nach der Besprechung

20. Kein Protokoll.	Legen Sie Beschlüsse, Aufträge und Fristen für die einzelnen Aufgaben in einem exakten, ausführlichen Protokoll nieder. Verteilen Sie dieses Protokoll innerhalb eines Tages nach der Besprechung.
21. Keine ausreichende Nachbereitung der Besprechung.	Achten Sie darauf, daß alle Beschlüsse, die während der Besprechung gefaßt wurden, auch tatsächlich ausgeführt werden. Setzen Sie noch nicht erledigte Aufträge unter der Rubrik »Unerledigtes« an den Beginn der Tagesordnung für die nächste Besprechung. Verlangen Sie von Ihren Mitarbeitern regelmäßig Zwischenberichte, und zwar so lange, bis sie ihre Aufträge ausgeführt haben.
22. Komitees werden nicht aufgelöst, nachdem sie ihre Aufgabe erfüllt oder ihr Ziel erreicht haben.	Machen Sie regelmäßig »Bestandsaufnahme« der derzeit existierenden Komitees. Lösen Sie die Komitees, die ihren Zweck erfüllt haben, auf.

Ich habe aufgrund meiner Erfahrungen als Konferenzleiter und Konferenzteilnehmer selbst eine Liste von Faktoren aufgestellt, durch die Besprechungen ineffizient werden können, und praktische Lösungsvorschläge für diese Probleme ausgearbeitet. Einige dieser Lösungen sind ganz einfach und naheliegend. Ich erwähne sie hier aber trotzdem, gewissermaßen als Gedächtnisstütze, denn häufig lassen Konferenzleiter gerade die einfachsten Dinge außer acht. Manche Lösungsvorschläge werden hier nur kurz skizziert und bedürfen einer ausführlichen Erläuterung. Diese Erläuterungen finden Sie in den nächsten Kapiteln meines Buches.

Häufige Ursachen ineffizienter Besprechungen

Ursachen	**Lösungen**
1. Der Leiter hat die Ziele der Besprechung nicht klar genug umrissen.	Der Konferenzleiter arbeitet die Zielsetzungen bei der Vorbereitung der Besprechung ganz klar heraus.
2. Den Teilnehmern sind die Ziele der Besprechung nicht klar.	Der Konferenzleiter macht den Teilnehmern zu Beginn der Besprechung die Konferenzziele klar.
3. Die Besprechung findet zu einem für die Teilnehmer ungünstigen Zeitpunkt statt – sie haben eine negative Einstellung.	a) Der Konferenzleiter achtet darauf, die Besprechung zu einem Zeitpunkt anzuberaumen, der für die Teilnehmer günstig ist. b) Die Besprechung wird den Teilnehmern rechtzeitig vorher angekündigt, so daß sie sie einplanen können. c) Der Konferenzleiter überzeugt die Teilnehmer davon, daß der für die Besprechung gewählte Zeitpunkt der günstigste ist.
4. Die äußeren Bedingungen, unter denen die Besprechung stattfindet, sind ungünstig: a) Im Besprechungsraum ist es zu heiß oder zu kalt.	Der Konferenzleiter sorgt für angemessene Bedingungen: a) Richtige Temperatur. b) Die Besprechung wird an einem ruhigeren Ort abgehalten. c) Größerer Raum oder weniger Teilnehmer.

b) Es ist zu laut. c) Das Besprechungszimmer ist zu klein und daher überfüllt. d) Die Stühle sind unbequem. e) Es ist zu rauchig.	d) Bequemere Stühle oder anderer Konferenzraum. e) Bessere Lüftung oder Bitte an die Teilnehmer, das Rauchen einzuschränken.
5. Die Teilnehmer sind nicht vorbereitet, d. h., sie bringen nicht die für die Besprechung erforderlichen Ideen oder Materialien mit.	Die Vorankündigung der Besprechung enthält Informationen über Tagesordnung, Zielsetzungen und die Vorbereitungsarbeit, die von den Teilnehmern erwartet wird.
6. Die Besprechung fängt nicht pünktlich an.	Der Konferenzleiter beginnt pünktlich mit der Besprechung.
7. Der Konferenzleiter hat nicht die richtigen Teilnehmer zu der Besprechung eingeladen.	Der Konferenzleiter wählt die Besprechungsteilnehmer sorgfältiger aus.
8. Die Teilnehmer schweifen vom Thema ab.	a) Der Konferenzleiter macht den Teilnehmern Zielsetzungen und Themen der Besprechung klar, damit sie nicht vom Thema abschweifen. b) Der Konferenzleiter führt die Teilnehmer wieder auf das Thema hin.
9. Der Konferenzleiter schweift vom Thema ab.	a) Der Konferenzleiter ist sich über Zielsetzungen und Tagesordnung im klaren. b) Der Konferenzleiter bleibt beim Thema.
10. Ein Konferenzteilnehmer dominiert zu sehr.	Der Konferenzleiter setzt sich während der Besprechung oder in dem Zeitraum zwischen zwei Besprechungen mit dem Teilnehmer auseinander und macht ihm klar, daß es nicht gut ist, wenn er dominiert.
11. Die Teilnehmer streiten oder diskutieren untereinander, ohne sich vom Konferenzleiter führen zu lassen.	11. Der Konferenzleiter hat die Diskussion unter Kontrolle.

12. Die Teilnehmer streiten mit dem Konferenzleiter.	Der Konferenzleiter hat sich selbst und die Diskussion unter Kontrolle.
13. Die Teilnehmer bringen ihre wahren Empfindungen und Meinungen nicht zum Ausdruck.	Der Konferenzleiter schafft eine Atmosphäre, in der die Teilnehmer sich offen und ungehemmt äußern können.
14. Einzelne Konferenzteilnehmer führen während der Besprechung Privatgespräche.	Der Konferenzleiter hat die Besprechung unter Kontrolle und verhindert Privatgespräche.
15. Es kommt zu Unterbrechungen.	a) Bessere Planung von seiten des Konferenzleiters und der Teilnehmer. b) Der Konferenzleiter wählt einen besseren Ort oder Zeitpunkt, um Unterbrechungen zu verhindern. c) Der Konferenzleiter duldet keine Unterbrechungen.
16. Der Konferenzleiter stellt einzelne Teilnehmer vor den anderen bloß oder macht sich über sie lustig.	Der Konferenzleiter stellt grundsätzlich keinen Besprechungsteilnehmer vor den anderen bloß, weil ihm klar ist, daß das eine demotivierende Wirkung haben würde
17. Das Interesse der Teilnehmer erlahmt.	Der Konferenzleiter sorgt dafür, daß die Besprechung durchweg interessant ist.
18. Den Teilnehmern sind die Aussagen des Konferenzleiters nicht klar.	a) Der Konferenzleiter drückt sich klar und verständlich aus, falls erforderlich, mit visuellen Hilfsmitteln. b) Der Konferenzleiter ermuntert die Teilnehmer dazu, Fragen zu stellen, wenn ihnen etwas nicht klar ist.
19. Die Teilnehmer verstehen nicht, worum es geht.	a) Der Konferenzleiter sorgt durch häufige Erläuterungen und Zusammenfassungen für Klarheit.

b) Der Konferenzleiter ermuntert die Teilnehmer, sich sofort zu melden, wenn sie etwas nicht verstehen.

20. Die audiovisuellen Geräte funktionieren nicht.

a) Die Geräte werden vor der Besprechung überprüft.
b) Der Konferenzleiter weiß, was zu tun ist, falls Probleme mit den audiovisuellen Geräten auftreten.

21. Die Teilnehmer können die audiovisuellen Hilfsmittel nicht richtig sehen, lesen oder verstehen.

Der Konferenzleiter wählt die Hilfsmittel sorgfältiger aus und setzt sie besser ein.

22. Die Konferenz dauert länger als geplant.

a) Bessere Planung der Besprechung.
b) Bessere Kontrolle der Besprechung.
c) Der Konferenzleiter setzt keinen festen Zeitpunkt für das Ende der Besprechung an.
d) Der Konferenzleiter setzt einen realistischen Zeitpunkt für das Ende der Besprechung fest.

23. Den Teilnehmern ist nach der Besprechung nicht klar, was eigentlich erreicht worden ist.

a) Der Konferenzleiter faßt die Ergebnisse der Besprechung am Schluß zusammen.
b) Der Konferenzleiter arbeitet eine schriftliche Zusammenfassung aus und verteilt sie an alle Teilnehmer.

24. Den Teilnehmern ist nach der Besprechung nicht klar, was als nächstes zu geschehen hat.

a) Der Konferenzleiter erläutert am Schluß der Besprechung, was als nächstes zu geschehen hat.
b) Er läßt den Teilnehmern ein Protokoll zukommen, aus dem hervorgeht, was als nächstes geschehen wird bzw. getan werden muß.

25. Die Teilnehmer sind mit der Besprechung unzufrieden.

Der Konferenzleiter verschafft sich Klarheit darüber, warum die Teilnehmer unzufrieden sind, und sorgt dafür, daß dieses Problem bei künftigen Besprechungen nicht mehr auftaucht.

5. Die Rolle des Konferenzleiters

In Frage 14 des Einführungstest heißt es: »Der Konferenzleiter sollte eher eine Art Katalysator sein als eine starke Führungsrolle übernehmen.«

Wie Sie diese Frage beantworten, hängt natürlich davon ab, wie Sie die Begriffe »Katalysator« und »starke Führungsrolle« definieren. In diesem Kapitel wollen wir uns mit der Rolle des Konferenzleiters in den verschiedenen Konferenzarten befassen.

Besprechung zur Vermittlung von Informationen

Bei einer solchen Besprechung besteht die Funktion des Konferenzleiters darin, die Informationen so zu vermitteln, daß die Teilnehmer sie verstehen. Im Extremfall könnte diese Besprechung so aussehen, daß ausschließlich der Konferenzleiter spricht und dominiert, während die Teilnehmer nur zuhören. In Zahlen ließe sich das folgendermaßen ausdrücken: Beitrag des Konferenzleiters = 100%; Beitrag der Konferenzteilnehmer = 0%. Wenn die Teilnehmer Fragen stellen, ändert sich dieses Zahlenverhältnis ein wenig: Beitrag des Konferenzleiters = 90%; Beitrag der Konferenzteilnehmer = 10%.

Besprechung zur Einholung von Informationen oder Brainstorming

Bei einer solchen Besprechung spielt der Konferenzleiter eine ganz andere Rolle. Er muß den Teilnehmern die Ziele der Besprechung klarmachen und unter Umständen auch Hintergrundinformationen liefern. In diesem Fall macht der Beitrag des Konferenzleiters 10 bis 20% aus, der Beitrag der Konferenzteilnehmer 80 bis 90%. Die Funktion des Konferenzleiters besteht darin, die Teilnehmer zur aktiven Beteiligung an der Besprechung anzuregen und ihre Beiträge in die gewünschte Richtung zu lenken.

Besprechung zur Lösung eines Problems

Hier besteht die Aufgabe des Konferenzleiters darin, die Gruppe zur besten Lösung hinzuführen. Er hat mehrere verschiedene Funktionen:

1. Er muß Informationen darbieten (Beispiel: Er schildert ein Problem, erläutert, warum es so wichtig ist, dieses Problem zu lösen, und gibt Hintergrundinformationen).
2. Er muß alle Besprechungsteilnehmer dazu motivieren, sich an der Lösung des Problems zu beteiligen.
3. Er muß selbst Ideen beisteuern, die für die Lösung des Problems wichtig sein könnten. (In diesem Augenblick gibt er seine Führerrolle auf und steht auf der gleichen Ebene wie die anderen Konferenzteilnehmer.)
4. Er muß die Besprechung so steuern, daß sie der Erreichung des Ziels dient, daß möglichst wenig Zeit verlorengeht und es zu möglichst wenig Spannungen, Konflikten oder gar Feindseligkeiten zwischen den Teilnehmern kommt.
5. Er muß am Schluß der Besprechung zusammenfassen, was erreicht worden ist und was als nächstes geschehen wird.

Bei dieser Besprechungsart sollte der Beitrag des Konferenzleiters 40 bis 60 %, der Beitrag der Teilnehmer ebenfalls 40 bis 60 % ausmachen.

Besprechung, die der Instruktion und Fortbildung dient

Bei einer solchen Besprechung spielt der Konferenzleiter die Rolle eines Lehrers. Wie groß sein Beitrag zur Besprechung ist, hängt vom Thema, von der Zielsetzung, vom Kenntnis- und Erfahrungsstand der Gruppe und vom persönlichen Stil des Konferenzleiters ab. Wenn der Konferenzleiter gut vortragen kann und die Teilnehmer nur wenig über das Thema wissen, könnte der Beitrag des Leiters 75 bis 90 % und der Beitrag der Gruppe 10 bis 15 % betragen.

Wenn der Konferenzleiter dagegen nicht vortragen möchte, sondern lieber mit Diskussionen, Fallstudien und Managementspielen arbeitet, kann das Verhältnis der Beiträge von Leiter und Teilnehmern 50 zu 50 sein, selbst wenn die Teilnehmer wenig über das Thema wissen.

Die Rolle des Konferenzleiters bei den verschiedenen Besprechungsarten

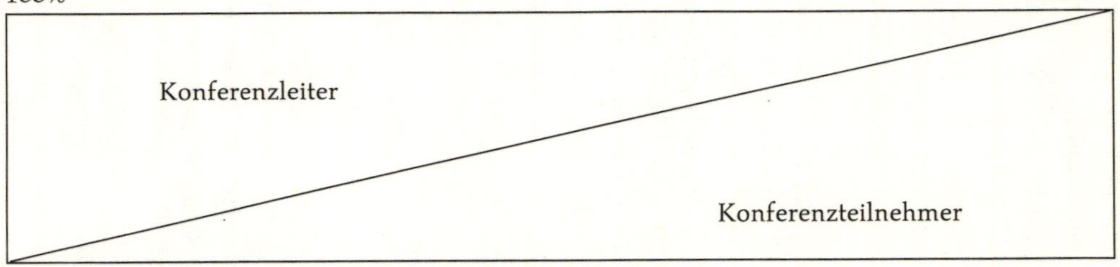

Besprechung zur Vermittlung von Informationen

Rolle des Konferenzleiters:

1. Er muß Informationen so darbieten, daß die Teilnehmer sie verstehen.
2. Er muß Fragen der Konferenzteilnehmer beantworten.

Besprechung zur Instruktion und Fortbildung

Rolle des Konferenzleiters:

1. Er muß die Konferenzteilnehmer so instruieren, daß sie Kenntnisse, Fähigkeiten und bestimmte Einstellungen erwerben.

Besprechung zur Lösung eines Problems

Rolle des Konferenzleiters:

1. Er muß Informationen so darbieten, daß die Teilnehmer sie verstehen.
2. Er muß die Teilnehmer dazu bringen, sich an der Lösung des Problems zu beteiligen.
3. Er muß sich wie alle anderen Konferenzteilnehmer an der Diskussion und Lösungsfindung beteiligen.
4. Er muß die Besprechung steuern und unter Kontrolle haben.

Besprechung zwecks Einholung von Informationen oder Brainstorming

Rolle des Konferenzleiters:

1. Er muß den Konferenzteilnehmern das Ziel der Besprechung klarmachen.
2. Er muß die Konferenzteilnehmer dazu motivieren, ihre Ideen zu äußern.
3. Er muß zuhören.

Wenn die Konferenzteilnehmer sich in dem Thema auskennen, kann es sogar sein, daß der Beitrag des Leiters nur 20% und der Beitrag der Gruppe 80% beträgt.

Wenn man die verschiedenen Konferenzarten einmal genau untersucht, stellt man fest, daß die Rolle des Konferenzleiters stark variiert – manchmal sogar innerhalb einer und derselben Besprechung. Bei einer Besprechung, die der Lösung eines Problems dient, kann er beispielsweise sehr verschiedene Funktionen erfüllen: Er muß das Problem präsentieren, die Gruppe zur Beteiligung an der Lösung motivieren, selbst an dem Gespräch teilnehmen und die Diskussion gleichzeitig steuern und unter Kontrolle halten.

Nun wollen wir den Satz »Der Konferenzleiter solle eher eine Art Katalysator sein als eine starke Führungsrolle übernehmen« noch einmal genau unter die Lupe nehmen. Laut Fremdwörter-Duden ist ein Katalysator ein »Stoff, der durch seine Anwesenheit chemische Reaktionen herbeiführt oder in ihrem Verlauf beeinflußt, selbst aber unverändert bleibt«. Bei manchen Besprechungen ist es sicherlich sinnvoll, daß der Konferenzleiter eine solche Katalysator-Rolle spielt, z. B. bei Konferenzen zur Einholung von Informationen, Brainstormings und manchen Phasen von Problemkonferenzen oder Fortbildungsprogrammen. Bei anderen Konferenztypen dagegen wäre eine solche Katalysator-Rolle völlig verfehlt, beispielsweise bei Besprechungen zur Vermittlung von Informationen.

Der Begriff »starke Führungsrolle« definiert wahrscheinlich jeder etwas anders. Manche halten ihn für negativ und gleichbedeutend mit »dominierend«, »autoritär«, »arrogant«, »diktatorisch« und »Elefant im Porzellanladen«. Ich empfinde den Begriff als positiv; für mich beinhaltet er Steuerung, Kontrolle und Flexibilität. Ein Konferenzleiter, der eine starke Führungsrolle übernimmt, ist eine unabdingbare Voraussetzung für eine effiziente Besprechung (d. h. eine Besprechung, bei der die Ziele innerhalb kürzester Zeit erreicht werden und alle Teilnehmer zufrieden sind). Der Konferenzleiter muß wissen, in welcher Situation er vortragen, dominieren, eine Autorität darstellen sollte. Und er muß auch wissen, wann es eher angebracht ist, die Rolle des Katalysators, Anregers und Zuhörers zu spielen. Aus dem Schaubild *»Die Rolle des Konferenzleiters bei den verschiedenen Besprechungsarten«* geht hervor, wie der Konferenzleiter sich jeweils verhalten sollte.

6. Die Vorbereitung der Konferenz

Der Erfolg einer Besprechung hängt zum großen Teil davon ab, wie gut der Konferenzleiter sich vorbereitet hat. Bei der Planung und Vorbereitung müssen folgende Faktoren berücksichtigt werden:

a) Welche Ziele sollen erreicht werden?
b) Wer soll an der Konferenz teilnehmen?
c) Was weiß der Konferenzleiter über die Teilnehmer?
d) Zu welchem Zeitpunkt soll die Besprechung stattfinden?
e) An welchem Ort soll sie stattfinden?
f) Wie sieht die Tagesordnung aus?
g) Welche äußeren Gegebenheiten, Geräte und Hilfsmittel müssen vorhanden sein?
h) Wann und in welcher Form soll den Teilnehmern die Besprechung angekündigt werden?
i) Welche Vorbereitungen sind kurz vor der Besprechung noch erforderlich?

Welche Ziele sollen erreicht werden?

Wenn man sich überlegt, ob eine Konferenz sinnvoll ist oder nicht, muß man zuallererst über die Ziele nachdenken, die mit dieser Besprechung erreicht werden sollen. Doch normalerweise ist man sich zu dem Zeitpunkt, an dem man sich entschieden hat, eine Konferenz anzuberaumen, noch gar nicht über die Zielsetzungen im klaren. Daher muß der Konferenzleiter als nächstes die Ziele genau festsetzen. Wenn zum Beispiel eine Besprechung zur Vermittlung von Informationen geplant ist, könnten die Ziele folgendermaßen aussehen:

1. Die Teilnehmer sollen über die neue Urlaubsregelung informiert werden.
2. Die Teilnehmer sollen über den derzeitigen Stand eines Projekts unterrichtet werden.

3. Die Teilnehmer sollen Informationen über ein neues Verfahren erhalten und über folgende Aspekte unterrichtet werden:
   a) die Gründe, warum man sich für das neue Verfahren entschieden hat,
   b) worin das neue Verfahren besteht.

Vermutlich ist Ihnen aufgefallen, daß bei der Formulierung der Zielsetzungen stets die Konferenzteilnehmer im Mittelpunkt stehen. Diese Formulierung ist klarer und besser als etwa folgende:

1. Die neue Urlaubsregelung soll erläutert werden.
2. Es soll über den derzeitigen Stand eines Projekts berichtet werden.
3. Es soll über ein neues Verfahren diskutiert werden.

Wenn der Zweck der Besprechung darin besteht, ein Problem zu lösen, könnten die Ziele folgendermaßen formuliert werden:

1. Wie kann man die Ausschußrate bis zum 1. Dezember von 5 % auf 3 % reduzieren?
2. Wie kann man die Überstunden bis zum 1. Juli auf 3 % der Gesamtkosten reduzieren?
3. Wie kann man die Fluktuation von Sekretärinnen bis zum 1. September um 30 % reduzieren?

All diese Ziele sind so formuliert, daß das Problem klar wird. Das Ziel einer solchen Besprechung besteht darin, eine Entscheidung zu fällen: Die Teilnehmer müssen gemeinsam mit dem Konferenzleiter beschließen, was zu tun ist.

Wenn ein Brainstorming abgehalten werden soll, könnten die Zielsetzungen folgendermaßen aussehen:

1. Wie könnte man erreichen, daß unsere Mitarbeiter nicht mehr so häufig zu spät kommen?
2. Welche Möglichkeiten gibt es, die Kosten zu reduzieren?
3. Wie kann man neue Mitarbeiter finden?

Die Ziele einer Besprechung müssen also im voraus festgelegt sein. Der Konferenzleiter muß sich genau darüber im klaren sein, was er erreichen möchte. Und er sollte bei der Formulierung der Zielsetzung darauf abheben, *was erreicht werden soll,* nicht, was zu tun ist. Die Formulierung der Ziele sollte immer so exakt und detailliert wie möglich sein.

Wer soll an der Konferenz teilnehmen?

Sobald die Ziele festgelegt sind, muß der Konferenzleiter entscheiden, wer an der Besprechung teilnehmen soll. Es gibt zwei wichtige Auswahlkriterien:

1. Es sollen alle Mitarbeiter teilnehmen, die voraussichtlich so sehr von der Besprechung profitieren werden, daß sich der Zeitaufwand lohnt.
2. Es sollen alle Mitarbeiter teilnehmen, die so viele Beiträge zu der Besprechung leisten können, daß der Zeitaufwand gerechtfertigt ist.

Natürlich läßt sich das nur subjektiv beurteilen. Vielleicht hat der Konferenzleiter das Gefühl, ein bestimmter Mitarbeiter könnte von der Besprechung profitieren, weil er durch sie Informationen erhält. Er kann aber auch zu dem Schluß kommen, daß er dem Mitarbeiter diese Informationen ebensogut nach der Besprechung zukommen lassen könnte; auf diese Weise wird Arbeitszeit eingespart. Ein anderes Beispiel: Der Konferenzleiter ist der Meinung, daß ein Mitarbeiter wertvolle Ideen zu der Besprechung beitragen könnte. Andererseits kann er den Mitarbeiter auch vor der Besprechung nach diesen Ideen fragen; dann erübrigt sich seine Teilnahme an der Konferenz.

Es gibt auch noch ein drittes Auswahlkriterium, das der Konferenzleiter berücksichtigen sollte:

Wer möchte an der Besprechung teilnehmen?

Für manche Mitarbeiter ist es eine Art Selbstbestätigung, an einer Konferenz teilnehmen zu dürfen. Andere möchten vielleicht dabeisein, um aus erster Quelle zu erfahren, was besprochen wird. Manchmal entwickeln Mitarbeiter eine sehr negative innere Einstellung, nur weil sie nicht zu einer Besprechung eingeladen wurden. Der Konferenzleiter muß sich also genau überlegen, ob er Mitarbeiter zu der Besprechung einladen soll, nur weil sie dabeisein möchten.

Was weiß der Konferenzleiter über die Teilnehmer?

Es ist wichtig, daß der Konferenzleiter über die Teilnehmer informiert ist. Zumindest sollte er wissen, zu welchen Abteilungen sie gehören und was für Aufgaben sie dort haben. Er sollte sich auch Klarheit darüber verschaffen, was sie bereits über das Konferenzthema wissen. Darüber hinaus sollte er eine Vorstellung davon haben, wie interessiert sie an diesem Thema sind und welche Informationen er ihnen geben muß.

Wenn es sich um eine Instruktionskonferenz oder ein Fortbildungsprogramm handelt, muß der Konferenzleiter noch mehr über die Teilnehmer wissen. Er sollte über ihre Einstellung, ihre Probleme und ihre vorherige Ausbildung informiert sein.

Vor jeder Besprechung sollte der Konferenzleiter sich fragen: »Was muß ich über die Teilnehmer wissen, um die Ziele der Besprechung erreichen zu können?« Er sollte sich vor der Besprechung unbedingt die erforderlichen Informationen verschaffen.

Zu welchem Zeitpunkt soll die Besprechung stattfinden?

Die Wahl des richtigen Zeitpunkts ist außerordentlich wichtig. Zunächst sollte der Konferenzleiter darüber nachdenken, welcher Zeitpunkt für ihn selbst günstig ist und ihm auch genügend Zeit zur Vorbereitung läßt. Fast ebenso wichtig jedoch ist es, für die Besprechung einen Termin zu wählen, an dem auch die Teilnehmer Zeit haben und der für sie günstig ist; denn wenn sie demotiviert sind, weil ihnen der Zeitpunkt der Besprechung nicht paßt, ist es für den Konferenzleiter viel schwieriger, die Ziele zu erreichen, die er sich gesteckt hat. Konferenzteilnehmer mit negativer innerer Einstellung geben sich im allgemeinen nicht viel Mühe, die dargebotenen Informationen in sich aufzunehmen oder sich an der Lösung eines Problems zu beteiligen. Die beste Lösung besteht darin, alle Teilnehmer zu fragen, welcher Zeitpunkt für sie am günstigsten ist.

Man sollte sich sowohl über die Anfangszeit als auch über das Ende der Besprechung Gedanken machen. Wenn sich die Dauer der Konferenz voraussagen läßt (z. B. bei einer Instruktionskonferenz oder einem Fortbildungsprogramm), sollte man das Ende der Besprechung festsetzen und den Teilnehmern mitteilen. Wenn sich die Länge der Besprechung nicht voraussagen läßt (z. B. bei einer Problemkonferenz), sollte man zumindest die *ungefähre* Länge festsetzen und die Teilnehmer darüber informieren.

An welchem Ort soll die Besprechung stattfinden?

Viele Konferenzteilnehmer entscheiden sich einfach für den Ort, der am günstigsten gelegen und am leichtesten zu erreichen ist. Das ist jedoch häufig eine schlechte Wahl. Man muß bei der Wahl des richtigen Konferenzorts mehrere Faktoren berücksichtigen:

1. Der Raum muß zum Zeitpunkt der Besprechung frei sein.
2. Er muß so groß sein, daß alle Teilnehmer und eventuell audiovisuelle Hilfsmittel sich gut darin unterbringen lassen.
3. Es müssen geeignete Möbelstücke, z. B. Tische und Stühle, vorhanden sein. Je länger die Besprechung dauert, um so wichtiger sind bequeme Stühle.
4. Geeignete Beleuchtung und Lüftung.
5. Keine Unterbrechungen und Ablenkungen wie z. B. Lärm und Telefone.
6. Der Besprechungsraum muß für die Teilnehmer günstig gelegen sein.
7. Die Kosten.

Manchmal lassen sich alle diese Kriterien schwer unter einen Hut bringen. Für die Besprechungsteilnehmer zum Beispiel ist es vielleicht am günstigsten, wenn die Konferenz innerhalb des Firmengebäudes abgehalten wird. Das würde auch nichts kosten. Andererseits sind diese Räumlichkeiten vielleicht zu klein oder liegen zu sehr in der Nähe der Büros der Teilnehmer, was zu Ablenkungen und Unterbrechungen führen könnte.

Die Wahl des richtigen Orts ist deshalb so wichtig, weil der Besprechungsraum Auswirkungen auf die innere Einstellung und die Motivation der Teilnehmer hat. Für den Konferenzleiter ist es schwieriger, seine Ziele zu erreichen, wenn die Teilnehmer nicht mit dem Besprechungsraum einverstanden sind, z. B. weil er zu klein, zu laut oder zu heiß ist oder die Stühle zu hart sind.

Übrigens ist in *Forbes* am 15. Oktober 1975 eine Annonce erschienen: »Über 90% unserer Kunden sagen, daß ihre Besprechungen effizienter sind, seit sie sie in unserem Konferenzzentrum abhalten.« Ich weiß natürlich nicht, ob diese Aussage der Wahrheit entspricht, aber sie läßt schon gewisse Rückschlüsse darauf zu, wie wichtig die Wahl der richtigen Räumlichkeiten ist.

Wie sieht die Tagesordnung aus?

Manche Konferenzleiter verwechseln »Tagesordnung« mit »Zielsetzungen«. Zielsetzungen sind die Dinge, die man durch die Besprechung erreichen möchte. Die Tagesordnung dagegen ist die Reihenfolge, in der die einzelnen Themen abgehandelt werden.

Viele Besprechungen dienen mehreren verschiedenen Zielen. Bei einer Abteilungskonferenz zum Beispiel soll den Teilnehmern vielleicht eine bestimmte Information gegeben werden. Gleichzeitig möchte der Konferenzleiter sich möglicherweise Informationen verschaffen, z. B. über den Stand eines Projekts. Und zum Schluß soll vielleicht auch noch ein Problem gelöst werden.

Bei der Vorbereitung der Besprechung muß der Konferenzleiter sich Gedanken über diese Zielsetzungen machen und die Tagesordnung dementsprechend festsetzen. Die Tagesordnung einer typischen Abteilungskonferenz könnte in etwa folgendermaßen aussehen:

1. Vorstellung eines neuen Mitarbeiters.
3. Statusbericht über Projekt 571.
4. Neues Verfahren zur Erfassung von Fehlzeiten und Mitarbeitern, die zu spät zur Arbeit kommen.
5. Qualität und Ausschuß.
6. Programm der nächsten Konferenz.

Bei der Planung sollte der Konferenzleiter für jeden Tagesordnungspunkt gesondert festlegen, wer an der Besprechung teilnehmen soll. Wenn sich herausstellt, daß für einige Teilnehmer nur ein paar Punkte der Tagesordnung wichtig sind, sollten diese Punkte an den Anfang der Tagesordnung gesetzt werden, damit diese Teilnehmer nicht bei der ganzen Besprechung dabeisein müssen. Falls das aus irgendeinem Grund nicht möglich ist, müssen die betreffenden Teilnehmer sich auf Abruf bereit halten, so daß sie jederzeit kommen können, wenn die für sie wichtigen Themen an der Reihe sind.

Diese Vorbereitungsarbeit ist sehr wichtig, denn dadurch verhindert man, daß Teilnehmer, für die bestimmte Themen der Besprechung nicht interessant oder relevant sind, ihre Zeit vergeuden.

Welche äußeren Gegebenheiten, Geräte und Hilfsmittel müssen vorhanden sein?

Um das entscheiden zu können, muß der Konferenzleiter sowohl die Besprechungsziele als auch die Anzahl der Teilnehmer berücksichtigen. Wenn die Konferenz der Vermittlung von Informationen dient und viele Mitarbeiter daran teilnehmen, arrangiert man die Stühle am besten wie im Theater oder in einem Hörsaal; Tische sind dann nicht erforderlich. Handelt es sich dagegen um eine Problemkonferenz, an der nur fünf Personen teilnehmen, ist es am besten, wenn sie alle um einen Tisch herum sitzen, so daß sie sich gegenseitig gut sehen und hören können.

Bei Instruktionskonferenzen und Fortbildungsprogrammen gibt es mehrere gute Möglichkeiten. Wenn das Programm sich über mehrere Sitzungen erstreckt, kann man die Möbel – je nach dem Zweck der jeweiligen Sitzung – immer wieder anders anordnen. Das folgende Beispiel zeigt, wie sehr die Sitzordnung von der Zielsetzung des jeweiligen Programms abhängig ist:

Verschiedene Sitzordnungen bei Fortbildungsveranstaltungen

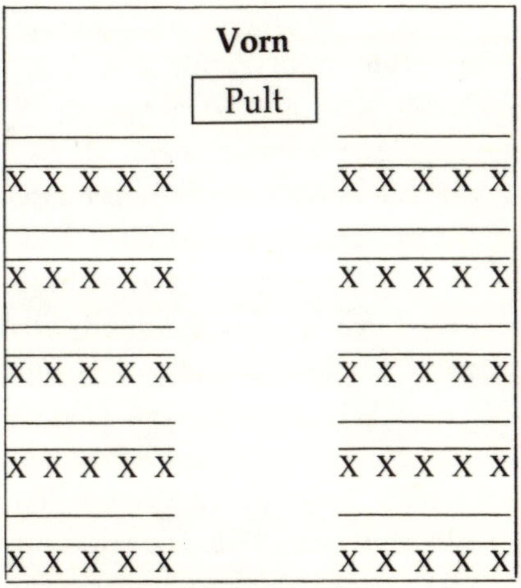

Anzahl der Teilnehmer: 50
Konferenzziel:
Die Teilnehmer sollen die von mehreren verschiedenen Rednern vorgetragenen Themen verstehen.

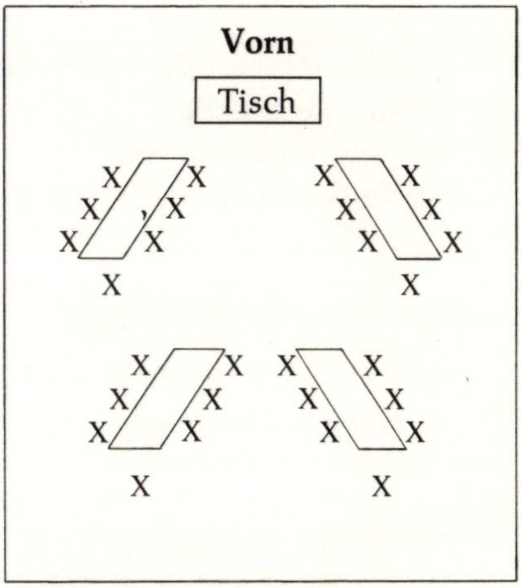

Anzahl der Teilnehmer: 28
Konferenzziele:

1. Die Teilnehmer sollen die vom Konferenzleiter vorgetragenen Themen verstehen.
2. An den einzelnen Tischen sollen Probleme gelöst werden.

Bei der Vorbereitung muß man auf folgende Faktoren achten:

1. Es müssen genügend Tische und Stühle vorhanden sein, und ihre Anordnung sollte den Zielen der Besprechung angemessen sein.

2. Der Konferenzleiter muß sich Gedanken über das Problem »Rauchen« machen:
   a) Soll Rauchen erlaubt sein? Wenn ja, muß für Aschenbecher gesorgt werden.
   b) Soll Rücksicht auf Nichtraucher genommen werden? Wenn ja, sollte ein bestimmter Tisch oder Teil des Konferenzraums für Nichtraucher vorbehalten sein.

3. Wenn die Besprechung länger dauert, muß für Getränke und Erfrischungen gesorgt sein.

4. Falls nötig, müssen Namensschildchen oder Namenskarten vorbereitet werden, damit der Konferenzleiter die Teilnehmer mit ihren Namen ansprechen kann und sich alle gegenseitig kennenlernen.

5. Die erforderlichen audiovisuellen Geräte und Hilfsmittel müssen bereitstehen. Ein Flip-chart, eine Tafel oder ein Overheadprojektor sollte zur Standardausrüstung gehören; solche Medien braucht man, um Informationen anschaulich zu präsentieren oder Ideen der Teilnehmer schriftlich festzuhalten. Achten Sie darauf, daß die audiovisuellen Medien für alle Teilnehmer gut sichtbar sind. Sie müssen zu Beginn der Besprechung bereitstehen, und der Konferenzleiter muß sich davon überzeugt haben, daß sie funktionieren.

6. Bei längeren Besprechungen sollten Pausen eingeplant werden. Wenn eine Besprechung länger als anderthalb Stunden dauert, empfiehlt sich eine Pause angebracht, in der Kaffee und andere alkoholfreie Getränke angeboten werden sollten. Solche Pausen können sich auf die Motivation der Teilnehmer und die Effizienz der Besprechung sehr positiv auswirken.

Wann und in welcher Form soll den Teilnehmern die Besprechung angekündigt werden?

Die meisten Konferenzleiter machen den Fehler, den Teilnehmern nicht genügend Vorinformationen über die geplante Konferenz zu geben oder sie nicht rechtzeitig vorher anzukündigen. Manchmal liegt das daran, daß zwischen der Entscheidung, eine Konferenz anzuberaumen, und dem Zeitpunkt der Konferenz nicht genügend Zeit liegt. Doch viel häufiger versäumt der Konferenzleiter die rechtzeitige Vorankündigung einfach aus Nachlässigkeit.

Eine solche Vorankündigung ist erforderlich, damit die Teilnehmer die Konferenz einplanen und ihren Beitrag vorbereiten können. Außerdem wirkt sich die rechtzeitige Ankündigung auch positiv auf die Motivation der Teilnehmer aus; sie fühlen sich ernst genommen und sind von der guten Organisation beeindruckt.

Die Ankündigung einer Besprechung sollte folgende Informationen enthalten:

1. Zeitpunkt (Beginn und Ende).
2. Ort.
3. Zielsetzungen.
4. Vorbereitungsarbeit, die die Teilnehmer leisten müssen.
5. Namen der anderen Teilnehmer.

Diese Vorankündigung sollte man den Teilnehmern rechtzeitig vor der Besprechung zukommen lassen, um sicherzugehen, daß sie sich für den betreffenden Zeitpunkt nichts anderes vornehmen und daß sie sich vorbereiten können.

Welche Vorbereitungen sind kurz vor der Besprechung noch erforderlich?

Es gibt immer noch ein paar letzte Vorbereitungsarbeiten, die sich auf die Effizienz einer Besprechung entscheidend auswirken können. Selbst wenn der Konferenzleiter die Besprechung perfekt vorbereitet und geplant hat, kann in letzter Minute noch etwas schiefgehen. Um das zu verhindern, sollte er sein besonderes Augenmerk auf folgende Faktoren richten:

1. Äußere Bedingungen: Der Konferenzleiter sollte schon 30 bis 60 Minuten vor Beginn der Besprechung im Konferenzraum sein, um sich davon zu überzeugen, daß alles richtig vorbereitet ist, und etwaige Probleme zu lösen, die vielleicht in letzter Minute noch auftauchen.

2. Audiovisuelle Geräte und Hilfsmittel: Man muß sich vor der Konferenz davon überzeugen, daß alle Geräte gut funktionieren. Wenn man 16-mm-Film einsetzt, sollte man vor der Vorführung das Gerät so einstellen, daß das Bild scharf ist, daß der Ton stimmt und das Filmbild richtig auf die Leinwand projiziert wird. Der Konferenzleiter (oder Vorführer) sollte sich in der Handhabung der Geräte so gut auskennen, daß er in der Lage ist, alle eventuell auftretenden Probleme zu lösen. Für alle Projektoren sollten Ersatzbirnen zur Verfügung stehen. Bei 16-mm-Film sollte man immer eine Ersatzlampe parat haben. Der Konferenzleiter (oder Vorführer) sollte wissen, wie man die Birnen wechselt.

3. Materialien: Der Konferenzleiter sollte sich vergewissern, ob alle erforderlichen Materialien – schriftliche Informationen, Namenskärtchen, Papier, Bleistifte, Notizbücher usw. – bereitliegen.

Der in Anhang A dieses Buches abgedruckte Artikel von Allen Zoll mit dem Titel »Murphys Gesetz bei Besprechungen« ist für die Planung von Konferenzen besonders hilfreich. Dort wird beschrieben, was bei einer Besprechung – selbst bei bester Planung – alles schiefgehen kann, wenn man Pech hat.

7. Die effiziente Darbietung von Informationen

Drei Voraussetzungen sind für eine effiziente Präsentation wichtig: Vorbereitung, Präsentationstechniken und audiovisuelle Hilfsmittel. Letzterer Faktor ist nicht bei allen Präsentationen wichtig, aber bei den meisten Besprechungen sehr wünschenswert. In dem nun folgenden Kapitel möchte ich auf diese drei Faktoren eingehen.

Zunächst einmal muß jedoch klargestellt werden, was ein Konferenzleiter bei einer Präsentation zu leisten hat. Zuallererst muß er die Aufmerksamkeit und das Interesse der Zuhörer auf sich lenken. Mit anderen Worten: Er muß in ihnen den *Wunsch* wecken (und aufrechterhalten), zuzuhören und die dargebotenen Informationen in sich aufzunehmen. Zweitens muß er sich so ausdrücken, daß die Zuhörer ihn verstehen. Drittens muß er die Teilnehmer unter Umständen dazu motivieren, bestimmte Dinge zu tun.

Die Vorbereitung

Es ist von entscheidender Wichtigkeit, daß der Konferenzleiter oder Referent sich gut vorbereitet. Wieviel Zeit er für die Vorbereitung braucht, variiert je nach seinen Erfahrungen, seiner Kenntnis des Themas und seinen Informationen über die Zuhörer. Seine Vorbereitungsarbeit umfaßt unter anderem folgende Aspekte:

1. Er muß über die Zuhörer informiert sein – d. h. über ihr Interesse am Thema, ihr Vorwissen über das Thema und ihre innere Einstellung dazu.

2. Er muß über das Thema Bescheid wissen, und zwar so gründlich, daß er es den Teilnehmern klar und deutlich vermitteln und alle relevanten Fragen dazu beantworten kann.

3. Er muß die Ziele kennen, die er durch die Besprechung erreichen will, unter anderem:

a) was die Zuhörer im Lauf der Besprechung erfahren oder begreifen sollen,
b) was für eine Haltung sie dem Thema gegenüber einnehmen sollen,
c) was sie mit den Informationen, die sie im Lauf der Konferenz erhalten, anfangen sollen.

4. Er muß eine Liste aller Informationen aufstellen, deren Darlegung ihn seinem Ziel näherbringen könnte: allgemeine Informationen, Forschungsergebnisse, Theorien, Beispiele, persönliche Informationen und Ideen von dritten Personen, z. B. Autoren und Experten. Mit anderen Worten: Er muß alles auflisten, was zum Thema der Besprechung unter Umständen zu sagen wäre. (Wahrscheinlich kommen bei dieser Aufstellung viel mehr Informationen zusammen, als er dann tatsächlich verwerten wird.)

5. Er muß darüber nachdenken, wieviel Zeit er hat, um seine Informationen zu präsentieren, und die wichtigsten Themen auswählen.

6. Er muß sich überlegen, was für audiovisuelle Hilfsmittel er für die Präsentation seines Materials verwenden möchte. Die Konferenzteilnehmer verstehen die Informationen in der Regel besser, wenn man sie ihnen nicht nur akustisch, sondern auch optisch präsentiert.

7. Er muß den Text seiner Präsentation so detailliert ausarbeiten, wie er ihn braucht. Man kann den Text Wort für Wort schriftlich festhalten (das würde ich aber nur Leuten empfehlen, die in der Lage sind, Texte abzulesen, ohne daß der Vortrag dadurch monoton wird). Andere brauchen vielleicht gar keine Notizen, sondern es genügt ihnen, sich ein paar Stichworte einzuprägen. (Auch das würde ich nicht unbedingt empfehlen, es sei denn, Sie sind ein sehr erfahrener und außergewöhnlich guter Redner.) Die beste Lösung liegt in der Mitte zwischen diesen beiden Extremen. Ihre Präsentation sollte aus drei Teilen bestehen:

   a) Einleitung
   b) Hauptteil
   c) Schluß

In der Einleitung müssen Sie die Aufmerksamkeit der Zuhörer wecken und ihnen Sinn und Ziel der Besprechung klarmachen. Man kann zum Beispiel Aufmerksamkeit wecken, indem man ein drastisches Beispiel schildert oder über eine Begebenheit berichtet.

Im Hauptteil sollte man die Informationen in logischer, sinnvoller Reihenfolge darbieten, so daß sie den Zuhörern klarwerden.

Am Schluß sollte man die Zielsetzungen noch einmal formulieren und die gegebenen Informationen zusammenfassen. Falls erforderlich, sollte der Konferenzleiter den einzelnen Teilnehmern nun auch Aufträge erteilen beziehungsweise ihnen sagen, was nun zu geschehen hat.

Viele Redner bauen ihre Präsentationen so auf. Das hat den Vorteil, daß ihre Aussagen durch die mehrmalige Wiederholung verständlicher werden und sich besser einprägen. Aber natürlich kann man die Zuhörer durch Wiederholung auch langweilen. Daher sollte man seine Informationen stets auf möglichst abwechslungsreiche Art und Weise präsentieren.

8. Er muß alle audiovisuellen Geräte und Hilfsmittel bereitstellen – Tabellen, Dias, Filme, Folien für den Overheadprojektor und Informationsblätter.

9. Er muß seine Rede vorher üben, indem er sie auf Kassette aufnimmt oder vor einem privaten Publikum (z. B. Ehefrau oder Freunden) hält. (Es empfiehlt sich aber nicht, sie auswendig zu lernen, es sei denn, man ist ein außergewöhnlich guter Redner und hat ein pefektes Gedächtnis.)

Präsentationstechniken

Ein Redner muß zwei wichtige Eigenschaften mitbringen: Selbstvertrauen und Enthusiasmus. Das Selbstvertrauen kommt im Lauf seiner Vorbereitung im allgemeinen von selbst, vor allem, wenn er bereits ein wenig Erfahrung auf dem Gebiet der Rhetorik hat. Daher sollten Konferenzleiter immer nach Möglichkeiten suchen, vor Publikum zu sprechen, um ihr Selbstvertrauen zu entwickeln und zu erhöhen. Der Enthusiasmus des Redners ergibt sich ganz von selbst aus der Tatsache, daß er hinter den Informationen steht, die er präsentiert – daß er davon überzeugt ist, daß sie wahr und für die Zuhörer von Nutzen sind. Begeisterung entspringt zum Teil auch aus einer inneren Haltung, die schwierig zu definieren ist.

Weitere wichtige Elemente einer effizienten Präsentation sind:

1. Blickkontakt mit den Zuhörern. Das bedeutet in der Regel, daß der Redner sowenig wie möglich ablesen darf.

2. Geschickter Einsatz von Pausen, um den Zuhörern Gelegenheit zu geben, die Informationen zu verarbeiten, oder um ihre Reaktionen abzuwarten.

3. Wirkungsvoller Einsatz von Anekdoten oder anschaulichen Beispielen. Das ist ein wichtiger Bestandteil der Vorbereitung. Solche Beispiele und Episoden müssen auch gut vorgetragen werden. Eine Geschichte zum Beispiel sollte man nicht *vorlesen,* sondern *erzählen.*

4. Abwechslung in Tonfall, Sprachmelodie, Stimmhöhe und Lautstärke. Nichts wirkt so einschläfernd auf Zuhörer wie eine monotone Stimme.

5. Humor. Wer gut lustige Geschichten erzählen kann, sollte von dieser Fähigkeit Gebrauch machen; wer es nicht kann, der sollte es lieber lassen. Selbstverständlich muß der Humor dem Niveau der Zuhörer angemessen sein und darf niemanden verletzen. In meinen Augen ist es unverzeihlich, obszöne Geschichten oder Witze zu erzählen, die sich z. B. gegen Christen, Farbige oder Frauen richten.

6. Vermeidung von Eigenheiten, die die Zuhörer eventuell ablenken könnten. Es ist schwierig, hierüber etwas Allgemeingültiges zu sagen. Manche Redner können auf und ab gehen und wild gestikulieren, ohne daß die Zuhörer dadurch abgelenkt werden. Im Gegenteil: Sie halten dadurch sogar ihr Interesse und ihre Aufmerksamkeit wach, und die Informationen werden leichter verständlich. Bei anderen genügt es, wenn sie sich ein paar Schritte vom Rednerpult wegbewegen – und schon ist das Publikum irritiert. Bei manchen Rednern wirken Gesten natürlich, bei anderen unnatürlich und dadurch störend.

Manche Redner unterbrechen ihren Vortrag häufig durch »Ähs«, doch niemand scheint es zu bemerken. Andere Redner sagen nur sehr selten »Äh«, doch bei ihnen stört es die Zuhörer so sehr, daß sie die »Ähs« mitzählen und sich auf gar nichts anderes mehr konzentrieren. Manche Konferenzleiter können klimpernde Münzen in ihrer Hosentasche haben, ohne daß jemand darauf achtet; andere würden ihr Publikum damit total irritieren und ablenken.

7. Richtige Wortwahl. Der Konferenzleiter muß die gleiche Sprache sprechen wie seine Zuhörer.

8. Kurze Sätze. Keine langen, komplizierten Schachtelsätze.

9. Verwertung visueller Hilfsmittel als Notizen. Wenn der Konferenzleiter visuelle Hilfsmittel (z. B. Folien für den Overheadprojektor, Tabellen, Dias oder Informationsblätter) verwendet, können ihm diese gleichzeitig als Notizen dienen. Er sollte, während er diese Hilfsmittel einsetzt, nicht gleichzeitig auch noch auf einen Notizzettel schauen.

10. Der Konferenzleiter sollte seine Stärken nutzen und darauf achten, daß seine Schwächen nach Möglichkeit nicht zutage treten. Das bedeutet eigentlich nichts anderes als »Sei du selbst«. Natürlich kann man gute Redner beobachten und sich Gedanken darüber machen, worin ihre Ausstrahlung und Überzeugungskraft besteht. Aber man sollte nicht versuchen, sie zu imitieren, sondern seinen eigenen Stil entwickeln.

Audiovisuelle Hilfsmittel

Manchen Rednern gelingt es auch ohne audiovisuelle Hilfsmittel, das Interesse der Zuhörer wachzuhalten und sich verständlich zu machen. Solche Redner verfügen im allgemeinen über Enthusiasmus, Humor und eine außergewöhnliche rhetorische Begabung und haben viele anschauliche Beispiele parat.

Doch den meisten Konferenzleitern empfehle ich, ihre mündlichen Erläuterungen durch audiovisuelle Hilfsmittel zu ergänzen. Dadurch wird ihr Vortrag interessanter und leichter verständlich. Natürlich müssen diese Hilfsmittel sorgfältig ausgewählt und sinnvoll eingesetzt werden. Der Konferenzleiter sollte wissen, was für audiovisuelle Hilfsmittel es gibt und wie man sie am besten nutzt.

Was für audiovisuelle Hilfsmittel gibt es?

Die am häufigsten verwendeten Hilfsmittel sind Gegenstände, Tafeln, Flip-charts, Dias, Filme, Tabellen und Informationsblätter. Es gibt aber auch noch andere:

1. Folien, die man mit Hilfe eines Overheadprojektors auf eine Leinwand projiziert. Die Folien fertigt man aus DIN-A4-Blättern, auf die man Text, graphische Darstellungen oder andere Informationen von Hand oder mit der Schreibmaschine schreibt oder drukken läßt.

2. Symbole oder beschriftete Karten, die man an einer Magnettafel oder einer mit Filz bespannten Hafttafel befestigen kann. Die Anschaffung solcher Tafeln lohnt sich vor allem, wenn die Präsentation mehrmals wiederholt werden soll.

3. Tonkassetten zur Aufnahme von Vorträgen, Musik, Dialogen oder Interviews, über die dann diskutiert werden kann.

4. Videokassetten zur Aufnahme von Präsentationen, Rollenspielen und andern Aktivitäten während der Konferenz, die dann vorgeführt und besprochen werden können. Viele moderne Lehrfilme und Ausbildungsprogramme sind auf Videokassette erhältlich. Es gibt zwei verschiedene Systeme: Beta und VHS. Diese beiden Systeme sind nicht kompatibel, das heißt, für Beta-Geräte kann man nur Beta-Videokassetten verwenden, für VHS-Geräte nur VHS-Kassetten. Beta- und VHS-Videokassetten gibt es in verschiedenen Laufzeiten.

Wie müssen effiziente audiovisuelle Hilfsmittel beschaffen sein?

Der Konferenzleiter darf von audiovisuellen Hilfsmitteln natürlich keine Wunder erwarten. Sie sind eben nicht mehr als Hilfen, durch die die Präsentation effizienter wird. Er sollte darauf achten, daß sie folgende Voraussetzungen erfüllen:

1. Sie müssen für das Besprechungsthema relevant sein.
2. Sie müssen für alle Zuhörer leicht leserlich bzw. verständlich sein.
3. Sie müssen so einfach zu verstehen sein, daß sie keiner langen Erläuterungen bedürfen.

Es gibt auch noch einige andere Faktoren, die zwar nicht unbedingt entscheidend sind, aber doch dazu beitragen können, das Interesse der Zuhörer wachzuhalten und die Informationen verständlicher zu gestalten:

1. Die audiovisuellen Hilfsmittel sollten attraktiv aussehen (vielleicht farbig).
2. Es ist ein Pluspunkt, wenn sie originell sind.
3. Sie sollten humorvoll (und doch relevant) sein.
4. Abwechslung ist bei Präsentationen sehr wichtig (man verwendet am besten verschiedene Arten von Hilfsmitteln, um seinen Vortrag möglichst interessant und abwechslungsreich zu gestalten).

Wie setzt man audiovisuelle Hilfsmittel sinnvoll ein?

Um es noch einmal zu betonen: Audiovisuelle Hilfsmittel sollen dem Konferenzleiter dabei helfen, seine Präsentation effizient zu gestalten. Daher ist es wichtig, daß er die richtigen Hilfsmittel auswählt und an der richtigen Stelle einsetzt. Er sollte sich fragen: »Bei welchem Teil meiner Präsentation wären audiovisuelle Mittel hilfreich?«

Bei der Planung und Vorbereitung der Konferenz muß er darauf achten, daß die Geräte parat stehen und funktionieren. Derjenige, der die Geräte bedient, muß sich gut auskennen – das heißt, er muß wissen, wie sie funktionieren und was zu tun ist, wenn Probleme auftreten.

Man sollte die audiovisuellen Medien und Hilfsmittel auch mit ein paar erklärenden Worten vorstellen. Wenn der Konferenzleiter zum Beispiel einen Film vorführt oder eine Kassette abspielt, muß er den Zuhörern vorher die Informationen geben, die für eine effiziente Verwertung dieses Hilfsmittels erforderlich sind. Wenn in dem Film Personen vorgestellt werden, die bestimmte Positionen innerhalb der Firma bekleiden, ist es sinnvoll, den Zuhörern vor dem Film an der Tafel oder mit Hilfe eines Flip-chart das Organigramm der Firma zu veranschaulichen. Es empfiehlt sich auch, den Zuhörern vorher zu erklären, worauf sie achten sollen, oder ihnen zu sagen, über welche Fragen nach dem Film diskutiert werden soll. Bei den meisten im Handel erhältlichen Lehrfilmen werden Anleitungen für den Konferenzleiter mitgeliefert, aus denen er entnehmen kann, wie man den Film am sinnvollsten einsetzt.

Wenn es sich anbietet, kann der Konferenzleiter Filme, Ton- oder Videokassetten oder Overheadprojektor-Vorführungen auch unterbrechen, um über einzelne Punkte zu diskutieren.

Der Konferenzleiter sollte sich, wenn er visuell dargebotene Informationen (Tafelanschrieb, Flip-chart, Magnettafel usw.) erläutert, nicht diesen Hilfsmitteln, sondern den Zuhörern zuwenden. Natürlich ist es schwierig, den Blickkontakt mit den Zuhörern aufrechtzuerhalten, wenn man ihnen etwas erklärt, während man schreibt. In diesem Fall sollte man seinen Körper halb dem Publikum zuwenden – oder es vermeiden, gleichzeitig zu sprechen und zu schreiben.

Nach dem Einsatz eines visuellen Hilfsmittels hat der Konferenzleiter folgende Möglichkeiten:

1. Er kann das Hilfsmittel wegräumen, weil es seinen Zweck ja nun erfüllt hat und die Zuhörer unter Umständen ablenken könnte. Wenn zum Beispiel Informationsblätter benutzt wurden, kann er die Zuhörer bitten, die Blätter einzupacken. Wenn er etwas an der Magnet- oder Hafttafel demonstriert hat (mit diesen Tafeln arbeite ich übrigens besonders gern), kann er alle Symbole bzw. Karten abnehmen und zum nächsten Thema übergehen.

2. Er kann das visuelle Hilfsmittel auch an seinem Ort belassen, falls er später bei der Diskussion anderer Themen oder bei der abschließenden Zusammenfassung noch einmal darauf eingehen möchte.

Bei der Vorbereitung von Präsentationen kann man nach folgendem Schema vorgehen:

1. Werden Sie sich über den Zweck der Besprechung klar:
   den Teilnehmern Informationen zu vermitteln,
   sie zum Nachdenken anzuregen,
   sie dazu zu veranlassen, etwas zu tun usw.

2. Bereiten Sie den Aufbau der Besprechung vor:
Planen Sie den Aufbau.
Halten Sie ihn schriftlich fest.
Untersuchen Sie ihn noch einmal genau und verbessern Sie ihn, falls erforderlich.
Halten Sie sich an das Prinzip: »Weniger ist mehr.«
Bauen Sie Ihre Präsentation um *einen Hauptpunkt* herum auf.

3. Gliedern Sie Ihre Rede in drei Teile:

   a) *Anfang:*
   Einleitende Bemerkungen.
   Zweck der Rede.
   Vorbereitung auf den Hauptteil.

   b) *Hauptteil:*
   Tragen Sie die Fakten vor.
   Legen Sie Ihre Argumente dar.
   Berufen Sie sich auf statistische Daten.
   Verwenden Sie anschauliche Beispiele – z. B. Geschichten und Begebenheiten, die von allgemeinem menschlichem Interesse sind
   Steuern Sie auf den Höhepunkt – das Hauptthema Ihres Vortrags – zu.

   c) *Schluß:*
   Es gibt verschiedene Arten von Schlüssen (alle sollten kurz und prägnant sein):
   Zusammenfassung
   Vorschläge, was getan werden soll
   Zitate
   Motto oder Slogan
   Hilfsangebot
   Eine Geschichte, die den Inhalt des Vortrags noch einmal veranschaulichend zusammenfaßt
   Der Konferenzleiter macht den Zuhörern noch einmal klar, worauf es ankommt
   Visuelle Veranschaulichung
   Frage oder Appell an die Teilnehmer, etwas Bestimmtes zu tun.

Der Schluß sollte nicht abrupt, aber kurz sein. Redner, die nicht in der Lage sind, den Schluß ihres Vortrags richtig zu gestalten, machen einen großen Teil dessen zunichte, was sie im Lauf ihrer Präsentation erreicht haben.

4. *Abschließende Bewertung der Präsentation:*
   Haben Sie den Aufbau vorbereitet und schriftlich festgehalten?
   Haben Sie ihn noch einmal überprüft und an manchen Stellen verbessert?
   Haben Sie Ihren Vortrag in drei Teile (Anfang, Hauptteil, Schluß) gegliedert?
   Haben Sie einen guten Einstieg gefunden?
   Haben Sie Ihre Präsentation um einen Hauptpunkt herum aufgebaut?
   Haben Sie den Zuhörern klargemacht, worauf es Ihnen ankommt?
   Wenn Sie veranschaulichende Begebenheiten oder Beispiele eingesetzt haben, waren es die richtigen?
   Sind Sie sicher, daß die Fakten, die Sie vorgetragen haben, auch stimmen?
   Haben Sie einen kurzen, prägnanten, motivierenden Schluß gefunden?
   Haben Sie Ihren Vortrag vorher geübt und dabei auf die richtige Zeiteinteilung geachtet?
   Haben Sie vor dem Betreten des Konferenzraums Ihre äußere Erscheinung überprüft?

Wenn Sie all das getan haben, können Sie sicher sein, daß Ihre Rede die Zuhörer überzeugen wird – und Sie werden Selbstvertrauen haben, weil Sie *vorbereitet* sind.

Lynn Surles, ein bekannter Referent und Unternehmensberater, hat ein aus fünf Schritten bestehendes Verfahren zur Vorbereitung von Präsentationen ausgearbeitet:

Fünf Schritte zur Vorbereitung eines Vortrags

Schritt 1

Formulieren Sie den Zweck Ihres Vortrags

Durchdenken Sie das Thema Ihres Vortrags im Hinblick auf die Zuhörer. Stimmen Sie es auf ihren Erfahrungs- und Informationshorizont ab. Dann formulieren Sie in einem einzigen kristallklaren Satz den Zweck Ihres Vortrags. *Viele Probleme, die sich bei der Vorbereitung und Darbietung des Materials ergeben könnten, lassen sich bereits in diesem Stadium überwinden.*

Schritt 2

Halten Sie Ihre Ideen schriftlich fest

Schreiben Sie Ihre Ideen in der Reihenfolge auf, in der sie Ihnen einfallen. Das ist der kreative Teil Ihrer Arbeit. In diesem Stadium zeigt sich, ob hinter Ihren Ideen etwas steckt, ob sie fundiert, scharfsichtig und originell sind. Hier sollten sie Ihre Persönlichkeit mit einfließen lassen – Dinge, die Sie selbst empfunden, beobachtet, erlebt haben. Arbeiten Sie mit ganz speziellen, konkreten Beispielen und veranschaulichenden Erläuterungen.

Schritt 3

Ordnen Sie Ihre Ideen

Jetzt müssen Sie Ordnung in Ihre Ideen bringen – das heißt, sie in Einleitung, Hauptteil und Schluß gliedern. Achten Sie beim Hauptteil auf Ausgewogenheit: Alle Punkte sollten das Gewicht erhalten, das ihnen zukommt, keiner sollte zu ausführlich oder zu kurz behandelt werden. Wahrscheinlich müssen Sie etliche Ideen, die Sie vorher aufgeschrieben hatten, wieder streichen, weil sie für die Zuhörer nicht geeignet sind oder aus zeitlichen Gründen weggelassen werden müssen.

Schritt 4

Erarbeiten Sie ein schriftliches Konzept

Manche Management-Trainer schreiben sich nur ein paar Stichworte auf, andere bevorzugen Konzepte, die aus ganzen Sätzen bestehen. Es gibt auch Konferenzleiter, die ihren ganzen Vortrag niederschreiben, um ihn dann auswendig zu lernen oder abzulesen. Alle drei Methoden haben ihre Vor- und Nachteile, die vom Stoff und von der Situation abhängen. In den meisten Fällen ist eine Kombination aus ganzen Sätzen und Stichworten am empfehlenswertesten. Notieren Sie sich für Ihre Überleitungen zu neuen Themen vollständige Sätze; für Beispiele und veranschaulichende Erläuterungen genügen Stichworte.

Schritt 5
Machen Sie sich mit dem Konzept vertraut

Dieser Schritt ist sehr wichtig – und wird leider am häufigsten vernachlässigt.

Üben Sie laut – legen Sie die Füße hoch und den Zettel mit dem Konzept auf Ihren Schoß, und sprechen Sie das Konzept vor sich hin. Auf diese Weise erreichen Sie, daß Ihnen die wichtigsten Worte und Sätze flüssig und natürlich über die Lippen kommen, und prägen sich die Ideen in der richtigen Reihenfolge ein. So geht Ihnen der Inhalt des Vortrags in Fleisch und Blut über. Sie beginnen sich zu begeistern und können es gar nicht mehr erwarten, den Vortrag zu halten. Häufig kommt Ihnen dabei noch »in letzter Minute« eine Inspiration.

Sollte man beim Vortragen Notizen benutzen? Diese Frage läßt sich nicht allgemeingültig beantworten. Wer sein Konzept gut auswendig kann, braucht keine Notizen und fühlt sich trotzdem sicher. Die meisten Vortragenden nehmen ihre Notizen zwar mit, werfen aber nur gelegentlich einen kurzen Blick darauf. Das Konzept ist eine Art »moralische Stütze« für sie – es gibt ihnen die Möglichkeit, sich ganz auf einen Punkt zu konzentrieren, ohne Angst haben zu müssen, daß sie im Eifer des Gefechts vergessen, wie es weitergeht.

Am Tag des Vortrags empfiehlt es sich, nicht viel anderes zu tun, als das Konzept immer wieder durchzulesen. Sparen Sie sich Ihre ganze Energie für den Vortrag auf, dann wird Ihnen alles gelingen. Sobald Sie vor den Zuhörern stehen, werden Sie ein Gespür für ihre Wünsche und Bedürfnisse haben und ganz unbewußt die richtigen Dinge hervorheben und die richtigen Dinge weglassen. Wenn Sie bei Ihrem Vortrag irgend etwas vergessen, hat Ihnen das wahrscheinlich Ihr Instinkt eingegeben – machen Sie sich hinterher keine Sorgen oder Vorwürfe deswegen. Bereiten Sie sich gut vor, vermitteln Sie den Zuhörern die Überzeugung und die Aufrichtigkeit, mit der Sie hinter Ihrem Vortrag stehen, dann wird alles gut ablaufen.

Da bei Vorträgen die Kommunikation hauptsächlich in einer Richtung verläuft, ist es besonders wichtig, bei der Vorbereitung darauf zu achten, daß die Aufmerksamkeit der Zuhörer geweckt und wachgehalten wird. Daher muß man sein besonderes Augenmerk auf folgende Punkte legen:

- Man muß die Informationen, die vermittelt werden sollen, vorher gut aufbereiten.
- Man muß audiovisuelle Hilfsmittel einsetzen, denn mit je mehr Sinnesorganen die Zuhörer den Vortrag aufnehmen, um so besser wird er sich ihnen einprägen.

Bei der Vorbereitung ihrer Präsentation müssen Sie vor allem folgendes berücksichtigen:

1. *Denken Sie gründlich über die Ziele Ihres Vortrags nach.* Was sollen die Zuhörer lernen? Das Wort »gründlich« ist in diesem Zusammenhang besonders entscheidend: Schreiben Sie alle wichtigen Punkte Ihres Vortrags auf, und formulieren Sie jeden dieser Punkte zu einem Ziel um. Auf diese Weise gehen Sie sicher, daß alle wichtigen Punkte ausreichend hervorgehoben werden und somit bei den Zuhörern auch die angemessene Aufmerksamkeit wecken werden.

2. *Wählen Sie die Teilnehmer aus.* Wenn viele Mitarbeiter an einer Konferenz teilnehmen, ist das sehr kostspielig, da wertvolle Arbeitszeit verlorengeht. Daher ist es wichtig, eine gute Auswahl zu treffen. Natürlich müssen alle wichtigen Teilnehmer dasein; aber man muß ebenso großes Augenmerk darauf legen, daß der normale Arbeitsablauf in der Firma oder Abteilung durch den Vortrag nicht allzusehr gestört wird.

3. *Informieren Sie die Teilnehmer rechtzeitig vorher über Zeitpunkt, Ort, Dauer und Thema des Vortrags, und teilen Sie ihnen mit, welche Vorbereitungsarbeiten sie zu leisten haben.* Ein Vortrag darf nicht länger als zwei Stunden dauern; um möglichst große Aufmerksamkeit von seiten der Zuhörer zu gewährleisten, sollte er sogar sehr viel kürzer sein (15 bis 60 Minuten).

4. *Halten Sie die Punkte Ihres Vortrags in einem Konzept fest.* Ein einfaches Vortragskonzept könnte zum Beispiel folgendermaßen aussehen:

Beispiel für ein Vortragskonzept

Thema: Übergang zu einem leistungsorientierten Gehaltssystem/Datum: 27. 3. Zielsetzung: die Konferenzteilnehmer darüber zu informieren, wie die Gehälter künftig festgesetzt werden sollen	**Notizen** (Medien und Hilfsmittel, Fragen und Beispiele, für die einzelnen Teile zur Verfügung stehende Zeit)
Einleitung (5 Min.)	
I. Thema: »Ihr Gehalt.«	
a) Ein Thema, das Sie sicherlich alle interessiert ...	
b) Wir wollen uns heute darüber unterhalten ...	
*Wie Ihre Gehälter bisher festgelegt wurden.	
*Wie sie in Zukunft festgesetzt werden sollen.	
c) Thema	
*Leistung versus Erfahrung.	Beispiel 6: Overhead-Projektor.
Hauptteil (40 Min.)	
I. Unzulänglichkeiten des bisherigen Systems.	Beispiel: Eine ältere, relativ inkompetente Sekretärin bekommt mehr Gehalt als eine leistungsfähigere junge. Erörterung: Alter versus Leistung (10 Min.)
a) Notwendigkeit einer Veränderung.	
b) Was für Lösungen gäbe es?	
II. Leistungsorientiertes Gehaltssystem.	
a) Definition	
b) Vorzüge	
III. Wie ließe sich dieses Gehaltssystem auf unsere Firma anwenden?	
a) Welche Auswirkungen hat es auf Ihr Gehalt – wird es in Zukunft höher oder niedriger sein?	Beispiele
b) Was für Veränderungen werden sich daraus ergeben?	
Schluß (5 Min.)	
I. Kurze Zusammenfassung.	Flip-chart
II. Vorschläge, wie die Konferenzteilnehmer die erhaltenen Informationen verwerten können.	
III. Angabe zusätzlicher Informationsquellen.	Schriftliches Informationsblatt

Und so könnten Sie die drei Teile Ihres Vortrags gestalten:

Einleitung

- Begrüßen Sie die Zuhörer. Sie sollten mit ein paar einleitenden Sätzen die Aufmerksamkeit und das Interesse der Zuhörer wekken. Daher eignet Humor sich besonders gut zur Einleitung eines Vortrags.
- Nennen Sie das Thema des Vortrags, und erläutern Sie, wie und warum Sie dieses Thema gewählt haben (falls das zur Sache gehört).
- Nennen Sie die Ziele Ihres Vortrags. Was soll erreicht werden, was soll der Vortrag den Zuhörern bringen?
- Erklären Sie, inwiefern die Zuhörer von dem Vortrag und von der Erreichung der Ziele profitieren werden.
- Geben Sie den Zuhörern einen kurzen Überblick über den Inhalt des nun folgenden Vortrags; erläutern Sie kurz die einzelnen Punkte, und erklären Sie, warum diese Punkte für sie wichtig sind.

Hauptteil

- Beginnen Sie mit dem, was die Zuhörer schon wissen, und präsentieren Sie die Punkte Ihres Vortrags in logischer, sinnvoller Reihenfolge. Jeder Punkt sollte auf dem vorhergehenden aufbauen. Gehen Sie immer von etwas Bekanntem aus, und knüpfen Sie dann jeweils Unbekanntes an dieses Bekannte an.
  Das umseitige Vortragsbeispiel beginnt mit einem Thema, das allen Zuhörern bekannt und vertraut ist, nämlich ihrem monatlichen Gehalt. Dann wird etwas erläutert, was den Zuhörern vielleicht nicht unbedingt in allen Details bekannt ist: die Methode, mit deren Hilfe die Gehälter derzeit festgesetzt werden. Als nächstes kommt etwas Unbekanntes: das leistungsorientierte System, nach dem die Gehälter künftig festgelegt werden sollen. Diese neue Information wird nun in logisch aufeinander aufbauenden Schritten präsentiert.
  Wie dieses Beispiel zeigt, bestehen Vortragskonzepte häufig aus ganz einfachen Themenüberschriften, Fragen oder Stichworten, die den Redner daran erinnern, welcher Punkt als nächstes

kommt. Das setzt natürlich voraus, daß der Redner mit dem Inhalt seines Vortrags sehr gut vertraut ist.
Wenn der Vortrag in aller Eile vorbereitet werden mußte oder der Redner aus irgendwelchen anderen Gründen nicht so sehr mit dem Thema vertraut ist, braucht er natürlich ein ausführlicheres Konzept mit Themenüberschriften, Stichworten und Notizen, aus denen hervorgeht, welche Hilfsmittel und Beispiele an welcher Stelle eingesetzt werden sollen. Hier und da wird es sogar notwendig sein, die genaue Wortwahl schriftlich festzuhalten.

Zusammenfassung und Schluß

- Lassen Sie die wichtigsten Punkte Ihres Vortrags Revue passieren, und machen Sie Ihren Zuhörern noch einmal klar, wie wichtig es ist, daß sie diese Informationen verstehen und im Gedächtnis behalten.
- Machen Sie den Zuhörern klar, in welcher Weise sie die Informationen, die sie erhalten haben, auswerten und nutzen sollen.
- Empfehlen Sie Nachschlagewerke oder zusätzliche Informationsquellen für den Fall, daß einige Zuhörer sich noch eingehender informieren möchten.

Notizen

In die Spalte »Notizen« (siehe »Beispiel für ein Vortragskonzept«) sollten Sie folgendes eintragen:

- an welcher Stelle des Vortrags Hilfsmittel (Tafel, Overheadprojektor etc.) eingesetzt werden sollen,
- Beispiele, veranschaulichende Erläuterungen und persönliche Erfahrungen, durch die der Vortrag leichter verständlich und interessanter wird,
- wieviel Zeit jeder wichtige Punkt des Vortrags maximal in Anspruch nehmen darf.

Das Konzeptbeispiel, das ich für dieses Buch gewählt habe, ist verhältnismäßig kurz. Ihre eigenen Notizen sollten dagegen *sehr ausführlich* sein und Veranschaulichungen und Erläuterungen aller wichtigen Punkte Ihres Vortrags enthalten.

Es empfiehlt sich, das Konzept immer wieder durchzulesen und nach Verbesserungsmöglichkeiten zu suchen. Überlegen Sie sich, mit was für Hilfsmitteln Sie Ihre Informationen noch klarer und interessanter darstellen könnten. Es kann nicht oft genug betont werden, wie wichtig Hilfsmittel sind. Effiziente visuelle Hilfsmittel können eine große Bereicherung für einen Vortrag sein. Wenn man zwischendurch häufig gute visuelle Hilfsmittel einsetzt, wird der Vortrag auch interessanter und abwechslungsreicher; es kann für die Zuhörer sehr anstrengend sein, sich längere Zeit hintereinander auf eine einzige Stimme zu konzentrieren. Das Hilfsmittel lenkt die Aufmerksamkeit und das Interesse der Teilnehmer wieder auf das Thema zurück, wenn ihre Konzentration durch längeres Zuhören einmal erlahmt sein sollte.

Vortragsweise

Nun ist es Zeit, sich Gedanken darüber zu machen, wie Sie den Zuhörern den Inhalt Ihres Vortrags am besten vermitteln. Häufig sind es Feinheiten, die den Unterschied zwischen einer langweiligen Aneinanderreihung von Worten und einem interessanten Vortrag ausmachen. Über diese Feinheiten und Kleinigkeiten sollten Sie sich Gedanken machen.

Sie sollten Ihr Konzept lieber nur als Gedächtnisstütze verwenden, statt einen vorbereiteten Text Wort für Wort abzulesen. Es ist nicht schwer, ein ausführliches Konzept zu erarbeiten, das alle Beispiele enthält, mit deren Hilfe Sie Ihre Hauptargumente veranschaulichen möchten. Und wenn Sie nur hin und wieder in Ihre Notizen schauen, statt den ganzen Text abzulesen, geben Sie Ihren Zuhörern auch eher das Gefühl, direkt angesprochen zu werden. Wenn Sie ihnen dagegen etwas vorlesen, gewinnen sie leicht den Eindruck, nur mit langweiligen Informationen überhäuft zu werden. Außerdem müssen Sie auf Ihren Text schauen, wenn Sie ihn ablesen. Wenn Sie dagegen Notizen verwenden, können Sie mit allen Zuhörern Blickkontakt haben und ihnen zeigen, daß Sie *zu* ihnen sprechen. Das trägt dazu bei, ihr Interesse und ihre Aufmerksamkeit wachzuhalten.

Ich möchte Ihnen im folgenden noch einige Ratschläge geben, wie Sie das Interesse Ihrer Zuhörer wecken und wachhalten können:

1. Achten Sie auf *klare, einfache* Formulierungen; z. B. verwenden Sie lieber das Wort »entschieden« als »dezidiert«, lieber »jemandem ein paar kurze Anweisungen geben« als »jemanden briefen« usw. Ihr Ziel besteht darin, Ihren Zuhörer möglichst klare Informatio-

nen zu geben, und nicht, ihnen mit Ihrem Wortschatz zu imponieren. Je einfacher Ihre Sprache ist, um so besser werden die Zuhörer sie verstehen.

2. Entnehmen Sie die Fachbegriffe und Beispiele, die Sie verwenden, der Arbeitswelt Ihrer Zuhörer, damit sie Ihren Ausführungen leicht folgen können.
   Es ist besser, sich einer scheinbar zu einfachen Sprache zu bedienen, als komplizierte Begriffe zu verwenden, die zwar vielleicht richtig sind, aber nicht von allen Zuhörern verstanden werden. Wenn Ihre Zuhörer Sie nicht verstehen, werden sie rasch das Interesse an Ihrem Vortrag verlieren, und ihre Gedanken werden abschweifen. (Was zum Teufel sind eskalierende administrative Schwierigkeiten?)

3. Drücken Sie sich präzise aus, und bauen Sie Ihre Argumentation logisch auf. Ihre Beispiele sollten immer einen eindeutig erkennbaren Bezug zu dem Argument haben, das Sie damit veranschaulichen wollen.
   Sagen Sie nicht: *»In dem Büro, in dem ich früher arbeitete . . .«*, sondern *»In unserem Büro zum Beispiel . . .«*

4. Verwenden Sie kurze Sätze. Sie sind fast immer leichter verständlich als lange.

   Schlecht: »Wir wollen uns nun über eine sehr interessante, vieldiskutierte Frage unterhalten, die Ihnen sicherlich allen vertraut ist, nämlich über das Problem, ob die Gehälter sich am Alter oder an den Fähigkeiten und Leistungen der Mitarbeiter orientieren sollen.»

   Besser: »Wir wollen uns heute über eine sehr wichtige Frage unterhalten: Sollen die Gehälter sich am Alter der Mitarbeiter orientieren oder an ihren Fähigkeiten und Leistungen?

5. Sprechen Sie klar und deutlich. Wenn Sie kein Mikrofon verwenden, orientieren Sie sich an dem Zuhörer, der am weitesten von Ihnen entfernt sitzt.
   Beschränken Sie »Ähs« und »Hms« auf ein Minimum. Kommen Sie ohne lange Umschweife auf Ihr Thema zu sprechen.

Ich möchte im folgenden noch auf einige Aspekte eingehen, die im Zusammenhang mit Präsentationen wichtig sind, nämlich das Vortragstempo, Sprachmelodie und Betonung und die Ausstrahlung des Redners.

Vortragstempo: Die meisten Anfänger neigen dazu, zu schnell zu sprechen. Als allgemeine Regel gilt: 100 Wörter pro Minute; doch der Redner sollte das Tempo wählen, bei dem seine Vortragsleistung am besten ist. Das heißt, wenn ein Redner nicht deutlich artikuliert, redet er zu schnell, ganz egal, wie viele Wörter pro Minute er ausspricht. Andererseits darf ein Redner, der keine Vortragsschwierigkeiten hat, sein Tempo ruhig um 50% erhöhen.

Unser Gehirn kann etwa 700 bis 900 Wörter pro Minute bewältigen. Theoretisch könnte ein Redner also ruhig sehr schnell sprechen. Die Klarheit der Aussprache ist der einzige Faktor, der ihm bei seinem Vortrag »Geschwindigkeitsbeschränkungen« auferlegt.

Eine gute Übung, um die Artikulationsfähigkeit zu verbessern, ist das Flüstern. Übertreiben Sie beim Flüstern die Mund-, Lippen- und Zungenbewegungen. Um im ganzen Zimmer gehört zu werden, sind Sie gezwungen, Ihre Worte deutlich zu artikulieren und so langsam zu flüstern, daß jedes Wort separat ausgesprochen wird.

Stimme: Lautstärke, Stimmhöhe und Sprachmelodie stehen in einer engen Beziehung zueinander. Alle drei müssen sorgfältig beachtet und gegebenenfalls verbessert werden. Wenn ein Redner zu laut spricht, wird das in einem kleinen Raum leicht als störend empfunden und klingt außerdem über die Lautsprecheranlage verzerrt. Spricht er dagegen zu leise, dringen seine Worte nicht bis zu allen Zuhörern durch.

Wenn die Stimme des Redners die richtige Höhe hat, haben die Zuhörer keinerlei Schwierigkeiten, sich darauf zu konzentrieren. Eine zu hohe Stimme dagegen kann irritierend wirken. Wenn Ihre Stimme zu hoch ist, bemühen Sie sich, so tief zu sprechen, daß Ihre Stimme angenehm klingt. Das gibt Ihnen auch die Möglichkeit, Ihre Stimme hin und wieder zu heben, um Empfindungen wie Freude oder Begeisterung auszudrücken oder Abwechslung in Ihren Vortrag zu bringen.

Mit Ihrer Sprachmelodie vermitteln Sie den Zuhörern Ihre Einstellung und Ihre Empfindungen und verhindern gleichzeitig, daß der Vortrag monoton wird. Stimmen Sie den Tonfall, in dem Sie Ihre Rede halten, nicht nur auf das jeweilige Thema ab, sondern auch auf die Einstellung, die Sie zu diesem Thema haben. Sie sollten in der Lage sein, Begeisterung, Stolz, Zorn und Besorgnis vom Rednerpult aus ebensogut zum

Ausdruck zu bringen, wie wenn Sie sich mit einem Ihrer Freunde unterhalten. Das ist gar nicht schwierig. Sie brauchen nur Übung.

Betonung: Bestimmte Wörter oder Sätze müssen besonders hervorgehoben, d. h. stärker betont werden als der Text davor und danach. Durch diese Betonung sorgen Sie gleichzeitig dafür, daß Ihr Vortrag abwechslungsreich ist, und vermeiden das eintönige Dahinplätschern, durch das eine Rede für die Zuhörer zur Qual werden kann.

Ausstrahlung: Die persönliche Ausstrahlung des Redners ist ein sehr wichtiger Faktor. Wenn er ruhig, gelassen und selbstbewußt wirkt, wird es ihm gelingen, den Zuhörern seine Botschaft zu vermitteln, und Sie werden ihn als herzlich, kompetent und aufrichtig empfinden. Wenn er dagegen einen schüchternen Eindruck macht oder so wirkt, als fühle er sich nicht wohl in seiner Haut, wird auch der Inhalt seines Vortrags keinen nachhaltigen Eindruck bei den Zuhörern hinterlassen.

Wie erreicht man es, ruhig und selbstbewußt zu wirken und Autorität auszustrahlen?

1. Sorgen Sie für eine gute äußere Erscheinung.
2. Achten Sie auf Blickkontakt mit den Zuhörern.
3. Unterstreichen Sie besonders wichtige Punkte durch entsprechende Gesten.
4. Strahlen Sie Begeisterung aus.

Effizienter Einsatz visueller Hilfsmittel: Solche Hilfsmittel sind sehr wichtig, denn dadurch können die Zuhörer Ihre Ideen schneller erfassen. Das, was man SIEHT, versteht man besser als das, was man nur HÖRT. Und was man SIEHT UND HÖRT, das versteht man am allerbesten.

Die Art und Weise, wie der Redner solche Hilfsmittel einsetzt, kann eine sehr entscheidende Auswirkung auf die Zuhörer haben. Richtig eingesetzt, verstärken Sie den Eindruck, den die Aussagen und Argumente des Redners auf die Zuhörer machen. Außerdem zeigt er dadurch, daß er das Talent hat, sich selbst und seine Informationen wirkungsvoll zu präsentieren, und das ist nun einmal eine sehr wichtige Voraussetzung für einen Konferenzleiter. Werden visuelle Hilfsmittel dagegen ungeschickt eingesetzt, kosten Sie nur Zeit und lenken die Zuhörer von der eigentlichen Aussage des Vortrags ab.

Im folgenden möchte ich Ihnen ein paar Anregungen dazu geben, wie man die verschiedenen visuellen Hilfsmittel, die es gibt, effizient einsetzen kann:

1. Bereits beschriebene Flip-chart-Seiten

- Wenn Sie Ihren Zuhörern eine Flip-chart-Seite präsentieren, lesen Sie immer erst *den ganzen* Text *laut* vor, ehe Sie näher auf einzelne Punkte eingehen.
- Üben Sie das Umwenden der Seiten vorher so lange, bis Ihre Bewegungen leicht und natürlich wirken. Ergreifen Sie die Seiten immer am unteren Rand, und führen Sie sie über den oberen Rahmen des Flip-chart nach hinten.
- Machen Sie sich auf jedem Diagramm dünne Bleistiftnotizen für die Überleitung zur nächsten Flip-chart-Seite.
- Knicken Sie bei jeder neuen Flip-chart-Seite unten sofort eine Ecke um, damit Sie sie nachher schnell erfassen und umblättern können.

2. Tafel oder Metallwandtafel (mit Spezialfilzschreibern beschriftbar)

- Wenn Ihre Handschrift schwer zu lesen ist, verwenden Sie Druckschrift.
- Der Tafelanschrieb sollte kurz und prägnant sein!
- Ehe Sie mit dem Tafelanschrieb beginnen, sollten Sie sich genau zurechtlegen, was Sie anschreiben möchten, damit Sie es gut und übersichtlich anordnen können.
- Stehen Sie während des Schreibens seitlich zum Publikum.
- Sprechen Sie während des Tafelanschriebs.
- Verwenden Sie verschiedene Farben, Pfeile, Unterstreichungen, Kreise usw. zur Hervorhebung.
- Immer wenn Sie mit einem neuen Thema oder Gedankengang beginnen, wischen Sie den alten Tafelanschrieb weg.

3. Hafttafel

- Üben Sie vorher, die Symbole oder Karten so an der Tafel zu befestigen, daß sie gut halten.
- Halten Sie alle Symbole oder Karten so lange vor den Konferenzteilnehmern verborgen, bis Sie sie brauchen.

- Numerieren Sie alle Stücke auf der Rückseite, und achten Sie darauf, daß sie in der richtigen Reihenfolge liegen.
- Sobald Sie ein Symbol oder eine Karte an der Tafel befestigt haben, blicken Sie auf, und geben Sie Ihren Zuhörern Erläuterungen dazu (sehen Sie dabei nicht die Tafel an, sondern die Zuhörer!).
- Achten Sie darauf, nach Möglichkeit immer so dazustehen, daß Sie die Tafel nicht verdecken. Stellen Sie sich beim Befestigen der Symbole oder Karten seitwärts zur Tafel.
- Planen Sie Ihr Tafelbild vorher genau, sonst bekommen Sie unter Umständen Schwierigkeiten mit der Platzeinteilung.
- Sobald ein Tafelbild aufgebaut ist, sollten Sie eine kurze Zusammenfassung geben. Beim Abnehmen der Karten oder Symbole können Sie noch einmal wiederholend auf ihren Inhalt eingehen.
- Wenn Sie Karten oder Symbole von der Tafel abnehmen, legen Sie sie mit der Vorderseite nach unten (in der richtigen Reihenfolge) auf einen gesonderten Stapel. Achten Sie darauf, daß Sie sie nicht mit den noch nicht gebrauchten Symbolen durcheinanderbringen.

4. Informationsblätter (Papers)

- Machen Sie sich vorher mit dem Inhalt der Informationsblätter vertraut, und gehen Sie so ausführlich auf sie ein, wie sie es verdienen.
- Sobald Sie die Informationsblätter verteilt haben, fordern Sie Ihre Zuhörer auf, sie rasch durchzusehen, und erläutern Sie den Inhalt dabei mit ein paar kurzen Worten. Sonst lesen die Zuhörer die Blätter garantiert während Ihres Vortrags.

5. Diaprojektoren für Kleinbild, 35-mm-Filmstreifen-Tonprojektoren, 16-mm-Filmprojektoren

- Stellen Sie die Geräte vor der Besprechung auf.
- Stellen Sie den Projektor auf einen stabilen Tisch, der weit genug von der Leinwand entfernt ist, so daß das Bild die ganze Leinwand ausfüllt. Der Tisch, auf dem der Projektor steht, muß so hoch sein, daß die Schatten der Köpfe nicht auf dem Bild zu sehen sind.

- Hängen Sie die Leinwand hoch genug und an einer Stelle auf, an der alle Besprechungsteilnehmer sie sehen können.
- Überprüfen Sie die Steckdosen, und achten Sie darauf, daß sie die richtige Netzspannung für die Geräte haben. Decken Sie alle Kabel ab, oder befestigen Sie sie mit Klebeband am Boden, falls die Gefahr besteht, daß Leute darüber stolpern.
- Vergewissern Sie sich, ob der Besprechungsraum auch verdunkelt werden kann.
- Reinigen Sie Projektionsobjektiv und Bildfenster.
- Achten Sie darauf, daß der richtige Film eingelegt ist.
- Drehen Sie den Film probeweise von Hand ein Stück weit durch den Projektor, prüfen Sie am Objektiv die Schärfe, und überprüfen Sie die Einstellung des Tons (Lautstärke).
- Sie sollten immer eine Ersatzlampe parat haben und sich vorher informieren, wie man sie einsetzt.

6. Tonaufnahmen (zusammen mit visuellen Hilfsmitteln oder allein eingesetzt)

- Stellen Sie Tonbandgerät, Kassettenrecorder oder Schallplattenapparat vor der Besprechung auf.
- Die Platte sollte auf dem Plattenteller liegen.
- Prüfen Sie alle Steckdosen.
- Achten Sie auf die richtige Netzspannung.
- Stellen Sie die Lautstärke ein, damit der Lautstärkepegel stimmt.
- Stellen Sie die Tonblende so ein, daß sich eine optimale Sprachqualität ergibt.

Zusammenfassung

Eine effiziente Präsentation erfordert angemessene Vorbereitung. Wieviel Vorbereitungszeit man braucht, ist sehr unterschiedlich; es hängt davon ab, wieviel Material man aufbereiten beziehungsweise sich aneignen muß, wie lange der Vortrag dauert, wieviel Erfahrung der Konferenzleiter bereits hat, welche und wie viele audiovisuelle Hilfsmittel er einsetzt und wie gut er seine Zuhörer kennt.

Einen Vortrag effizient zu halten erfordert bestimmte Fähigkeiten. Diese Fähigkeiten kann man erlernen. Manche Führungskräfte haben das Glück, bestimmte Eigenschaften zu besitzen, die sie zu besonders guten Rednern und Konferenzleitern machen. Nicht alle dieser Eigenschaften kann man sich aneignen. Daher werden niemals alle Konferenzleiter gleich erfolgreich sein. Rhetorik-Kurse können von Nutzen sein, denn sie geben Ihnen die Möglichkeit, zu üben und konstruktive Kritik zu hören. Auch die Lektüre von Büchern zu diesem Thema kann Ihnen weiterhelfen, da sie eine Fülle praktischer Anregungen und Vorschläge enthalten.

8. Der richtige Umgang mit Fragen

Die Frage ist eines der wichtigsten Hilfsmittel des Konferenzleiters. Bei Besprechungen zur Einholung von Informationen oder zur Lösung von Problemen ist es von entscheidender Wichtigkeit, die richtigen Fragen zu stellen, und zwar in der richtigen Formulierung. Bei Besprechungen zur Vermittlung von Informationen oder bei Fortbildungsprogrammen muß man Fragen gut beantworten können. Wenn ein Konferenzleiter diese beiden Fähigkeiten nicht besitzt, ist die Effizienz der Besprechung in Frage gestellt.

Richtlinien für den effizienten Einsatz von Fragen

1. Bereiten Sie Ihre Fragen schon vor der Besprechung vor. Vergewissern Sie sich, ob sie klar und verständlich sind und ob mindestens einer der Teilnehmer in der Lage ist, sie zu beantworten.

2. Richten Sie Ihre Fragen möglichst häufig an die ganze Gruppe, so daß sich einzelne Teilnehmer freiwillig zur Antwort melden können.

3. Wenn Sie eine Frage gezielt an einen bestimmten Teilnehmer richten, nennen Sie ihn zuerst beim Namen, und stellen Sie dann die Frage. Dadurch wecken Sie seine Aufmerksamkeit und erreichen, daß er sich voll und ganz auf Ihre Frage konzentriert. Sie sollten jedoch nicht sehr häufig Fragen an einzelne Teilnehmer richten – und wenn Sie es tun, müssen Sie ganz sicher sein, daß die betreffende Person die Frage auch beantworten kann und nicht in Verlegenheit gerät. Wenn Sie sehen, daß einer der Konferenzteilnehmer gern etwas sagen möchte, aber nicht den Mut dazu hat, ist es durchaus angebracht, ihn direkt anzusprechen.

4. Vermeiden Sie Suggestivfragen. Das sind Fragen, aus denen bereits ganz klar hervorgeht, welche Antwort Sie erwarten, zum

Beispiel: »Finden Sie nicht auch, daß die Arbeiter im Umgang mit den Maschinen mehr auf Sicherheit achten werden, wenn man ihnen Filme vorführt, in denen schwere Arbeitsunfälle gezeigt werden?«

5. Wenn Sie eine Frage gestellt haben, lassen Sie den Teilnehmern Zeit zum Nachdenken (das gilt vor allem für Fragen, die sich an die ganze Gruppe richten). Ehe sie antworten können, muß in den Teilnehmern folgender Prozeß ablaufen:
   a) Sie müssen die Frage analysieren, um sicherzugehen, daß sie sie auch verstanden haben.
   b) Sie müssen sich eine Antwort überlegen.
   c) Sie müssen sich eine geeignete Formulierung für diese Antwort zurechtlegen.
   d) Sie müssen darüber nachdenken, wie der Konferenzleiter und die anderen Teilnehmer auf die Antwort reagieren werden. (Normalerweise wird jeder versuchen, Antworten zu vermeiden, auf die der Konferenzleiter oder die anderen Teilnehmer unter Umständen negativ reagieren könnten.)

Das braucht viel Zeit, und daher sollte der Konferenzleiter nicht ungeduldig werden, wenn im Anschluß an seine Frage eine Pause von 5 bis 15 Sekunden eintritt. Manche Konferenzleiter geraten dann in Panik und wiederholen ihre Frage noch einmal oder beantworten sie selbst. Dadurch unterbrechen sie die Teilnehmer in ihren Überlegungen.

Diese peinliche Pause kann man überbrücken, indem man während dieser 5 bis 15 Sekunden etwas Sinnvolles tut. Der Konferenzleiter könnte seine Frage zum Beispiel an die Tafel oder auf das Flip-chart schreiben. Dadurch füllt er nicht nur die Zeit, sondern leistet den Teilnehmern gleichzeitig eine gewisse Hilfestellung beim Verständnis der Frage. Nachdem er die Frage aufgeschrieben hat, kann er sich wieder den Teilnehmern zuwenden und fragen: »Wer möchte die Frage beantworten?« Wenn die Frage gut vorbereitet und richtig gestellt ist, werden sich wahrscheinlich etliche Teilnehmer zu Wort melden.

6. Fordern Sie die Teilnehmer zu vollständigen und klar formulierten Antworten auf.

7. Zeigen Sie aufrichtiges Interesse an den Antworten der Konferenzteilnehmer. Falls es sich anbietet, halten Sie die Antworten

in Form von ein paar Stichworten an der Tafel oder am Flip-chart fest. Damit zeigen Sie den Konferenzteilnehmern, daß Sie ihnen zuhören und an ihren Äußerungen interessiert sind. Gleichzeitig motivieren Sie dadurch auch andere Teilnehmer dazu, ihre Meinung zu sagen.

8. Achten Sie darauf, daß nicht immer dieselben Konferenzteilnehmer antworten. Das läßt sich mit folgender Methode verhindern: Bitten Sie alle Teilnehmer, ihre Antwort aufzuschreiben. Dann richten Sie Ihre Frage an einen bestimmten Teilnehmer, oder gehen Sie im Konferenzraum umher, und fragen Sie jeden Teilnehmer nach seiner Antwort.

9. Vermeiden Sie nach Möglichkeit Fragen, die man mit »Ja« oder »Nein« beantworten kann. Wenn Sie einmal eine solche Frage gestellt haben und einer der Teilnehmer mit »Ja« oder »Nein« geantwortet hat, haken Sie sofort nach, und fragen Sie: »Warum sind Sie dieser Meinung?«

10. Gute Fragen beginnen mit Wörtern wie:
»*Was* für eine Lösung schlagen Sie vor?«
»*Warum* sind Sie dieser Ansicht?«
»*Wann* ist Ihnen das zum erstenmal aufgefallen?«
»*Wo* sollten Ihrer Meinung nach die Einstellungsgespräche stattfinden?«
»*Wer* ist für die Einarbeitung des neuen Mitarbeiters zuständig?«
»*Wie* können wir die Kosten für Ferngespräche reduzieren?«

Wie beantwortet man Fragen?

Viele Konferenzleiter sind so begierig darauf, Fragen zu beantworten, daß sie kostbare Zeit vergeuden, indem sie auch auf solche Fragen antworten, die eigentlich nicht relevant sind. Manche Fragen gehören gar nicht zum Thema; andere betreffen vielleicht nur einen einzigen Teilnehmer und sollten daher nicht während der Besprechung beantwortet werden.

Der Konferenzleiter sollte sich bei jeder Frage überlegen: »Lohnt sich der Zeitaufwand zur Beantwortung dieser Frage?« Diese Entscheidung ist natürlich nicht immer leicht; in Zweifelsfällen ist es häufig am besten, eine Frage möglichst rasch zu beantworten, um denjenigen zufriedenzustellen, der sie gestellt hat, ohne viel kostbare Zeit zu verschwenden. Man kann demjenigen, der die Frage gestellt hat, auch sagen, daß die Frage nicht zum Thema gehört oder daß sie nicht alle Anwesenden interessiert. Das muß natürlich auf taktvolle Weise geschehen. Wenn der Konferenzleiter zu dem Schluß kommt, daß es sich lohnt, die Frage zu beantworten, muß er als nächstes entscheiden, wer sie beantworten soll.

Hier gibt es mindestens drei Möglichkeiten. Welche die beste ist, hängt von der jeweiligen Situation ab.

Wer sollte die Frage beantworten?	**In welcher Situation?**
1. Der Konferenzleiter	a) Wenn die Frage direkt an den Konferenzleiter gerichtet wurde – zum Beispiel: »Welche Methode halten Sie für die beste?« Doch selbst dann kann der Konferenzleiter es unter Umständen für besser halten, sie nicht selbst zu beantworten, sondern an die Gruppe weiterzugeben: »Ich möchte erst einmal die Meinung der anderen Konferenzteilnehmer hören.« b) Wenn der Konferenzleiter der einzige ist, der die Frage beantworten kann. c) Wenn die Zeit sehr knapp ist und der Konferenzleiter möglichst rasch zum nächsten Thema übergehen möchte.
2. Andere Konferenzteilnehmer	a) Wenn die anderen Konferenzteilnehmer die Frage beantworten können. b) Wenn die anderen Konferenzteilnehmer gern ihre Meinung sagen möchten. c) Wenn genügend Zeit zur Verfügung steht. d) Wenn der Konferenzleiter die Antwort nicht weiß oder erst einmal Zeit braucht, um über die Antwort nachzudenken. e) Wenn derjenige, der die Frage gestellt hat, gern die Meinung der anderen Konferenzteilnehmer hören möchte.

3. Derjenige, der sie gestellt hat	a) Wenn der Konferenzleiter den Eindruck hat, daß derjenige, der die Frage gestellt hat, etwas zu dem Thema zu sagen hat (häufig hat derjenige, der eine Frage stellt, auch ein starkes persönliches Interesse an dem Thema und möchte sich gern dazu äußern). b) Wenn der Konferenzleiter und/oder die Gruppe die Antwort nicht weiß. Doch selbst dann sollte der Konferenzleiter die Frage nur dann an den Fragesteller zurückgeben, wenn er das Gefühl hat, daß dieser eine Antwort weiß.

Um es noch einmal zusammenzufassen: Wenn eine Frage gestellt wird, muß der Konferenzleiter sich möglichst rasch darüber klarwerden, ob es sich lohnt, Zeit für die Beantwortung zu investieren. Wenn die Frage nicht zum Thema gehört, kann er höflich sagen: »Das ist eine sehr interessante Frage, aber sie paßt nicht zur Zielsetzung unserer heutigen Besprechung. Ich würde sie gern nach der Besprechung mit Ihnen erörtern.« Man sollte auf keinen Fall Zeit für die Beantwortung von Fragen investieren, die nicht den Zielsetzungen der Besprechung dienen.

Wenn der Konferenzleiter zu dem Schluß gekommen ist, daß sich der Zeitaufwand für die Beantwortung der Frage lohnt, muß er sich als nächstes überlegen, wer sie beantworten soll. Manchmal wird er sich nur für eine der drei oben skizzierten Möglichkeiten entscheiden (z. B. die Frage selbst beantworten). Er kann aber auch alle drei Methoden miteinander kombinieren, z. B. eine Frage erst an die anderen Teilnehmer weiterleiten und anschließend selbst noch etwas dazu sagen.

Beim Einsatz von Fragen sollte man folgende Grundregeln beachten:

1. *Formulieren Sie die Fragen klar und präzise.*
   Alle Fragen sollten einen direkten Bezug zu dem Thema haben, das gerade erörtert wird. Wenn möglich, sollten Sie die Mitarbeiter dazu anregen, nachzudenken, sich auf ihre eigenen Erfahrungen zu besinnen und diese auf das betreffende Problem anzuwenden.

2. *Richten Sie Ihre Fragen lieber an die ganze Gruppe als an einen einzelnen Teilnehmer.* Denn wenn Sie eine Frage nur an einen einzigen Kon-

ferenzteilnehmer richten, bedeutet das für die anderen, daß sie sich keine Gedanken mehr über die Antwort machen müssen. Einen bestimmten Teilnehmer zu fragen, empfiehlt sich in der Regel nur, wenn ein allgemeines Schweigen eingetreten ist oder wenn man jemanden, der sich nicht an der Diskussion beteiligt, aus der Reserve locken möchte.

3. *Wenn Sie eine Frage gestellt haben, machen Sie eine Pause,* und lassen Sie die Teilnehmer kurze Zeit über die Antwort nachdenken. Dann fragen Sie jemanden, der sich freiwillig zu Wort meldet, nach seiner Antwort. Auf diese Weise zwingen Sie die ganze Gruppe zum Nachdenken, weil niemand weiß, wer zum Schluß zur Antwort aufgefordert wird.

Es gibt ein paar Fehler, die ein Konferenzleiter oder Managementtrainer unter allen Umständen vermeiden sollte:

- **Stellen Sie keine Fragen, die sich mit »Ja« oder »Nein« beantworten lassen**. Solche Fragen verführen zum »Raten« (und häufig raten die Teilnehmer richtig). Mit solchen Fragen kann man die Teilnehmer nicht zum Nachdenken und Argumentieren anregen.

- **Vermeiden Sie Fangfragen**. Denken Sie daran: Sie möchten gemeinsam mit Ihren Mitarbeitern etwas erreichen, nicht als ihr Gegenspieler auftreten oder sie in Verlegenheit bringen. Schwierige Fragen dürfen Sie ruhig stellen – aber keine Fangfragen. Man darf in einer Besprechung unter gar keinen Umständen persönlich oder sarkastisch werden.

- **Stellen Sie keine Fragen, die sich nicht beantworten lassen**. Eine Besprechung oder Fortbildungsveranstaltung soll der Lösung eines Problems oder der Vermittlung von Wissen dienen, nicht der Verwirrung. Achten Sie darauf, daß zumindest einige der Besprechungsteilnehmer aufgrund ihres Kenntnisstands oder ihrer Erfahrungen in der Lage sind, Ihre Fragen zu beantworten. Versuchen Sie niemals, Ihre Überlegenheit zu beweisen, indem Sie den Teilnehmern Fragen stellen, die sie nicht beantworten können.

Das ist vor allem dann wichtig, wenn Sie versuchen, einen besonders schweigsamen Konferenzteilnehmer aus der Reserve zu lokken und in die Diskussion einzubeziehen. Ehe Sie eine Frage an einen solchen Teilnehmer richten, überlegen Sie sich genau, ob er auch eine Antwort weiß.

- **Persönliche Fragen gehören nicht in eine Besprechung.** Solche Fragen sind selbst bei Besprechungen unter vier Augen eine heikle Angelegenheit; und bei einer Besprechung mit mehreren Teilnehmern sind sie völlig fehl am Platze.

- **Vermeiden Sie Suggestivfragen.** Das sind Fragen, bei denen der Konferenzleiter schon durch seine Formulierung deutlich zu verstehen gibt, was für eine Antwort er erwartet: *»Sind Sie nicht auch der Meinung, daß dieses neue Formular zur Lösung des Problems beitragen wird?«* Um solche Fragen zu beantworten, brauchen die Konferenzteilnehmer sich keine große Mühe zu geben, und daher lernen sie auch nicht viel. Außerdem würden viele Teilnehmer es wahrscheinlich gar nicht wagen, eine andere Antwort zu geben als die, die der Konferenzleiter hören möchte.

- **Wiederholen Sie Ihre Fragen nicht.** Sie sollten eine einmal gestellte Frage unter gar keinen Umständen wiederholen – selbst dann nicht, wenn der Konferenzteilnehmer, an den sie gerichtet ist, nicht zugehört hat. Denn dadurch würden Sie ihn nur in seiner Unaufmerksamkeit bestärken und außerdem kostbare Zeit vergeuden. Wenn ein Teilnehmer nicht aufgepaßt hat, geben Sie die Frage einfach an jemand anderen weiter. Dann wird er rasch lernen, daß er sich besser konzentrieren muß.

- **Lassen sie niemals die ganze Gruppe antworten.** Das ist ein Fehler, den Sie unter gar keinen Umständen begehen dürfen. Erstens können nicht alle auf einmal reden. Zweitens würden in diesem Fall immer einige Teilnehmer dominieren. Drittens können schweigsame Teilnehmer sich dann hinter der Gruppe verstecken und brauchen sich nicht am Gespräch zu beteiligen.

Vor allem müssen Sie darauf achten, daß Ihre Fragen natürlich wirken. Stellen Sie Fragen immer nur dann, wenn sie auch wirklich einen Sinn haben. Spielen Sie nie die Rolle des »Quizmasters«, der die Fragen stellen muß, die er sich zurechtgelegt hat, ganz gleichgültig, ob sie an der betreffenden Stelle hereinpassen oder nicht. Zeigen Sie den Teilnehmern durch Ihr Verhalten, daß Sie ehrlich gespannt auf ihre Antworten sind. Und denken Sie immer daran, daß Ihr Interesse auch wirklich aufrichtig sein muß. Mit gespieltem Interesse oder geheucheltem Enthusiasmus können Sie die Konferenzteilnehmer nicht täuschen.

Doch wenn Ihre Fragetechnik auch noch so gut ist – verfallen Sie nie in den Fehler, die Konferenzteilnehmer manipulieren zu wollen. Manipulation ist nicht der Sinn einer Besprechung oder eines Fortbildungsprogramms. Ihre Fragen sollten darauf abzielen, die Konferenzteilnehmer zur aktiven Beteiligung an der Besprechung zu motivieren, und nicht, ihnen Ihren Willen aufzuzwingen.

Ihre Fragen werden nur dann ein effizientes Hilfsmittel sein, wenn Sie auch die richtige Atmosphäre dafür schaffen. Zum Beispiel sollten Konferenzteilnehmer oder Teilnehmer eines Fortbildungskurses niemals Angst davor haben, eine falsche Antwort zu geben. Wenn Sie jemanden, der nicht richtig geantwortet hat, in irgendeiner Weise entmutigen oder gar bloßstellen, werden künftig alle Teilnehmer vorsichtiger und zurückhaltender sein. Die Teilnehmer sollten auch niemals das Gefühl haben, eine dumme Frage gestellt zu haben. Dumme Fragen gibt es nicht. Man sollte sie stets ermutigen, jederzeit nach allem zu fragen, was ihnen nicht klar ist.

9. Die Motivation der Konferenzteilnehmer

Die Begeisterung und das Engagement der Teilnehmer ist eine wichtige Voraussetzung für die Effizienz einer Besprechung. Das heißt nicht unbedingt, daß sie sich verbal an der Besprechung beteiligen müssen; in manchen Fällen genügt es schon, wenn sie interessiert und aufmerksam zuhören. Wenn ihnen ein Problem geschildert wird, sollten sie voller Engagement nach einer Lösung suchen. Mit einem Wort: Der Konferenzleiter ist auf die ungeteilte Aufmerksamkeit und das Interesse der Besprechungsteilnehmer angewiesen. Sie müssen motiviert und dazu bereit sein, ihren Beitrag zur Erreichung der Konferenzziele zu leisten.

Wie baut man Motivation auf?

Zunächst einmal müssen Sie die Teilnehmer dahin bringen, daß sie gern an der Besprechung teilnehmen *möchten.* Wahrscheinlich werden sie zunächst einmal eine eher kritische Einstellung haben. Um Motivation aufzubauen, muß der Konferenzleiter jeden einzelnen Teilnehmer davon überzeugen, daß die Konferenz tatsächlich notwendig und daß seine Teilnahme daran wichtig ist. Diese Überzeugungsarbeit kann man persönlich oder mit Hilfe einer geschickten, motivierenden Vorankündigung leisten, die man allen Teilnehmern zukommen läßt.

Es ist auch wichtig, die Besprechung zu einem Zeitpunkt anzuberaumen, den die Teilnehmer als günstig empfinden. Dazu ist es häufig erforderlich, daß der Konferenzleiter den Termin erst einmal mit den Teilnehmern abspricht, ehe er ihn endgültig festsetzt. Er muß den Teilnehmern die Besprechung rechtzeitig vorher ankündigen, damit sie sie ohne Schwierigkeiten einplanen können.

Drittens muß der Konferenzleiter für die Besprechung einen Ort wählen, den die Teilnehmer als geeignet empfinden. Hierbei gibt es einige wichtige Faktoren, die er berücksichtigen sollte:

1. Der Konferenzort muß in der Nähe des Arbeitsplatzes der Teilnehmer liegen. Manchmal ist es am besten, die Konferenz an

einem möglichst nahe gelegenen Ort abzuhalten, den alle schnell erreichen können. Es gibt aber auch Fälle, in denen eine gewisse Distanz vom Arbeitsplatz besser ist, damit die Teilnehmer einen Abstand von ihrer täglichen Arbeit haben und es nicht zu Unterbrechungen kommen kann. Je kürzer die Besprechung ist, um so geringer sollte die Entfernung zwischen Besprechungsort und Arbeitsplatz sein (vorausgesetzt natürlich, daß geeignete Räume in der Nähe des Arbeitsplatzes zur Verfügung stehen).

2. Der Raum muß alle erforderlichen Voraussetzungen erfüllen. Die Mindestanforderungen sind: richtige Größe (nicht zu groß, vor allem aber nicht zu klein); richtige Temperatur; bequeme Möbel, Ruhe, keine Unterbrechungen und Ablenkungen; die Teilnehmer müssen den Konferenzleiter und die visuellen Hilfsmittel gut sehen können.

Die vierte wichtige Voraussetzung für die Motivation der Teilnehmer ist das persönliche Engagement des Konferenzleiters. Er muß Begeisterung ausstrahlen, dann wird er die Konferenzteilnehmer mitreißen.

Wie verhindert man, daß die Begeisterung der Teilnehmer erlahmt?

Es genügt nicht, bei den Konferenzteilnehmern Motivation aufzubauen – man muß auch dafür sorgen, daß sie im Lauf der Besprechung nicht erlahmt. Es gibt etliche Faktoren, die anfänglich vorhandene Motivationen zerstören können:

1. Der Konferenzleiter ist nicht vorbereitet. Die Teilnehmer merken sehr rasch, ob der Konferenzleiter sich gut auf die Besprechung vorbereitet hat oder nicht.

2. Die Besprechung beginnt nicht pünktlich. Das ist am frustrierendsten für stark beschäftigte Mitarbeiter, für die jede Minute kostbar ist.

3. Die Einleitung ist zu lang oder ungeschickt gewählt (z. B. eine lange Geschichte, die bei den Zuhörern nicht ankommt, ein audiovisuelles Hilfsmittel, das nicht funktioniert oder seinen Zweck nicht erfüllt, oder unbeholfen formulierte einführende Worte).

4. Die Konferenzziele erscheinen den Teilnehmern nicht wichtig. Die Teilnehmer fragen sich im allgemeinen sehr kritisch, ob die Zielsetzungen der Besprechung im richtigen Verhältnis zu der Zeit und Energie stehen, die sie für die Konferenz investieren müssen.

5. Die Konferenzziele sind den Teilnehmern nicht klar. Wenn die Teilnehmer verwirrt sind oder nicht wissen, wozu sie gekommen sind, wird ihre Begeisterung rasch erlahmen.

6. Der Konferenzleiter liest zuviel Informationsmaterial vor. Die meisten Teilnehmer schalten ab, wenn der Konferenzleiter mehr als ein paar Minuten lang vorliest.

7. Die Konferenz gerät außer Kontrolle.
   a) Ein Teilnehmer macht eine Bemerkung oder stellt eine Frage, die nicht zur Sache gehört.
   b) Zwei Teilnehmer führen Privatgespräche.
   c) Zwei oder noch mehr Teilnehmer streiten sich miteinander.
   d) Ein paar Teilnehmer dominieren so sehr, daß die anderen nicht zu Wort kommen.
   e) Der Konferenzleiter schweift vom Thema ab.

8. Der Konferenzleiter dominiert zu sehr und gibt den Teilnehmern nicht genügend Gelegenheit, sich zu äußern.

9. Die Besprechung dauert zu lange, ohne daß eine Pause eingelegt wird.

10. Der Konferenzleiter gestaltet die Besprechung nicht abwechslungsreich genug.

11. Dem Konferenzleiter fehlt das Engagement.

All diese Faktoren können die Begeisterung der Konferenzteilnehmer dämpfen. Wenn man ihre Motivation aufrechterhalten will, muß man also das Gegenteil tun.

Wie erhält man die Motivation der Konferenzteilnehmer aufrecht?

1. **Seien Sie vorbereitet.**
   Befolgen Sie alle Ratschläge, die ich Ihnen in Kapitel 6 (»Wie bereitet man eine Besprechung vor?«) gegeben habe.

2. **Beginnen Sie pünktlich.**
   An diesen Grundsatz sollten Sie sich selbst dann halten, wenn noch nicht alle Teilnehmer da sind.

3. **Wählen sie eine gute Einleitung.**
   Die Einleitung muß die Aufmerksamkeit und das Interesse der Konferenzteilnehmer wecken.

4. **Überzeugen Sie die Teilnehmer davon, daß die Besprechung wichtig ist.**
   Machen Sie ihnen klar, daß sie ihre Zeit sinnvoll investieren.

5. **Erläutern Sie den Teilnehmern die Ziele der Besprechung.**
   Der Konferenzleiter muß sich über die Konferenzziele im klaren sein und sie auch den Teilnehmern klarmachen.

6. **Lesen Sie nicht mehr vor, als unbedingt notwendig ist.**
   Verwenden Sie nur Notizen, kein komplettes Manuskript. Achten Sie auf guten Blickkontakt.

7. **Behalten Sie das Geschehen unter Kontrolle.**
   Setzen Sie die in Kapitel 10 (»Wie behält man eine Konferenz unter Kontrolle?«) beschriebenen Methoden und Techniken ein.

8. **Spielen Sie stets die Rolle, die der Situation angemessen ist.**
   Dabei helfen Ihnen die Ausführungen in Kapitel 5 (»Die Rolle des Konferenzleiters«).

9. **Legen Sie genügend Pausen ein.**
   Denken Sie daran, daß der Geist Ihrer Mitarbeiter nur aufnahmefähig ist, solange ihr Sitzfleisch nicht allzusehr strapaziert wird. Dabei müssen Sie auch berücksichtigen, wie bequem die Stühle sind und wie interessant oder anstrengend das Besprechungsthema ist. Achten Sie auf Zeichen des Unbehagens oder der Unruhe bei den Zuhörern. Eine gute Faustregel lautet, daß man mindestens alle anderthalb Stunden eine Pause einlegen sollte. Wenn das Thema der Besprechung sehr schwierig oder

anstrengend ist, so ist vielleicht sogar jede Stunde eine Pause erforderlich.

10. **Gestalten Sie die Besprechung abwechslungsreich.**
Durch Abwechslung sorgen Sie dafür, daß die Aufmerksamkeit der Konferenzteilnehmer nicht erlahmt. Manchmal empfiehlt es sich, eine kleine Geschichte einzustreuen oder ein visuelles Hilfsmittel einzusetzen, um die Aufmerksamkeit der Zuhörer zu erhöhen – auch wenn das Hilfsmittel oder die Geschichte nicht unmittelbar zur Erreichung der Konferenzziele beiträgt.

11. **Sorgen Sie dafür, daß Ihr eigenes Engagement nicht erlahmt.**

Wie erhält man die Motivation der Teilnehmer auch nach der Konferenz wach?

Am Schluß einer Besprechung sollten die Teilnehmer immer noch ebenso begeistert sein wie am Anfang. Dazu gehört,

1. daß sie den Konferenzraum mit dem Gedanken verlassen: »Das war eine ausgezeichnete Besprechung« (gilt für alle Konferenzen),
2. daß sie begeistert an ihren Arbeitsplatz zurückkehren und entschlossen sind, das, was sie gelernt haben, künftig bei ihrer Arbeit anzuwenden (gilt für Instruktionskonferenzen und Fortbildungsprogramme),
3. daß sie entschlossen sind, den Beitrag zur Lösung des Problems zu leisten, auf den man sich im Lauf der Besprechung geeinigt hat (gilt für Problemkonferenzen),
4. daß sie der nächsten Besprechung mit Begeisterung entgegensehen (gilt für alle Konferenzen),
5. daß sie das Gefühl haben, einen wichtigen Beitrag geleistet zu haben (gilt für Konferenzen zur Einholung von Informationen und zur Lösung von Problemen, unter Umständen auch für Fortbildungsprogramme).

All das läßt sich erreichen, wenn die Besprechung effizient war. Wie motiviert die Teilnehmer den Konferenzraum verlassen, hängt auch davon ab, wie der Konferenzleiter den Schluß der Besprechung gestaltet. Ausführliche Erläuterungen zu diesem Thema finden Sie in Kapitel 11.

Das folgende Zitat von Henry Ford veranschaulicht, wie wichtig es für Führungskräfte ist, persönliches Engagement und Begeisterung auszustrahlen:

»Mit Begeisterung kann man alles erreichen. Begeisterung läßt uns nach den Sternen greifen; sie ist das Funkeln in unseren Augen, beflügelt unseren Schritt, läßt uns die Dinge fest und zuversichtlich in die Hand nehmen. Sie ist die unwiderstehliche Willenskraft und die Energie, die wir brauchen, um unsere Ideen durchzusetzen. Begeisterung ist die unabdingbare Voraussetzung für jeden Fortschritt. Wer begeistert ist, erreicht mit spielerischer Leichtigkeit alles, was er sich vorgenommen hat.«

10. Wie behält man eine Konferenz unter Kontrolle?

Wenn eine Besprechung – egal, welcher Art – effizient sein soll, muß der Konferenzleiter sie unter Kontrolle haben; das heißt, er muß dafür sorgen, »daß die Ziele innerhalb kürzester Zeit erreicht werden und daß die Teilnehmer zufrieden sind«. Der letzte Teil dieser Definition (die Zufriedenheit der Teilnehmer) zeigt ganz deutlich, daß Kontrolle keine Wissenschaft, sondern eine Kunst ist.

Am besten ist es, von vornherein dafür zu sorgen, daß die Besprechung nicht außer Kontrolle geraten kann. Gute Planung und Vorbereitung ist eine wichtige Voraussetzung dafür. Ebenso wichtig ist es, daß der Konferenzleiter den Teilnehmern die Ziele klarmacht, daß seine Fragen und Anweisungen während der Besprechung klar und präzise sind und daß die Teilnehmer großes Interesse und Engagement mitbringen.

Manche Konferenzleiter meinen, das Geschehen am besten im Griff zu haben, wenn sie eine aktive Beteiligung der Konferenzteilnehmer nach Möglichkeit verhindern. Sie fürchten, daß ihnen die Kontrolle über die Besprechung entgleiten könnte, wenn sich eine angeregte Diskussion entspinnt. Daher stellen sie den Teilnehmern kaum Fragen und geben ihnen nicht viel Gelegenheit, sich zu äußern. Das ist nicht immer die ideale Methode. Die Konferenzziele lassen sich dadurch zwar manchmal innerhalb sehr kurzer Zeit erreichen; aber vielleicht sind die Teilnehmer unzufrieden und sagen nach der Besprechung: »Ich bin nicht derselben Meinung wie der Konferenzleiter; aber er hat mir ja gar keine Gelegenheit gegeben, etwas zu sagen.«

Der gute Konferenzleiter versteht es zu verhindern, daß die Besprechung außer Kontrolle gerät, schafft aber trotzdem eine Atmosphäre, in der alle Teilnehmer sich ungehemmt äußern können. Und wenn ihm die Diskussion doch einmal entgleitet, bekommt er sie rasch und auf taktvolle Weise wieder in den Griff.

Wenn eine Besprechung außer Kontrolle gerät, kann sich das auf verschiedene Art und Weise äußern. Im folgenden möchte ich Ihnen einige typische Situationen vorstellen:

Warum geraten Besprechungen außer Kontrolle?

Situation	Gründe
1. Ein Konferenzteilnehmer macht eine Bemerkung oder stellt eine Frage, die nicht zum Thema gehört.	a) Dem betreffenden Teilnehmer ist das Ziel oder Thema der Besprechung nicht klar. b) Der Teilnehmer schweift unabsichtlich vom Thema ab und geht auf ein Problem oder Bedürfnis ein, das für ihn sehr wichtig ist.
2. Zwei Konferenzteilnehmer führen ein Privatgespräch.	a) Irgendein Punkt der Besprechung hat sie zu dem Gespräch animiert. b) Sie sind gelangweilt oder desinteressiert und unterhalten sich über etwas anderes.
3. Die Teilnehmer sind abgelenkt oder irritiert.	a) Es ist eine Unterbrechung oder Störung eingetreten; alle Teilnehmer fühlen sich abgelenkt, obwohl ihr Interesse an der Besprechung sehr groß ist. b) Die Teilnehmer sind unkonzentriert, weil die Besprechung sie nicht interessiert.
4. Zwei oder noch mehr Teilnehmer diskutieren oder streiten miteinander.	a) Das Thema hat sie zu der Diskussion angeregt, weil es sie so sehr interessiert. b) Sie benutzen die Besprechung als Vorwand, um ihren Aggressionen gegeneinander freien Lauf zu lassen.
5. Ein oder mehrere Teilnehmer dominieren.	a) Sie denken sehr rasch, können sich besonders gut ausdrücken und möchten dem Konferenzleiter bei der Erreichung seiner Ziele helfen. (Ihre Äußerungen können zur Sache gehören oder auch irrelevant sein.) b) Sie möchten im Mittelpunkt stehen und die Aufmerksamkeit des Konferenzleiters oder der anderen Teilnehmer auf sich lenken.
6. Die Teilnehmer werden unruhig und warten auf	a) Die Besprechung dauert länger als vorgesehen.

das Ende der Besprechung.	b) Bei der Besprechung kommt nichts mehr heraus; die Teilnehmer haben das Gefühl, ihre Zeit zu vergeuden. c) Die Teilnehmer haben anderweitige Verpflichtungen.
7. Die Teilnehmer arbeiten nicht mit (stellen keine Fragen, beantworten die Fragen des Konferenzleiters nicht usw.)	a) Sie haben kein Interesse an der Besprechung. b) Sie haben Hemmungen, sich zu äußern, weil der Konferenzleiter nicht das richtige Besprechungsklima geschaffen hat. c) Sie beteiligen sich nicht an der Besprechung, weil sie den Konferenzleiter nicht mögen oder weil sie sich darüber ärgern, daß er einen oder mehrere ihrer Kollegen bloßgestellt hat.
8. Der Konferenzleiter schweift vom Thema ab.	a) Er ist nicht gut vorbereitet und schweift vom Thema ab, ohne es zu wollen. b) Einer der Teilnehmer stellt eine Frage oder macht eine Bemerkung, die den Konferenzleiter vom Thema abbringt.

Nun wollen wir diese acht typischen Situationen einmal der Reihe nach untersuchen und erläutern, wie ein Konferenzleiter diese Probleme verhindern beziehungsweise lösen kann:

Problem 1

Ein Konferenzteilnehmer macht eine Bemerkung oder stellt eine Frage, die nicht zum Thema gehört.

Wie kann man das verhindern?

Achten Sie darauf, daß alle Konferenzteilnehmer sich über Ziel und Thema der Besprechung im klaren sind. Bereiten Sie alle Fragen, die Sie den Teilnehmern stellen möchten, vorher sorgfältig vor. Schreiben Sie das Konferenzziel vor oder während der Besprechung an die Tafel oder auf ein Flip-chart. Damit erreichen Sie zweierlei: Erstens wird die Fragestellung klarer und leichter verständlich, weil die Konferenzteilnehmer sie nicht nur hören, sondern auch sehen. Zweitens haben die Teilnehmer während des Tafelanschriebs Gelegenheit, über die Antwort nachzudenken; hinterher werden wahrscheinlich mehr Leute in der Lage sein, Ihre Frage zu beantworten. Die Pause, die die Teilnehmer zum Nachdenken brauchen, ist keine peinliche Pause, wenn der Konferenzleiter sie zum Tafelanschrieb nutzt.

Wie kann man das Problem lösen?

Der Konferenzleiter muß sich in dieser Situation so verhalten, daß alle Teilnehmer zufrieden sind. Zunächst einmal muß er sich darüber klarwerden, daß die betreffende Frage oder Äußerung eine Abschweifung vom Thema darstellt. Manche Konferenzleiter sind so froh über jeden Beitrag, daß sie gar nicht darauf achten, ob er zur Sache gehört oder nicht. Zweitens muß er das Problem so taktvoll lösen, daß bei dem betreffenden Teilnehmer keine negativen Empfindungen entstehen können. Hierzu gibt es mehrere Möglichkeiten:

1. Der Konferenzleiter entschuldigt sich bei der Gruppe mit den Worten: »Wahrscheinlich habe ich das Thema (oder meine Frage) nicht klar genug formuliert. Ich möchte es noch einmal wiederholen.«
2. Der Konferenzleiter fragt den betreffenden Teilnehmer höflich: »Können Sie uns erläutern, in welchem Zusammenhang Ihre Äußerung (oder Frage) mit unserem Thema steht?«
3. Der Konferenzleiter umgeht die Äußerung oder Frage taktvoll mit Worten wie: »Das ist eine sehr interessante Idee (oder Frage), aber sie führt uns auf ein anderes Thema. Können wir uns nach der Konferenz einmal zusammensetzen und es beprechen?«

Problem 2

Zwei Konferenzteilnehmer führen ein Privatgespräch.

Wie kann man das verhindern?

Achten Sie darauf, daß alle Konferenzteilnehmer sich über Ziel und Thema der Besprechung im klaren sind. Außerdem müssen Sie dafür sorgen, daß die Besprechung interessant ist und daß alle Teilnehmer davon profitieren, sonst erlahmt ihre Aufmerksamkeit rasch.

Wie kann man das Problem lösen?

Wenn zwei Teilnehmer sich miteinander unterhalten, sollte der Konferenzleiter zunächst einmal davon ausgehen, daß ihr Gespräch sich auf das Konferenzthema bezieht. Selbst wenn das nicht stimmt, gibt er den beiden damit das Gefühl, daß er sie positiv einschätzt, und erhält dadurch ihre Motivation aufrecht. Folgende Verhaltensweisen sind möglich:

1. Der Konferenzleiter hält ein paar Sekunden lang inne, ohne die beiden Teilnehmer besonders zu beachten. Vielleicht unterbricht die plötzliche Stille sie in ihrem Gespräch. Er kann zum Beispiel in seine Notizen sehen oder irgend etwas anderes tun, um nicht den Eindruck zu erwecken, daß er wegen der beiden Störenfriede verstummt ist. Vielleicht ist es sogar angebracht, eine kleine Pause einzulegen – das Privatgespräch der beiden Teilnehmer könnte darauf hinweisen, daß die Gruppe allmählich unruhig oder unkonzentriert wird.

2. Fragen Sie die beiden Teilnehmer direkt, ob sie ihre Ideen nicht der ganzen Gruppe mitteilen möchten. Dabei müssen Sie deutlich Ihre Überzeugung zum Ausdruck bringen, daß das Gespräch der beiden sich auf das Konferenzthema bezieht.

Problem 3

Die Teilnehmer sind abgelenkt oder irritiert.

Wie kann man das verhindern?

Gestalten Sie die Besprechung so interessant und effizient, daß die Teilnehmer sich nicht leicht ablenken lassen. Wer völlig in eine Tätigkeit oder ein Gesprächsthema vertieft ist, achtet im allgemeinen gar nicht auf Ablenkungen. Manchmal lassen solche Ablenkungen sich auch schon durch die Wahl des richtigen Konferenzorts und -termins vermeiden. Der Konferenzleiter sollte sich bereits bei der Vorbereitung überlegen, wie er Störungen und Ablenkungen verhindern kann.

Wie kann man das Problem lösen?

Wenn alle oder fast alle Teilnehmer abgelenkt sind, sollten Sie die Konferenz unterbrechen und die Ursache der Ablenkung zur Kenntnis nehmen. Versuchen Sie nicht, dagegen anzukämpfen. Vielleicht empfiehlt sich eine Pause, damit die Konferenzteilnehmer sich darüber unterhalten und sich abreagieren können. Das kostet zwar Zeit, aber es hätte ja ohnehin keinen Zweck, die Konferenz jetzt fortzusetzen.

Wenn nur ein paar Teilnehmer abgelenkt sind, kann der Konferenzleiter die Störung ignorieren und die Besprechung fortsetzen. Vielleicht ist jetzt ein veranschaulichendes Beispiel oder eine Geschichte angebracht, die zwar für den Erfolg der Besprechung nicht von entscheidender Wichtigkeit ist, aber die Aufmerksamkeit der Teilnehmer weckt. Oder der Konferenzleiter kann das bisher Besprochene noch einmal zusammenfassen. Er könnte die Besprechung auch unterbrechen und alle Teilnehmer auf die Ursache der Ablenkung aufmerksam machen. Dann kann er mit der Besprechung fortfahren, und alle Teilnehmer werden ihm wieder ihre volle Aufmerksamkeit schenken.

Problem 4

Zwei oder noch mehr Teilnehmer diskutieren oder streiten miteinander.

Wie kann man das verhindern?

Machen Sie den Teilnehmern Ziel und Thema der Besprechung klar, damit es nicht zu Diskussionen kommen kann, die nicht zum Thema gehören. Ermahnen Sie die Konferenzteilnehmer, den Meinungen anderer gegenüber offen und tolerant zu sein.

Das ist aber nur angebracht, wenn der Konferenzleiter bereits Streitigkeiten zwischen einzelnen Teilnehmern vorhersieht. Wenn er gut vorbereitet ist und die Teilnehmer kennt, kann er die Situation normalerweise richtig einschätzen.

Wie kann man das Problem lösen?

Bei Streitgesprächen könnten Sie sagen: »Es kommt nicht darauf an, *wer* recht hat, sondern *was* richtig ist.« Dann erörtern Sie ausschließlich die *Ideen,* die im Lauf des Streitgesprächs vorgebracht wurden, und lassen die *Personen,* von denen diese Ideen stammen, außer acht. Sie können auch die anderen Konferenzteilnehmer miteinbeziehen: »Ich möchte gern hören, was die anderen dazu zu sagen haben.«

Es gibt noch eine dritte Möglichkeit: Sie können die Besprechung unterbrechen, noch einmal auf die Konferenzziele hinweisen und betonen, wie wichtig es ist, diese Ziele direkt und ohne Umwege anzusteuern. Es kommt darauf an, die Diskussion wieder unter Kontrolle zu bekommen, ohne einen der »Kampfhähne« zu verärgern. Wenn das Streitgespräch sich auf das Konferenzthema bezieht, sollten Sie entweder einen Standpunkt beziehen oder aber die anderen Teilnehmer dazu auffordern, Meinungen und Fakten zu dem Gespräch beizusteuern. Gehört die Auseinandersetzung dagegen nicht zum Thema, sollten Sie die Konferenzteilnehmer noch einmal an Ziel und Thema der Besprechung erinnern.

Problem 5

Ein oder mehrere Teilnehmer dominieren.

Wie kann man das verhindern?

Wenn der Konferenzleiter das Problem bereits voraussieht, sollte er zu Beginn der Besprechung alle Teilnehmer zur regen Beteiligung an der Diskussion auffordern. Außerdem kann er vor der Konferenz mit dem Teilnehmer, der zum Dominieren neigt, sprechen und ihn bitten, sich ein wenig zurückzuhalten, damit die anderen sich intensiver an der Diskussion beteiligen können. Wenn man die Konferenzteilnehmer aufruft, statt auf freiwillige Wortmeldung zu warten, kann man ebenfalls verhindern, daß einer von ihnen sich zu sehr in den Vordergrund drängt. Man kann zum Beispiel alle Teilnehmer bitten, ihre Antwort auf eine bestimmte Frage schriftlich festzuhalten: »Wie könnte man Ihrer Meinung nach die Qualität unserer Produkte verbessern? Schreiben Sie sich bitte auf, was Ihnen dazu einfällt.« Dann kann man nahezu alle Teilnehmer nach ihrer Antwort fragen und diejenigen, die zum Dominieren neigen, vielleicht übergehen. Man muß aber darauf achten, jeden zuerst beim Namen zu nennen, ehe man ihn um eine Antwort bittet.

Wie kann man das Problem lösen?

Der Konferenzleiter muß mit der Situation fertig werden, ohne den dominierenden Teilnehmer – der es nicht böse meint, sondern vielleicht nur übereifrig und begeistert ist – zu verletzen oder in Verlegenheit zu bringen. Hierzu gibt es mehrere Möglichkeiten:

1. Er unterbricht ihn taktvoll mit einer Äußerung wie: »Ich glaube, ich habe schon verstanden, was Sie meinen; nun wollen wir hören, was Herr X dazu zu sagen hat.«

2. Er geht im Zimmer umher und kehrt dem Übereifrigen, der die Hand hebt und sich zu Wort meldet, absichtlich den Rücken zu.

3. Er erteilt dem dominierenden Teilnehmer einen bestimmten Auftrag, zum Beispiel: »Könnten Sie an die Tafel kommen und die Ideen der anderen mit ein paar Stichworten festhalten?«

4. Er unterbricht den Betreffenden: »Es tut mir leid, dich unterbrechen zu müssen Bill, aber die Zeit wird knapp, und ich möchte gern auch noch die Meinung der anderen hören.«

Problem 6

Die Teilnehmer werden unruhig und warten auf das Ende der Besprechung.

Wie kann man das verhindern?

Vielleicht haben Sie einen bestimmten Zeitpunkt für das Ende der Besprechung festgesetzt und ihn nicht einhalten können. Beim nächsten Mal sollten Sie die Besprechung entweder rechtzeitig beenden oder von vornherein keine genaue Zeitdauer festsetzen. Statt dessen sagen Sie den Teilnehmern lieber, daß die Besprechung voraussichtlich etwa um halb vier beendet sein wird (geben Sie sich lieber zuviel Zeit als zuwenig), daß sie aber auf jeden Fall so lange dauern wird, bis das Problem gelöst ist.

Vielleicht haben Sie auch einen ungünstigen Zeitpunkt für die Besprechung gewählt, und die Teilnehmer haben andere Dinge vor, die ihnen wichtiger sind. Achten Sie darauf, Ihre Besprechungen stets zu einem Zeitpunkt anzusetzen, an dem niemand im Zeitdruck ist oder etwas anderes vorhat.

Vielleicht warten die Teilnehmer aber auch so sehnsüchtig auf das Ende der Besprechung, weil sie das Gefühl haben, ihre Zeit zu vergeuden. Mit anderen Worten: Sie sind mit der Besprechung unzufrieden. In diesem Fall müssen Sie beim nächsten Mal unbedingt darauf achten, Ihre Konferenz so zu planen und zu gestalten, daß *etwas dabei herauskommt.*

Wie kann man das Problem lösen?

Sobald Sie merken, daß die Teilnehmer unruhig werden, müssen Sie etwas tun, um zu verhindern, daß die Besprechung völlig außer Kontrolle gerät. Hierzu einige Vorschläge:

1. Wecken sie ihre Aufmerksamkeit und ihr Interesse an der Besprechung wieder – erzählen Sie eine spannende Begebenheit, geben Sie ihnen einen Auftrag, oder stellen Sie eine Frage.
2. Beenden Sie die Besprechung, und setzen Sie einen Zeitpunkt für die nächste Konferenz fest.
3. Legen Sie eine Pause ein (vielleicht haben die Teilnehmer zu lange Zeit hintereinander gesessen und sind deshalb unruhig). Wenn möglich, reichen Sie Erfrischungen, um ihre Energie und ihre Begeisterung wieder aufzufrischen.

Problem 7

Die Teilnehmer arbeiten nicht mit (stellen keine Fragen, beantworten die Fragen des Konferenzleiters nicht usw.)

Wie kann man das verhindern?

Achten Sie darauf, ein Konferenzklima zu schaffen, das die Teilnehmer zur aktiven Beteiligung an der Besprechung motiviert. Sie dürfen sie auf keinen Fall verärgern oder in Verlegenheit bringen. Sorgen Sie dafür, daß die Besprechung interessant und effizient ist und daß die Teilnehmer wissen, worum es geht, dann werden sie aufmerksam und interessiert sein.

Wie kann man das Problem lösen?

Das hängt natürlich davon ab, *warum* Ihre Mitarbeiter sich nicht an der Besprechung beteiligen. Wenn es daran liegt, daß sie einfach desinteressiert sind oder sich langweilen, müssen Sie ihr Interesse und ihre Aufmerksamkeit wecken. Sie können sie zum Beispiel namentlich aufrufen (aber nur, wenn Sie sicher sind, daß sie auch in der Lage sind, Ihre Fragen zu beantworten). Zur Vorbereitung können Sie alle Teilnehmer bitten, ihre Antwort niederzuschreiben.

Wenn die Konferenzteilnehmer schweigsam sind, weil sie Angst haben, sich lächerlich zu machen oder in Verlegenheit zu geraten, muß der Konferenzleiter ihnen diese Angst behutsam nehmen, z. B. durch ermunternde Äußerungen wie: »Sagen Sie ruhig Ihre Meinung, auch wenn Sie nicht mit mir einig sind« oder »Stellen Sie ruhig Fragen, auch wenn Sie sich nicht sicher sind, ob sie sinnvoll sind.« Man kann auch kleine Gruppen zu drei bis sechs Leuten bilden und sie auffordern, jeweils eine Frage zu formulieren oder eine Antwort zu erarbeiten. Normalerweise haben alle Gruppen gern einen Sprecher, der ihre Arbeitsergebnisse bekanntgibt. Und dieser Sprecher hat keine Scheu, sich zu äußern, da er ja nicht für sich allein, sondern für die ganze Gruppe spricht.

Der Konferenzleiter muß sehr darauf achten, Teilnehmer, die sich zu Wort melden, nicht in Verlegenheit zu bringen oder lächerlich zu machen, selbst wenn ihre Äußerungen nicht zum Thema gehören oder dumm sind. Am schwierigsten ist die Situation, wenn die Teilnehmer dem Konferenzleiter feindselig gegenüberstehen. Unter solchen Umständen reicht es manchmal nicht aus, sie zum Sprechen zu ermuntern. Dann kann man Arbeitsgruppen bilden und jeder Gruppe einen bestimmten Auftrag geben. Eine andere gute Taktik besteht darin, zu einem anderen Thema überzugehen, das sie so sehr interessiert, daß sie ihre negative Einstellung dem Konferenzleiter gegenüber vergessen.

Problem 8

Der Konferenzleiter schweift vom Thema ab.

Wie kann man das verhindern?

Ganz einfach: Schweifen Sie nicht vom Thema ab! Zunächst einmal muß der Konferenzleiter gut vorbereitet sein; er muß sich über die Zielsetzungen im klaren sein und wissen, mit Hilfe welcher Methoden er diese Ziele erreichen möchte. Er sollte sich seine Fragen und die Informationen, die er den Teilnehmern vermitteln möchte, vorher genau zurechtlegen, um nicht versehentlich vom Thema abzukommen.

Normalerweise wird der Konferenzleiter durch eine Äußerung oder Frage eines Teilnehmers vom Thema abgelenkt. Davor muß er sich hüten. Viele Konferenzleiter freuen sich so sehr über Fragen der Teilnehmer – die sie als Zeichen von innerer Anteilnahme und Interesse werten –, daß sie gar nicht merken, wenn eine Frage nicht zur Sache gehört. Der Konferenzleiter sollte jede Frage oder Äußerung von seiten eines Teilnehmers kurz überdenken und innerlich bewerten. Wenn sie nicht zum Thema gehört, sollte er den Teilnehmer taktvoll darauf aufmerksam machen und die Erörterung auf einen anderen Zeitpunkt während oder nach der Besprechung verschieben.

Wie kann man das Problem lösen?

Wenn der Konferenzleiter merkt, daß er vom Thema abgeschweift ist, sollte er sich entschuldigen, z. B. folgendermaßen: »Ich glaube, ich bin ein wenig vom Thema abgekommen. Ich würde diese Frage gern weiter mit Ihnen diskutieren, aber das müssen wir leider auf einen späteren Zeitpunkt verschieben, denn wir haben uns für diese Besprechung ein anderes Ziel gesetzt.« Selbst wenn er sich durch eine irrelevante Frage eines Teilnehmers hat ablenken lassen, sollte er die Schuld auf sich nehmen.

Wenn ein Besprechungsteilnehmer feststellt, daß der Konferenzleiter vom Thema abgekommen ist, so sollte er ihn taktvoll, aber bestimmt darauf aufmerksam machen. (Nähere Erläuterungen zu diesem Thema finden Sie in Kapitel 19: »Wie kann man als Teilnehmer zum Erfolg einer Konferenz beitragen?«)

Es gibt natürlich auch problematische Konferenzteilnehmer – d. h. Teilnehmer mit ganz bestimmten Eigenschaften, die dem Erfolg einer Besprechung abträglich sind. Sie sind zwar nicht sehr häufig; dennoch muß der Konferenzleiter wissen, wie er sich zu verhalten hat, wenn sie ihn in schwierige Situationen bringen. Die bekanntesten dieser Typen sind:

1. Der Übereifrige, der sich profilieren möchte:

Sie dürfen ihn auf keinen Fall in Verlegenheit bringen oder ausschalten. Vielleicht kann er Ihnen später irgendwann einmal wertvolle Dienste leisten.

Strategie:

Stellen Sie ihm eine schwierige Frage. Oder sagen Sie: »Das ist ein interessanter Gesichtspunkt. Mal sehen, was die anderen dazu meinen.«

2. Der Schnellmerker, der immer rascher reagiert als die anderen:

Kann wertvolle Beiträge leisten, aber auch andere Teilnehmer aus der Diskussion ausschalten.

Strategie:

Danken Sie ihm für seinen Beitrag; sagen Sie, daß Sie nun auch die Meinung der anderen zu dem Thema hören möchten.

3. Der Streitsüchtige, der immer anderer Meinung ist:

Er ist mit nichts einverstanden und weiß alles besser.

Strategie:

Bleiben Sie ruhig. Stimmen Sie ihm zu, wenn er ein gutes Argument vorgebracht hat; stellen Sie Argumente, die Ihrer Meinung nach schlecht sind, zur Diskussion, dann werden die anderen Konferenzteilnehmer Sie unterstützen. Machen Sie sich Gedanken über ihn, versuchen Sie die Gründe für seine Unzufriedenheit und Aggressivität herauszufinden und seine Kooperation zu gewinnen.

4. Der ständig Abschweifende:

Er redet über alles, nur nicht über das Thema.

Strategie:

Wenn er einmal eine Pause in seinem Monolog macht, danken Sie ihm für seinen Beitrag, fassen Sie die Punkte seiner Rede, die zum Thema gehörten, noch einmal zusammen, und fahren Sie mit der Besprechung fort. Oder nehmen Sie die Schuld auf sich; sagen Sie: »Ich muß irgend etwas gesagt haben, was Sie vom Thema abgelenkt hat. Wir sollten jetzt über folgendes diskutieren: . . .«

5. Die Streithähne:

Zwei Konferenzteilnehmer haben eine persönliche Abneigung gegeneinander.

Strategie:
Heben Sie die Punkte hervor, in denen die beiden sich einig sind, versuchen Sie sie davon zu überzeugen, daß ihre Differenzen gar nicht so groß sind. Oder bitten Sie die beiden Teilnehmer ganz offen, persönliche Dinge bei der Besprechung aus dem Spiel zu lassen. Lenken Sie die Aufmerksamkeit der Gruppe wieder auf das Thema zurück.

6. Der starrsinnige, voreingenommene Teilnehmer:

Er akzeptiert nichts anderes als seine eigene, vorgefaßte Meinung.

Strategie:
Stellen Sie seine Argumente zur Diskussion; die anderen Teilnehmer werden ihm dann schon klarmachen, daß er im Irrtum ist. Erklären Sie ihm, daß die Zeit knapp ist und daß Sie gern bereit sind, im Anschluß an die Konferenz weiter mit ihm zu diskutieren.

7. Der ewige Nörgler:

Strategie:
Machen Sie ihn höflich darauf aufmerksam, daß die grundsätzliche Firmenpolitik in dieser Besprechung nicht zur Diskussion steht; daß das Problem so gut gelöst werden muß, wie es unter den gegebenen Umständen eben möglich ist. Noch besser ist es, die anderen Konferenzteilnehmer um eine Stellungnahme zu bitten.

8. Die Flüsterer, die ständig Privatgespräche führen:

Vielleicht gehört das, was diese Leute besprechen, auch zum Thema; trotzdem sind die Gespräche störend und lenken die anderen ab.

Strategie:
Bringen Sie sie nicht in Verlegenheit. Rufen Sie einen von ihnen namentlich auf, und stellen Sie ihm eine einfache Frage. Oder wiederholen Sie das, was zuletzt besprochen wurde, noch einmal in kurzen Worten und bitten Sie ihn um seinen Kommentar.

9. Der Teilnehmer, der eindeutig im Unrecht ist:

Strategie:

Sagen Sie: »So kann man es natürlich auch sehen. Wie ließe sich Ihre Meinung mit . . . (formulieren Sie den richtigen Standpunkt) in Einklang bringen?«

10. Der Schweigsame:

Sein Schweigen kann die verschiedensten Gründe haben: Vielleicht ist er schüchtern oder unsicher, vielleicht langweilt er sich, oder vielleicht ist das Thema der Besprechung ihm gleichgültig. Es kann aber auch sein, daß er einfach nur schweigend zuhört.

Strategie:

Hängt von dem Grund seiner Zurückhaltung ab. Wenn er gelangweilt oder gleichgültig ist, versuchen Sie, ihm eine provozierende Frage zu stellen – eine Frage, die ihn Ihrer Meinung nach interessieren könnte. Wenn er nur schüchtern ist, loben Sie ihn stets, wenn er doch einmal etwas sagt, und richten Sie hin und wieder eine Frage direkt an ihn.

Zusammenfassung

Es gehört wohl zu den schwierigsten Aufgaben eines Konferenzleiters, die Besprechung unter Kontrolle zu halten. Dazu muß er rasch reagieren können, viel Taktgefühl besitzen und die richtigen Verhaltensstrategien kennen. Am besten, man versucht von vornherein zu verhindern, daß die Besprechung außer Kontrolle gerät. Das schafft man durch sorgfältige Vorbereitung. Zu dieser Vorbereitungsarbeit gehört auch, daß man sich überlegt, wodurch die Besprechung eventuell gestört werden oder außer Kontrolle geraten *könnte.* Wenn der Konferenzleiter zum Beispiel befürchtet, daß ein Teilnehmer zu sehr dominieren könnte und daß das dem Erfolg der Besprechung nicht gerade zuträglich wäre, kann er vor der Konferenz mit diesem Mitarbeiter sprechen und das Problem dadurch vielleicht verhindern. Doch auch wenn er sich noch so gut vorbereitet – es wird immer unvorhergesehene Situationen geben, die ihn dazu zwingen, die in diesem Kapitel beschriebenen Strategien einzusetzen. Wenn er auf der Hut ist und diese Situationen rechtzeitig erkennt, hat er den Kampf schon halb gewonnen.

11. Der Abschluß einer Konferenz

Der richtige Abschluß einer Besprechung ist ebenso wichtig wie die richtige Einleitung. Die Begeisterung, die die Teilnehmer bis dahin beflügelt hat, muß unbedingt wachgehalten werden. Jeder sollte beim Verlassen des Konferenzraums denken: »Ich bin froh, daß ich dabeigewesen bin!«

Es gibt viele verschiedene Möglichkeiten, eine Konferenz so zu beenden, daß die Begeisterung der Teilnehmer weiterhin anhält. Manche Konferenzleiter erzählen zum Schluß gern eine Geschichte oder Begebenheit, die mit den Zielsetzungen der Besprechung zusammenhängen kann oder auch nicht. Wenn die Geschichte lustig ist und gut vorgetragen wird, werden viele Teilnehmer den Konferenzraum mit einem Schmunzeln auf den Lippen verlassen. Doch der Konferenzleiter sollte noch mehr erreichen. Die Teilnehmer müssen das Gefühl haben, daß sie ihre Zeit und Energie sinnvoll investiert haben. Je nach Art der Besprechung müssen sie den Eindruck haben, daß sie etwas geleistet, gelernt oder profitiert haben. Das stärkt ihr Selbstvertrauen und ihr Gefühl, für die Firma wichtig zu sein.

Es gibt einige einfache Verhaltensmaßregeln, wie man eine Besprechung beenden kann – und wie man sie auf gar keinen Fall beenden *darf*.

Positiv

1. Fassen Sie die Ziele der Besprechung noch einmal zusammen.

2. Resümieren Sie, was im Lauf der Besprechung erreicht worden ist.

3. Danken Sie den Teilnehmern für ihren Beitrag (gilt für Problemkonferenzen, Besprechungen zur Einholung von Informationen, Instruktionskonferenzen, Fortbildungsprogramme und Brainstormings).

4. Danken Sie den Teilnehmern für ihr Kommen, ihre Aufmerksamkeit und ihr Interesse (gilt für Besprechungen zur Vermittlung von Informationen und zur Instruktion und Fortbildung).

5. Danken Sie allen für ihre Teilnahme (gilt für alle Besprechungsarten).

6. Falls erforderlich, geben Sie einem oder mehreren Teilnehmern Anweisungen, was nun zu tun ist.

7. Nennen Sie den Teilnehmern Zeitpunkt, Ort und Zielsetzung der nächsten Besprechung, falls diese schon feststehen.

8. Falls erforderlich, machen Sie zum Schluß Ankündigungen wie: »In 10 Tagen erhalten Sie ein Protokoll dieser Besprechung« oder »Unsere nächste Besprechung findet heute in zwei Wochen zur gleichen Zeit statt« oder »Denken Sie daran, Ihre Mitarbeiter über den Inhalt unserer heutigen Besprechung zu informieren.«

Negativ

Es gibt nur einen einzigen Fehler, den Sie auf gar keinen Fall machen dürfen und der leider nur allzu häufig begangen wird:

Beenden Sie die Besprechung nicht mit dem Satz: »Jetzt haben wir gerade noch Zeit für eine letzte Frage.«

Erstens hat der Konferenzleiter, wenn er so ins Blaue hineinfragt, gar keine Ahnung, was für eine Frage kommen wird, ob diese Frage zur Sache gehört oder nicht und ob sie nur einen einzigen Teilnehmer oder die ganze Gruppe interessiert. Er weiß auch nicht, ob diese Frage nur fünf Sekunden oder eine Minute dauern wird – vielleicht besteht sie aus mehreren Teilen. Möglicherweise läßt sie sich mit »Ja« oder »Nein« beantworten, eventuell muß der Konferenzleiter bei ihrer Beantwortung aber auch sehr weit ausholen. Mit einem Wort: Man sollte sich auf eine solche Situation nicht einlassen, da sie in keiner Weise kalkulierbar ist.

Außerdem gibt es viel bessere Möglichkeiten, eine Besprechung zu beenden – nämlich die acht Vorschläge, die ich unter der Rubrik POSITIV aufgelistet habe. Am wichtigsten ist es, am Schluß noch einmal zusammenzufassen, welches die Ziele der Konferenz waren und was erreicht worden ist. Es ist auch nicht falsch, die Besprechung mit einer Frage-und-Antwort-Phase zu beenden. Nur *mit einer einzigen Frage* dürfen Sie sie nicht abschließen.

12. Die effiziente Koordination von Konferenzen

Bei vielen Besprechungen wirkt ein Koordinator oder Vorsitzender mit, der ganz andere Aufgaben hat als der Konferenzleiter. (Die Rolle des Konferenzleiters ist in Kapitel 5 beschrieben.) Er kann zum Beispiel für die Planung und Organisation der Konferenz und für die Vorstellung eines Referenten oder Konferenzleiters zuständig sein. Ein Koordinator oder Vorsitzender kann folgende Aufgaben haben:

a) Vor der Konferenz:

1. Festsetzung von Zeit und Ort
2. Auswahl der Teilnehmer
3. Festsetzung der Ziele
4. Auswahl des Referenten
5. Instruktion des Referenten

b) Während der Besprechung:

1. Einführende Worte
2. Vorstellung des Referenten
3. Steuerung und Kontrolle der Konferenz
4. Beendung der Konferenz

c) Nach der Konferenz:

1. Bewertung
2. Gedankenaustausch mit dem Konferenzleiter
3. Zusendung des Besprechungsprotokolls an die Teilnehmer
4. Andere Aufgaben, die zur Nachbereitung der Konferenz gehören.

Aufgaben des Koordinators vor der Konferenz

Gute Planung und Vorbereitung sind für eine effiziente Besprechung unerläßlich. In Kapitel 6 wird beschrieben, welche Vorbereitungen man treffen muß. Außerdem muß der Referent oder Konferenzleiter ausgewählt und genau instruiert werden. Da er der wichtigste Bestandteil einer effizienten Besprechung ist, muß man dabei besonders sorgfältig vorgehen. Im folgenden möchte ich Ihnen hierzu einige Richtlinien geben.

Die Auswahl des Referenten

Überlegen Sie sich, was für Eigenschaften und Voraussetzungen er mitbringen muß. Am wichtigsten sind in der Regel:

1. Kenntnis des Themas
2. Fähigkeit zu guter Kommunikation mit den Konferenzteilnehmern
3. Verfügbarkeit
4. Sein Honorar bzw. seine Kosten müssen für das Budget tragbar sein.

Es ist nicht schwierig, sich darüber zu informieren, ob der Referent zum Zeitpunkt der Konferenz verfügbar ist und wie hoch sein Honorar und seine Spesen sind: Man fragt ihn einfach. Ehe sie das tun, sollten Sie sich jedoch davon überzeugt haben, daß er die Voraussetzungen (1) und (2) erfüllt. Über eine ausreichende Kenntnis des Themas wird er in der Regel verfügen – sonst wären Sie ja gar nicht auf ihn gekommen. Sie können ihn aber auch danach fragen. Im allgemeinen werden Sie eine ehrliche Antwort bekommen.

Am schwierigsten ist es, zu beurteilen, ob der Referent die »Fähigkeit zu guter Kommunikation mit den Konferenzteilnehmern« besitzt. Dabei bedienen Konferenzvorsitzende sich häufig sehr unzuverlässiger Methoden – z. B. überzeugt sie die Tatsache, daß die betreffende Person auch schon bei Konferenzen anderer Firmen mitgewirkt oder irgendein Buch oder einen Zeitschriftenartikel geschrieben hat. Viel besser ist es, mit dem Referenten, den man in die engere Wahl gezogen hat, zu sprechen oder ihm zu schreiben und ihn zu fragen, an welchen Konferenzen er schon mitgewirkt hat. Bitten Sie um genaue Angaben über das Thema und die Konferenzteilnehmer. Dann sprechen Sie mit jemandem, der diesen Referenten schon einmal persönlich gehört hat, um sich Informationen aus erster Hand zu beschaffen. Erzählen Sie ihm Genaueres über die geplante Konferenz, und fragen Sie ihn, ob der Referent sich seiner Meinung nach für diese Aufgabe eignen wird.

Doch das alles sind nur Notlösungen. Am besten ist es natürlich, sich persönlich von den Qualitäten des Referenten zu überzeugen. Je mehr auf dem Spiel steht (z. B. wenn das Konferenzprogramm sehr umfangreich ist, wenn die Teilnehmer zu den obersten Führungskräften gehören oder sehr kritisch sind), um so eher empfiehlt es sich, sich selbst sein Urteil über den Referenten zu bilden.

Die Instruktion des Referenten

Fast ebenso wichtig wie die Auswahl ist die Instruktion des Referenten. Am besten sprechen Sie persönlich mit ihm. Falls das nicht möglich ist, rufen Sie ihn an. Wenn sich beides nicht machen läßt, können Sie sich auch schriftlich mit ihm verständigen. Sie sollten ihn über folgende Punkte unterrichten:

1. Die Ziele der Besprechung und die spezielle Funktion, die er im Rahmen dieser Zielsetzung zu erfüllen hat
2. Was vor und nach dem Vortrag des Referenten kommt
3. Die Konferenzteilnehmer: ihre Position innerhalb der Firma, ihr Kenntnis- und Erfahrungsstand im Hinblick auf das Thema, ihre Einstellung zum Thema und andere Dinge, die das Verhältnis der Konferenzteilnehmer zum Thema betreffen (Probleme, besondere Umstände usw.)
4. Konferenzort
5. Wieviel Zeit dem Referenten zur Verfügung steht (Anfang und Ende seines Vortrags sollten zeitlich genau festgelegt werden)
6. Wie er seinen Vortrag aufbauen soll. Zum Beispiel können Sie ihm vorschlagen, zunächst 30 Minuten lang vorzutragen und dann noch eine Viertelstunde lang Fragen zu beantworten. Oder Sie könnten ihm raten, eine Fallstudie zu präsentieren oder einen Film vorzuführen und diesen dann zur Diskussion zu stellen. Dieses Verfahren sollten Sie persönlich mit ihm durchsprechen, um zu sehen, ob er mit ihren Vorschlägen einverstanden ist oder vielleicht eine bessere Idee hat. Wenn ich zu einem Vortrag im Rahmen einer Konferenz eingeladen werde, bittet man mich im allgemeinen, 45 Minuten lang zu sprechen und dann 15 Minuten lang Fragen zu beantworten. Ich schlage dann in der Regel ein ganz anderes Verfahren vor, das nicht mehr als 60 Minuten in Anspruch nimmt und bei dem ich die Konferenzteilnehmer während meines ganzen Vortrags mit einbeziehe und diskutieren lasse.

7. Bieten Sie ihm an, bei der Vorbereitung schriftlichen Informationsmaterials, audiovisueller Hilfsmittel und des Konferenzraums zu helfen, ein Hotelzimmer für ihn zu reservieren und ihm auch noch bei anderen Dingen behilflich zu sein.

Vor kurzem hatte ich das Glück, einen Koordinator kennenzulernen, der mir wirklich alle sinnvollen Instruktionen gab. Howard Frankel, der Koordinator eines Fortbildungsprogramms der Panhandle Eastern Pipeline & Co., bat mich, für 140 Betriebsleiter und Manager ein Seminar über das Thema »Effiziente Durchführung von Veränderungen« abzuhalten. Am Nachmittag vor dem Seminar kündigte die Firmenleitung den Mitarbeitern einige gravierende Veränderungen an: Reorganisation des Unternehmens, Diversifikation, eventuelle Neuanschaffungen, neue Projekte, geplante Gemeinschaftsunternehmen mit ausländischen Firmen u. a. Die einschneidendste Veränderung betraf die Reorganisation: Das Unternehmen sollte stärker zentralisiert werden. Etliche Mitarbeiter und deren Arbeitsplätze waren davon betroffen. Howard und die anderen Führungskräfte hielten es für die beste Instruktion, wenn ich an der Konferenz teilnahm, in der diese geplanten Veränderungen bekanntgegeben wurden, und mir die Fragen der Mitarbeiter zu dem Thema anhörte. So lernte ich die Probleme und Empfindungen und das Niveau der Konferenzteilnehmer genau kennen. Ich erfuhr, was diese Veränderungen für die Teilnehmer bedeuteten, und konnte daher viel mehr Verständnis für sie aufbringen. Diese Erfahrung war für die Effizienz des Vortrags, den ich am nächsten Tag zu halten hatte, von unschätzbarem Wert.

Aufgaben des Koordinators während der Besprechung

Während der Konferenz hat der Koordinator oder Vorsitzende zwei wichtige Funktionen zu erfüllen:

1. Vorstellung des Referenten oder Konferenzleiters
2. Kontrollfunktion, während jemand anders (der Referent oder Konferenzleiter) die Besprechung leitet

Wie stellt man einen Referenten oder Konferenzleiter vor?

Obwohl schon so viel darüber geschrieben worden ist, wie man einen Referenten vorstellt, zeigen die meisten Vorsitzenden dabei wenig Geschick. Sie erreichen mit ihren einführenden Worten nicht das, was sie sollten, nämlich, die Zuhörer von der Eignung des Referenten oder Konferenzleiters zu überzeugen. Eine schlechte Einführung kann auf den Referenten und die Zuhörer demotivierend wirken.

Zu einer Vorstellung gehört zweierlei:

1. Begeisterung. Der Enthusiasmus – oder mangelnder Enthusiasmus – des Vorsitzenden, der die einführenden Worte spricht, springt sehr rasch auf die Zuhörer über.

2. Informationen, aus denen die Zuhörer entnehmen können, warum gerade *dieser* Referent für das Thema gewählt wurde. Wenn die Wahl gut war, ist das nicht schwierig. Der Vorsitzende sollte den Zuhörern folgende Informationen über den Referenten geben:

   - inwieweit er sich in dem Thema auskennt
     (z. B. seine Ausbildung, Berufserfahrung, Bücher, die er über das Thema gelesen oder geschrieben hat, usw.)

   - sein Vortragstalent
     (z. B. Vorträge, die er bereits gehalten hat oder noch halten wird; persönliches Urteil des Vorsitzenden, falls er schon einmal einen Vortrag des Referenten gehört hat)

   - inwieweit er über die Zuhörer informiert ist oder sich in sie hineinfühlen kann
     (z. B. Erfahrungen des Sprechers, die denen der Zuhörer ähneln; Vorträge, die er bereits vor ähnlichen Gruppen gehalten hat; daß er einige der Konferenzteilnehmer persönlich kennt oder daß der Vorsitzende ihm etwas über sie erzählt hat)

   - andere Dinge, die für die Zuhörer von Interesse sind
     (z. B. Reisen, die er in der letzten Zeit unternommen hat, Hobbys, familiäre Situation, Anzahl der Kinder usw., spezielle Auszeichnungen, Titel oder Ämter.

Wie lang sollten die einführenden Worte sein?

Ich wurde meinen Zuhörern schon oft mit folgenden Worten vorgestellt: »Ich möchte unserem Referenten keine wertvolle Zeit wegnehmen, also erteile ich ihm ohne lange Einleitung das Wort.«

Das ist nur ein verkapptes Eingeständnis, daß der Vorsitzende keine Einführung vorbereitet hat und sich nun aus der Affäre zieht, indem er das Wort gleich dem Referenten erteilt.

Die einführenden Worte sollten weder zu lang noch zu kurz sein. Es ist schwierig, die richtige Zeitdauer genau festzulegen. Viel besser ist es, die Einführung anhand zweier Kriterien zu beurteilen:

1. Können die Zuhörer aus ihr entnehmen, warum Sie gerade diesen Referenten für das Thema ausgewählt haben?
2. Ist sie so interessant, daß die Zuhörer ihr gespannt und aufmerksam folgen?

Natürlich kommt es nicht nur darauf an, *was* man sagt, sondern auch darauf, *wie* man es sagt. Manche Vorsitzende schaffen es, die Zuhörer schon innerhalb von 15 Sekunden zu langweilen oder ungeduldig werden zu lassen; andere können 5 Minuten hintereinander sprechen, ohne daß das Interesse der Zuhörer erlahmt, weil sie ihnen die richtigen Informationen vermitteln und auch ihren Humor und ihre Begeisterung in ihre Worte einfließen lassen.

Natürlich ist es am wichtigsten, daß der Vorsitzende den Zuhörern vermittelt, wie überzeugt oder gar begeistert er von den Fähigkeiten des Referenten ist. Eine weitere wichtige Voraussetzung ist guter Blickkontakt mit den Zuhörern. Es gibt keine Entschuldigung für einen Konferenzvorsitzenden, der seine einführenden Worte vorliest. Ein paar Notizen sind zwar durchaus sinnvoll, doch der Vorsitzende sollte so gut vorbereitet sein, daß er die Zuhörer ansehen kann, während er spricht. Wenn der Referent ein Buch geschrieben hat, sollte der Vorsitzende es parat haben und den Zuhörern zeigen. Zum Schluß seiner Einführung sollte er das Thema des Vortrags und den Namen des Referenten nennen. Dann sollte er ihm das Wort erteilen und das Podium verlassen. Am besten nimmt er dann am hinteren Ende des Konferenzraums Platz, von wo aus er das Geschehen gut überblicken und kontrollieren kann.

Wie kann der Koordinator oder Vorsitzende die Konferenz steuern, wenn er nicht gleichzeitig Konferenzleiter ist?

In Kapitel 10 wurde genau beschrieben, mit Hilfe welcher Strategien und Techniken man eine Besprechung unter Kontrolle halten kann. Sie gelten aber nur für den Fall, daß der Referent oder Vorsitzende gleichzeitig Konferenzleiter ist.

Wenn der Koordinator dagegen nicht gleichzeitig Konferenzleiter ist, ist seine Aufgabe eine ganz andere und wahrscheinlich viel schwierigere. Zum Beispiel kann es sein, daß der Referent oder Konferenzleiter ganz begeistert vom Verlauf der Besprechung ist und das Gefühl hat, sie völlig im Griff zu haben. Der Koordinator, der hinten sitzt, ist dagegen vielleicht der Überzeugung, daß die Diskussion völlig vom Thema abgekommen ist. Wie soll er sich in einer solchen Situation verhalten?

Das ist ein schwieriges Problem, das man sehr behutsam angehen sollte – aber angehen muß man es. Im folgenden stelle ich Ihnen ein paar typische Problemsituationen und mögliche Lösungen vor:

Situation	Mögliche Reaktion des Koordinators oder Vorsitzenden
1. Der Referent kommt vom Thema ab.	Er unterbricht den Referenten auf taktvolle Weise und weist ihn auf das Thema der Besprechung oder des Vortrags hin.
2. Die Zuhörer langweilen sich oder werden unruhig.	Er legt eine Pause ein, trägt seine eigenen Ideen vor, schlägt vor, daß die Teilnehmer Arbeitsgruppen bilden, oder sorgt für eine Beschleunigung oder Verlangsamung des Tempos.
3. Einer der Konferenzteilnehmer dominiert, was der Effizienz der Besprechung abträglich ist.	Er schaltet sich ein und löst das Problem (siehe Kapitel 10).
4. Der Referent überschreitet die vorgesehene Zeit.	Er macht den Referenten darauf aufmerksam, daß die Zeit knapp wird (»Wir haben nur noch zwei Minuten Zeit«) oder bricht die Konferenz mit den Worten ab: »Unsere Zeit ist leider abgelaufen, aber unser Referent wird noch hierbleiben, um Fragen zu beantworten.«

Mit diesen Problemen hatten schon viel Koordinatoren oder Vorsitzende zu kämpfen. Solche Situationen sind besonders problematisch, denn der Vorsitzende greift natürlich nicht gern in den Verlauf der Besprechung ein, da er fürchtet, den Referenten und vielleicht auch die Konferenzteilnehmer in Verlegenheit zu bringen oder gar zu verärgern. Doch wenn die Besprechung effizient sein soll, muß der Koordinator die Initiative ergreifen, selbst auf die Gefahr hin, es dem Referenten vielleicht nicht recht zu machen.

Die Beendung der Konferenz

Allgemeine Richtlinien und Anregungen zur Beendung von Besprechungen habe ich bereits in Kapitel 11 gegeben. Wenn der Koordinator oder Vorsitzende nicht gleichzeitig auch Konferenzleiter ist, sind jedoch noch einige zusätzliche Punkte zu beachten:

Der Koordinator sollte sich stets darüber im klaren sein, wie wichtig es ist, die Besprechung pünktlich zu beenden. Referenten überschreiten häufig die vorgeschriebene Zeit, und in diesem Fall muß der Koordinator sehr behutsam und taktvoll vorgehen. Wenn er bereits voraussieht, daß der Referent seinen Vortrag nicht rechtzeitig beenden wird, kann er vorher mit ihm vereinbaren, daß er ihn in irgendeiner Form auf das herannahende Ende der Konferenz aufmerksam machen wird. Wenn er hinten sitzt, kann er zum Beispiel ein großes Schild mit der Aufschrift *»Noch 10 Minuten«* oder *»Noch 5 Minuten«* in die Höhe halten.

Er sollte die Konferenz stets selbst beenden, statt diese Aufgabe dem Referenten zu überlassen. In seinen Schlußworten sollte er sich bei dem Referenten bedanken und dabei so präzise wie möglich auf den Beitrag eingehen, den dieser geleistet hat. Die Dankesworte sollten aufrichtig gemeint sein. Im folgenden einige Beispiele:

Instruktionskonferenz (der Referent war hervorragend)
»Ich möchte Ihnen im Namen unserer Firma für Ihren ausgezeichneten Vortrag danken. Ganz besonders möchte ich Ihr Engagement und Ihr praxisorientiertes Vorgehen hervorheben. Auch die schriftlichen Informationsmaterialien, die Sie verteilt haben, waren hervorragend. Wir hoffen, Sie bald wieder bei uns begrüßen zu können.«

Instruktionskonferenz (trocken, aber informativ)
»Vielen Dank für Ihren Vortrag. Sie haben uns viele interessante Informationen vermittelt, über die wir nachdenken müssen. Wir sind Ihnen dankbar dafür, daß Sie mit Ihrer Zeit und Energie zur Effizienz dieser Besprechung beigetragen haben.«

Ein Vortrag (lebendig und interessant)
»Vielen Dank für Ihren ausgezeichneten Vortrag. Wir freuen uns, daß Sie trotz Ihres übervollen Terminkalenders zu uns gekommen sind. Sie haben uns viele neue Aspekte eröffnet, über die wir im Hinblick auf unsere künftige Arbeit nachdenken müssen. Ich hoffe, Sie bald wieder bei uns begrüßen zu können.«

Ein Vortrag (informativer Inhalt, aber schlechte Vortragsweise)
»Vielen Dank für Ihren Vortrag. Er hat uns viele interessante und wertvolle Informationen vermittelt; und ich weiß, daß Sie in die Vorbereitung viel Zeit investiert haben.«

Die anderen Punkte, die Sie bei der Beendung einer Besprechung beachten müssen, finden Sie in Kapitel 11. Besonders wichtig sind folgende Grundregeln:

1. Fassen Sie die Ziele der Besprechung noch einmal zusammen.

2. Resümieren Sie, was erreicht worden ist.

3. Danken Sie den Konferenzteilnehmern für ihr Kommen.

4. (Falls erforderlich:)

   a) Danken Sie den Teilnehmern für ihren Beitrag zur Konferenz.
   b) Geben Sie ihnen Anweisungen, was nun zu geschehen hat.
   c) Kündigen Sie die nächste Besprechung an.
   d) Lassen Sie die Teilnehmer Bewertungsformulare ausfüllen.
   e) Andere wichtige Ankündigungen.

Aufgaben des Koordinators im Anschluß an die Konferenz

Kapitel 13 enthält ausführliche Anleitungen zur Bewertung einer Konferenz. In den meisten Fällen ist der Koordinator oder Vorsitzende der geschulte Beobachter, der in der Lage ist, die Besprechung hinsichtlich ihrer Effizienz zu bewerten. Er sollte dem Referenten oder Konferenzleiter sein Urteil so präzise und aufrichtig wie möglich mitteilen. Kritik muß man natürlich taktvoll anbringen, um den Referenten oder Konferenzleiter nicht zu kränken. Zur Ergänzung kann man auch noch die Konferenzteilnehmer um ihr Urteil bitten (wie man dabei vorgeht, erfahren Sie in Kapitel 13) und es dem Konferenzleiter mitteilen.

Im allgemeinen empfiehlt es sich, den Konferenzteilnehmern ein Besprechungsprotokoll zukommen zu lassen. Dieses Protokoll macht den Teilnehmern noch einmal klar, was erreicht wurde, und dient gleichzeitig als Gedächtnisstütze. Es kann auch als Information für Mitarbeiter dienen, die nicht an der Besprechung teilgenommen haben oder teilnehmen konnten.

13. Bewertung der Konferenzergebnisse und Verbesserung künftiger Konferenzen

Wenn Sie Ihre Besprechungen künftig effizienter gestalten möchten, müssen Sie sich zunächst einmal überlegen, wie effizient die Konferenz war, die Sie gerade abgehalten haben. Hierzu gibt es drei verschiedene Möglichkeiten:

1. Der Konferenzleiter bewertet die Besprechung selbst.
2. Er läßt sie von einem geschulten Beobachter beurteilen.
3. Er bittet die Konferenzteilnehmer, ihr Urteil abzugeben.

Alle drei Verfahrensweisen können sinnvoll sein. Der Wert einer solchen Beurteilung hängt von der Objektivität des Bewerters und auch von der Effizienz der Formulare und Verfahrensweisen ab, die bei der Bewertung eingesetzt werden. Wir wollen nun näher auf die drei Bewertungsmöglichkeiten eingehen.

Bewertung durch den Konferenzleiter

Der Konferenzleiter muß sich Mühe geben, objektiv zu sein und die Konferenz so zu beurteilen, wie ein Außenstehender es tun würde. Diese Objektivität läßt sich am besten erreichen, indem er ein Formular ausfüllt. Mit Formular A dieses Kapitels (siehe S. 132 f.) läßt sich der »Effizienzquotient« einer Besprechung errechnen. Bei der Berechnung dieses Quotienten wird berücksichtigt, wieviel Zeit gebraucht wurde und inwieweit die Konferenzziele erreicht worden sind.

Mit Hilfe des Formulars B (S. 134 f.), das ich selbst entwickelt habe, kann der Konferenzleiter seinen eigenen Beitrag zur Effizienz der Besprechung bewerten. Hier kommt es darauf an, ob die Teilnehmer zufrieden sind und ob die Konferenzziele innerhalb möglichst kurzer Zeit erreicht wurden.

Das Ausfüllen von Formular B erfordert Konzentration und Objektivität. Wenn man es sofort nach der Konferenz ausfüllt, kann man die Effizienz seiner Konferenzen sehr erhöhen.

Bewertung durch einen geschulten Beobachter

Ein geschulter Beobachter kennt die Kriterien, nach denen man die Effizienz einer Besprechung beurteilt, genau. Er setzt sich ans hinterste Ende des Konferenzzimmers und beobachtet den Ablauf der Konferenz objektiv. Hierbei ist ein Formular als Richtlinie sehr hilfreich.

Wenn der Konferenzleiter lediglich einen Vortrag hält, kann der Beobachter ein verhältnismäßig einfach strukturiertes Formular verwenden (siehe Formular C auf S. 136) und es nachher gemeinsam mit dem Konferenzleiter durchsprechen.

Besteht die Konferenz dagegen nicht nur aus einem einfachen Vortrag, ist das Bewertungsverfahren komplizierter. Die Formulare D und E (siehe S. 137 und 138) sind zum Ausfüllen während und nach der Konferenz gedacht. Außerdem sollte der Beobachter einen Notizblock vor sich liegen haben, auf dem er Kommentare und Verbesserungsvorschläge festhalten kann.

Formular E, das der Beobachter nach der Konferenz ausfüllen sollte, ist identisch mit den Teilen A, B und C des Bewertungsformulars B, das für den Konferenzleiter gedacht ist. Wenn Beobachter und Konferenzleiter diese Formulare unabhängig voneinander ausfüllen, können sie ihre Aufschriebe hinterher vergleichen und besprechen, wie man die Konferenzen künftig verbessern kann.

Manchen Konferenzleitern fällt es nicht leicht, offene, kritische Kommentare von seiten des Beobachters hinzunehmen. Daher müssen beide – Konferenzleiter und Beobachter – sich an gewisse Spielregeln halten:

- Der Konferenzleiter sollte den kritischen Anmerkungen des Beobachters gegenüber offen sein. Er darf sich dadurch nicht in die Defensive gedrängt fühlen. Ihm muß klar sein, daß der Beobachter ihm ja nur dabei *helfen* will, seine Besprechungen künftig effizienter zu gestalten.

- Der Beobachter sollte nicht nur objektiv, sondern gleichzeitig auch taktvoll sein. Er darf nicht nur kritisieren, sondern sollte auch loben. Die meisten Leute lassen sich nicht gern kritisieren, selbst wenn es zu ihrem Besten ist. Der Beobachter sollte sich als eine Art Vertreter betrachten, der seinen Kunden (den Konferenzleiter) von etwas überzeugen möchte. Wenn der »Kunde« ihm seine Verbesserungsvorschläge nicht »abnimmt«, hat er seine Zeit vergeudet und vielleicht auch noch seine Beziehung zum Kunden verschlechtert. Der Beobachter möchte helfen, nicht kritisieren. Dementsprechend sollte er sich verhalten.

Bewertung durch die Konferenzteilnehmer

Auch die Konferenzteilnehmer bringen sehr gute Voraussetzungen zur Beurteilung einer Besprechung mit. Sie können – ebenso wie der Konferenzleiter – vielleicht nicht so objektiv sein wie ein außenstehender Beobachter. Aber sie können dem Konferenzleiter wertvolles Feedback geben, das ihm dabei hilft, seine Besprechungen künftig sinnvoller zu gestalten. Welche Formulare zur Bewertung verwendet werden, hängt von der Art der Besprechung ab. Um aufrichtige, sinnvolle Antworten zu bekommen, muß der Konferenzleiter sich an folgende Grundregeln halten:

1. Er muß sich darüber klarwerden, was für Informationen er braucht (Thema, Konferenzleiter, Besprechungsraum, Programm, Informationsblätter, visuelle Hilfsmittel usw.)

2. Er muß ein Formular vorbereiten, in das die Konferenzteilnehmer ihre Antworten eintragen können.

3. Das Formular muß so konzipiert sein, daß die Antworten tabellarisch angeordnet und in Form von Kreuzen oder Zahlen gegeben werden können. Stellen Sie *keine* offenen Fragen wie: »Wie fanden Sie das Programm?« oder »Was hat Ihnen am besten gefallen?« Denn bei solchen Fragen dauert die Antwort viel länger und läßt sich weniger leicht auswerten.

4. Geben Sie den Konferenzteilnehmern Gelegenheit, auch Kommentare zu ihren Antworten abzugeben, in denen sie ihr Urteil erläutern und Verbesserungsvorschläge machen können. Eine gute Frage nach einem Kommentar wäre z. B.: »Was hätte man tun können, um die Besprechung effizienter zu gestalten?« oder »Was hätte der Konferenzleiter besser machen können?«

5. Sie können nur mit aufrichtigen Antworten rechnen, wenn Sie den Konferenzteilnehmern die Angst nehmen, daß negative Kommentare unangenehme Konsequenzen für sie haben könnten. Am besten ist es daher, wenn die Teilnehmer ihre Namen nicht auf die Bewertungsformulare schreiben müssen und die

Formulare beim Verlassen des Konferenzraums einfach auf einen Tisch legen.

Im folgenden möchte ich an zwei Beispielen demonstrieren, mit Hilfe welcher Formulare und Verfahrensweisen man aufrichtige Kommentare von den Konferenzteilnehmern einholen kann.

Beispiel: Bewertung einer Fortbildungsveranstaltung

Warum ist das Urteil der Konferenzteilnehmer wichtig?
Der Sinn einer solchen Konferenz besteht darin, den Teilnehmern bei der Verbesserung ihres Verhaltens und ihrer Leistungen zu helfen. Das Urteil der Teilnehmer zeigt dem Konferenzleiter, inwieweit es ihm *ihrer Meinung nach* gelungen ist, ihnen zu helfen. Dieses Feedback ist aus mehreren Gründen sehr wichtig:

1. Den Teilnehmern wird dadurch klargemacht, daß der Konferenzleiter sie ernst nimmt und auf ihre Wünsche und Vorschläge eingeht.

2. Der Konferenzleiter kann aus den Kommentaren der Teilnehmer entnehmen, wie befriedigend die Konferenz für sie war – und die Zufriedenheit der Teilnehmer ist ja bekanntlich eine der drei Voraussetzungen für eine effiziente Besprechung. Das Urteil der Teilnehmer über die Konferenz wird ihre künftige Einstellung zu ihrer Arbeit, zur Firma und zu dem gesamten Fortbildungsprogramm prägen. Wenn sie die Konferenz als negativ empfunden haben, werden sie entsprechend demotiviert sein. Das kann dem Fortbildungsprogramm sehr abträglich sein.

3. Das Urteil der Teilnehmer hängt unter Umständen sehr eng damit zusammen, was sie im Lauf der Besprechung gelernt haben. Ist ihre Reaktion positiv, so bedeutet das, daß die Besprechung sie sehr interessiert hat – eine wichtige Voraussetzung für den Lernprozeß. Negative Reaktionen dagegen können auf mangelndes Interesse, Enttäuschung, Unlustgefühle oder Mangel an Respekt gegenüber dem Konferenzleiter oder Referenten hindeuten. Eine solche Einstellung ist dem Lernprozeß abträglich.

4. Die Kommentare der Teilnehmer können Verbesserungsvorschläge enthalten, auf die der Konferenzleiter oder der Beobachter allein nicht gekommen wäre.

Zu welchem Zeitpunkt befragt man die Konferenzteilnehmer nach ihrem Urteil?

Es ist wichtig, die Meinung der Konferenzteilnehmer sofort nach der Besprechung einzuholen. Bitten Sie sie, die Formulare auszufüllen und abzugeben, ehe sie den Konferenzraum verlassen. Auf diese Weise bekommen Sie von allen Teilnehmern Antworten, und gleichzeitig bleibt die Anonymität gewahrt: Sie können nicht feststellen, welche Bewertung von welchem Konferenzteilnehmer stammt. Wenn Sie die Bewertungsformulare erst später einfordern, bekommen Sie mit Sicherheit weniger Antworten, manchmal sogar nur von 20 % der Teilnehmer.

Es kann sein, daß die Konferenzteilnehmer die Besprechung ein paar Tage später, wenn sie ein wenig Abstand dazu gewonnen haben, anders beurteilen würden – besser oder schlechter. Der Konferenzleiter kann die Teilnehmer also durchaus nach ein paar Tagen noch einmal um ihr Urteil bitten. Aber auf die Bewertung sofort nach der Besprechung darf er auf keinen Fall verzichten. Unter Umständen ist es sinnvoll, die sofortigen und die späteren Bewertungen miteinander zu vergleichen.

Wie erreicht man, daß die Konferenzteilnehmer ihr ehrliches Urteil abgeben?

Wenn Sie Ihre Besprechung durch die Konferenzteilnehmer bewerten lassen möchten, sollten Sie auf alle Fälle folgende Richtlinien beachten:

1. Geben Sie genau an, was für Informationen Sie haben möchten.
2. Verwenden Sie ein schriftliches Formular.
3. Konzipieren Sie das Formular so, daß die Antworten in Form von Kreuzen oder Zahlen gegeben und leicht ausgezählt werden können.
4. Bitten Sie die Teilnehmer, ihre Antworten zu kommentieren und Verbesserungsvorschläge zu machen.
5. Die Bewertung sollte anonym sein, damit die Konferenzteilnehmer sich nicht zu scheuen brauchen, ihre ehrliche Meinung zu sagen.

Wenn innerhalb eines Fortbildungsprogramms mehrere Konferenzleiter auftreten (etwa bei einem mehrtägigen Seminar), sollte zusätzlich zu den anderen Formularen auch noch ein Bewertungsformular eingesetzt werden, in dem die Konferenzteilnehmer Gelegenheit haben, das gesamte Programm zu bewerten (Formular G).

Wenn der Konferenzleiter auf eine schriftliche Meinungsäußerung verzichtet, weiß er nie so genau, wie zufrieden die Teilnehmer mit der

Besprechung sind – vor allem, wenn er ihr Vorgesetzter ist. Vielleicht täuschen sie ihre Begeisterung oder Zufriedenheit nur vor; vielleicht sagen sie dem Konferenzleiter sogar, wie gut sie die Besprechung fanden, nur um sich ins rechte Licht zu rücken. Ihren Kollegen dagegen werden sie sagen, daß die Konferenz wieder einmal pure Zeitverschwendung war.

Der Konferenzleiter kann aus den Meinungsäußerungen der Teilnehmer großen Nutzen ziehen, *wenn* fünf Voraussetzungen erfüllt sind:

1. Der Konferenzleiter hat tatsächlich die Absicht, seine Besprechungen künftig effizienter zu gestalten.
2. Der Konferenzleiter möchte, daß die Teilnehmer aufrichtig ihre Meinung sagen.
3. Die Teilnehmer haben keine Angst davor, offen und ehrlich ihre Kritik anzubringen und Verbesserungsvorschläge zu machen.
4. Der Konferenzleiter reagiert positiv auf dieses Feedback, egal, ob es zu seinen Gunsten oder zu seinen Ungunsten ausfällt.
5. Der Konferenzleiter beherzigt einige der Kommentare und Verbesserungsvorschläge bei seinen künftigen Besprechungen.

Beispiel: Bewertung einer Abteilungskonferenz

Wenn der Konferenzleiter eine Abteilungskonferenz bewerten lassen möchte, kann er Formular H verwenden. Eventuell muß er es ein wenig abändern, um es an die speziellen Gegebenheiten seiner Konferenz anzupassen.

Natürlich werden die Konferenzteilnehmer zum Ausfüllen von Formular H einige Zeit brauchen. Lassen Sie ihnen 15 bis 20 Minuten Zeit dazu. Das Formular sollte auch nicht nach jeder Abteilungskonferenz eingesetzt werden, sondern nur gelegentlich. Der Konferenzleiter sollte die Ergebnisse auswerten und gute Verbesserungsvorschläge bei den nächsten Besprechungen beherzigen. Später (vielleicht nach 6 bis 10 weiteren Abteilungskonferenzen) empfiehlt es sich, diesen Test zu wiederholen, um festzustellen, ob die Konferenzen sich nach Meinung der Teilnehmer verbessert haben. Die Teilnehmer werden sehr genau darauf achten, ob der Konferenzleiter ihre Verbesserungsvorschläge berücksichtigt oder nicht.

Wie kann man künftige Konferenzen verbessern?

Wie wir gesehen haben, gibt es drei von einander unabhängige Methoden zur Bewertung einer Konferenz: Entweder, der Konferenzleiter führt die Bewertung selbst unmittelbar nach der Konferenz durch, oder ein geschulter Beobachter bewertet die Besprechung, während sie im Gange ist und danach. Die dritte Möglichkeit besteht darin, die Konferenzteilnehmer nach ihrer Meinung zu fragen.

Welche Methode ist die beste? Alle drei können wertvolle Informationen erbringen. Am empfehlenswertesten ist es, zwei dieser Methoden oder noch besser alle drei miteinander zu kombinieren. Dann haben Sie Informationen aus mehreren Quellen und können sie miteinander vergleichen.

Anfangs sollte jeder Konferenzleiter zumindest versuchen, seine Besprechung selbst zu bewerten. Wenn ein geschulter Beobachter verfügbar ist, kann er ihn zur Ergänzung hinzuziehen – er sollte aber sicher sein, daß die Anwesenheit des Beobachters ihn nicht hemmt, denn das könnte die Effizienz der Besprechung beeinträchtigen. Er kann den Konferenzteilnehmern den Beobachter vorstellen und seine Funktion erklären, muß es aber nicht unbedingt tun.

Alle Fortbildungsveranstaltungen sollten unbedingt von den Konferenzteilnehmern bewertet werden. Dazu können Sie die Formulare F und G verwenden oder entsprechend adaptieren. Trainer und Koordinatoren sollten die Ergebnisse sorgfältig auswerten und entsprechende Konsequenzen daraus ziehen.

Bei der Bewertung von Abteilungskonferenzen durch die Konferenzteilnehmer ist dagegen Vorsicht geboten. Der Konferenzleiter sollte sich nur dann dazu entschließen, wenn er auch wirklich die ehrliche Meinung der Teilnehmer hören möchte und bereit ist, sein Verhalten bei künftigen Konferenzen zu verbessern. Er muß in der Lage sein, auch Kritik von seinen Mitarbeitern zu akzeptieren. Manche Vorgesetzte können das vielleicht nicht; sie werden ihre Konferenzen weiterhin so abhalten, wie sie es seit jeher getan haben, gleichgültig, ob sie effizient sind oder nicht. Doch wer in der Lage ist, Kritik und Verbesserungsvorschläge von seinen Mitarbeitern anzunehmen, der wird reichlich belohnt werden, denn er wird in der Lage sein, seine Konferenzen künftig effizienter zu gestalten, und das wird seine Mitarbeiter motivieren – zumal sie dann das Gefühl haben, durch ihre Verbesserungsvorschläge selbst dazu beigetragen zu haben.

Bei Konferenzen gilt das Sprichwort »Übung macht den Meister« – allerdings nur unter zwei Voraussetzungen:

1. daß der Konferenzleiter die richtigen Techniken übt,
2. daß ihm durch konstruktive Kritik und Verbesserungsvorschläge geholfen wird, seine Leistungen zu verbessern.

Was »die richtigen Techniken« sind, das heißt, wodurch eine Besprechung effizient wird, das habe ich in diesem Buch ausführlich dargelegt. Und wie man seine Konferenzen selbst bewertet oder sie von anderen beurteilen und kritisieren lassen kann, ist in diesem Kapitel beschrieben. Alles weitere hängt von Ihnen ab. Dieses Buch kann aus Ihnen keinen perfekten Konferenzleiter machen, sondern Ihnen nur den Weg zur Verbesserung Ihrer Konferenzen zeigen – denn man kann, wie es so schön heißt, »Hunde nicht zum Jagen tragen«.

FORMULAR A

Errechnung des Effizienzkoeffizienten

	Maximale Punktzahl	Ihre Punktzahl
A. Effiziente Nutzung der Zeit		
(1) Schätzen Sie, wieviel Zeit die Besprechung im Idealfall – das heißt, bei guter Planung und effizientem, zügigem Ablauf – in Anspruch genommen hätte. (Dauer im Idealfall: ______ Minuten)		
(2) Tragen Sie die tatsächliche Dauer der Besprechung ein: (Tatsächliche Dauer: ______ Minuten)		
(3) Dividieren Sie die ideale Dauer (1) durch die tatsächliche Dauer (2). $\frac{\text{Ideale Dauer}}{\text{Tatsächliche Dauer}}$ = ______ % Effizienz.		
(4) Multiplizieren Sie dieses Ergebnis mit 20: ______ × 20. Tragen Sie das Endergebnis rechts ein.	20	
B. Effizienz bei der Erreichung der Konferenzziele		
(1) Tragen Sie die Konferenzziele ein (ein paar Stichworte genügen)		

	Maximale Punktzahl	Ihre Punktzahl
(2) Inwieweit haben Sie diese Ziele erreicht? (%)		
(3) Multiplizieren Sie Ihr Ergebnis mit 30: ______% × 30. Tragen Sie das Endergebnis rechts ein.	30	
C. Meinung der Konferenzteilnehmer		
(1) Lassen Sie jeden Teilnehmer schätzen, wie lange die Konferenz im Idealfall gedauert hätte, und dividieren Sie jeweils die ideale Konferenzdauer durch die tatsächliche Dauer. Addieren Sie die Ergebnisse und ermitteln Sie den Durchschnittswert, indem Sie das Endergebnis durch die Anzahl der Teilnehmer dividieren. Multiplizieren Sie diesen Durchschnittswert mit 20 und tragen Sie das Ergebnis in die rechte Spalte ein.	20	
(2) Lassen Sie jeden Teilnehmer beurteilen, inwieweit seiner Meinung nach die Konferenzziele von den Teilnehmern verstanden und auch erreicht wurden. Addieren Sie diese Zahlen und ermitteln Sie den Durchschnittswert. Dann multiplizieren Sie diesen Prozentwert mit 30 und tragen Sie das Ergebnis in die rechte Spalte ein.	30	
	100	

FORMULAR B

Bewertung durch den Konferenzleiter

A. ZIELE

1. Worin bestanden die Konferenzziele?

2. Sind sie erreicht worden?
   ☐ Ja ☐ Nein ☐ Teilweise

3. Welche Ziele wurden nicht hundertprozentig erreicht?
   Warum nicht? (möglichst präzise Angabe der Gründe)

B. ZEIT

1. Sind die Ziele innerhalb möglichst kurzer Zeit erreicht worden?
   ☐ Ja ☐ Nein ☐ Ich bin mir nicht sicher

2. Wenn nicht, warum nicht? (möglichst präzise Angabe der Gründe)

C. TEILNEHMER

1. Tragen Sie die Namen der Konferenzteilnehmer ein, und kreuzen Sie an, wie zufrieden die Teilnehmer nach der Besprechung Ihrer Meinung nach waren.

Name	Sehr zufrieden	Zufrieden	Unzufrieden	Sehr unzufrieden
1.				
2.				
3.				
4.				

2. Geben Sie bei den Teilnehmern, die Ihnen »unzufrieden« oder »sehr unzufrieden« zu sein schienen, Gründe für die Unzufriedenheit an.

Name	Grund der Unzufriedenheit
1.	
2.	
3.	
4.	

D. Wenn Sie diese Konferenz noch einmal zu halten hätten, was würden Sie genauso machen? Was würden Sie anders machen?

	Genauso	Anders	Bemerkungen
1. Ort			
2. Zeitpunkt			
3. Auswahl der Teilnehmer			
4. Ziele			
5. Anordnung der Möbel und Geräte			
6. Audiovisuelle Hilfsmittel			
7. Tagesordnung			
8. Vorbereitung			
9. Vorankündigungen an die Teilnehmer			
10. Einleitung			
11. Prozentsatz der Beiträge des Konferenzleiters			
12. Prozentsatz der Beiträge der Konferenzteilnehmer			
13. Schluß			

Was würden Sie noch anders machen?

FORMULAR C

Bewertung durch einen geschulten Beobachter

	Was war gut?	Was könnte man verbessern?
Stimme		
Tempo	☐	☐
Stimmhöhe	☐	☐
Deutlichkeit	☐	☐
Betonung	☐	☐
Vortrag		
Guter Blickkontakt	☐	☐
Wirkungsvolle Gestik	☐	☐
Störende Angewohnheiten	☐	☐
Begeisterung	☐	☐
Einsatz von Hilfsmitteln		
Tabellen	☐	☐
Informationsblätter	☐	☐
Andere	☐	☐
Diskussion		
Wurden alle einbezogen?	☐	☐
Ist die Diskussion beim Thema geblieben?	☐	☐
Wurde der Zeitplan eingehalten?	☐	☐
Umgang mit spontaner Diskussion	☐	☐
Umgang mit eingeplanter Diskussion	☐	☐
Anpassung an die speziellen Gegebenheiten		
Wie flexibel war der Konferenzleiter?	☐	☐
Inwieweit ist er auf die Teilnehmer eingegangen?	☐	☐

FORMULAR D

Bewertung durch einen geschulten Beobachter
(während der Besprechung auszufüllen)

	Hervor-ragend	Sehr gut	Gut	Recht gut	Schlecht
A. Äußere Bedingungen 1. Anordnung der Möbel und Geräte					
2. Temperatur					
3. Ruhe					
4. Bequemlichkeit					
5. Lüftung					
B. Einleitung 1. Pünktlicher Beginn					
2. Weckung von Aufmerksamkeit und Interesse					
3. Klare Darlegung der Ziele					
C. Hauptteil 1. Klare Darlegung der Informationen					
2. Verhältnis Vortrag/Diskussion					
3. Audiovisiuelle Hilfsmittel a) Auswahl					
b) Einsatz					
4. Einstellung des Konferenzleiters zur Gruppe					
5. Gelingt es dem Konferenzleiter, das Interesse und die Begeisterung der Gruppe wachzuhalten?					
6. Wie wird der Konferenzleiter mit problematischen Teilnehmern fertig (die zuviel reden, deren Kommentare nicht zum Thema gehören usw.)					
7. Gelegentlich eingestreute Zusammenfassungen?					
8. Wie gut hat der Konferenzleiter die Besprechung unter Kontrolle?					
D. Schluß 1. Zusammenfassung der Ziele der Besprechung und dessen, was erreicht worden ist					
2. Abschließende Bemerkungen (Dank an die Teilnehmer, Aufträge, Ankündigung der nächsten Besprechung usw.)					
3. Pünktliche Beendigung der Konferenz					

Zur Ergänzung sollte der Beobachter im Anschluß an die Besprechung auch noch Formular E ausfüllen:

FORMULAR E

Bewertung
durch einen geschulten Beobachter
(unmittelbar nach der Besprechung auszufüllen)

A. Ziele

1. Worin bestanden die Konferenzziele?

2. Sind sie erreicht worden?
   ☐ Ja ☐ Nein ☐ Teilweise

3. Welche Ziele wurden nicht hundertprozentig erreicht?
   Warum nicht? (möglichst präzise Angabe der Gründe)

B. Zeit

1. Sind die Ziele innerhalb möglichst kurzer Zeit erreicht worden?
   ☐ Ja ☐ Nein ☐ Ich bin mir nicht sicher

2. Wenn nicht, warum nicht? (möglichst präzise Angabe der Gründe)

C. Teilnehmer

1. Tragen Sie die Namen der Konferenzteilnehmer ein, und kreuzen Sie an, wie zufrieden die Teilnehmer nach der Besprechung Ihrer Meinung nach waren.

Name	Sehr zufrieden	Zufrieden	Unzufrieden	Sehr unzufrieden
1.				
2.				
3.				
4.				

2. Geben Sie bei den Teilnehmern, die Ihnen »unzufrieden« oder »sehr unzufrieden« zu sein schienen, Gründe für die Unzufriedenheit an.

Name	Grund der Unzufriedenheit
1.	
2.	

FORMULAR F

Bewertung durch die Konferenzteilnehmer

Bitte sagen Sie uns offen Ihre Meinung. Mit Hilfe Ihrer Bewertung können wir feststellen, ob diese Besprechung effizient war, und künftige Besprechungen gegebenenfalls verbessern.

Konferenzleiter ______________ Thema ______________ Datum ____________

1. Wie wurde Ihrer Meinung nach das Thema behandelt?
   - ☐ Ausgezeichnet KOMMENTARE:
   - ☐ Sehr gut
   - ☐ Gut
   - ☐ Recht gut
   - ☐ Schlecht

2. Wie bewerten Sie die Leistung des Konferenzleiters?
   - ☐ Ausgezeichnet KOMMENTARE:
   - ☐ Sehr gut
   - ☐ Gut
   - ☐ Recht gut
   - ☐ Schlecht

3. Was hat Ihnen diese Besprechung Ihrer Meinung nach gebracht?
   - ☐ Neue Kenntnisse, die für Sie wichtig sind
   - ☐ Spezielle Methoden, Fähigkeiten oder Techniken, die Sie bei Ihrer Arbeit anwenden können
   - ☐ Eine neue Einstellung, die Ihnen bei Ihrer Arbeit helfen wird.

   SONSTIGES:

4. Wie war das Mittagessen?

   ☐ Ausgezeichnet ☐ Sehr gut ☐ Gut ☐ Recht gut
   ☐ Schlecht

5. Wie waren die äußeren Bedingungen (Räumlichkeiten, Sitzgelegenheiten usw.)?

   ☐ Ausgezeichnet ☐ Sehr gut ☐ Gut ☐ Recht gut
   ☐ Schlecht

6. Wie hätte man diese Konferenz verbessern können?

FORMULAR G

Zusammenfassende Bewertung eines mehrtägigen Fortbildungsseminars

Thema des Seminars ______________________ *Datum* __________

1. Wie würden Sie den Wert dieses Seminars als Fortbildungsprogramm beurteilen?
   - ☐ Ausgezeichnet KOMMENTARE:
   - ☐ Sehr gut
   - ☐ Gut
   - ☐ Recht gut
   - ☐ Schlecht

2. Inwieweit wird es Ihnen helfen, künftig effizientere Arbeit zu leisten?
   - ☐ Sehr KOMMENTARE:
   - ☐ Bis zu einem gewissen Grad
   - ☐ Sehr wenig

3. In welcher Hinsicht haben Sie hauptsächlich profitiert? Sie können beliebig viele Antworten ankreuzen.
   - ☐ Das Seminar hat mich in einigen meiner Ideen bestärkt.
   - ☐ Es hat mir neue Ideen und Methoden vermittelt.
   - ☐ Es hat mir gezeigt, was für Probleme andere Unternehmen haben und wie sie sie lösen.
   - ☐ Es hat mir eine gute Gelegenheit gegeben, mich selbst und meine Arbeit objektiv zu betrachten.

   KOMMENTARE:

4. Wie waren die äußeren Bedingungen (Räumlichkeiten, Sitzgelegenheiten usw.)
   - ☐ Ausgezeichnet KOMMENTARE:
   - ☐ Sehr gut
   - ☐ Gut
   - ☐ Recht gut
   - ☐ Schlecht

5. Wie fanden Sie die Mahlzeiten?
   - ☐ Ausgezeichnet KOMMENTARE:
   - ☐ Sehr gut
   - ☐ Gut
   - ☐ Recht gut
   - ☐ Schlecht

6. Würden Sie gern an weiteren ähnlichen Fortbildungsprogrammen teilnehmen?
   - ☐ Ja
   - ☐ Nein
   - ☐ Ich bin mir nicht sicher

7. Weitere Kommentare und Vorschläge:

Unterschrift (freiwillig) ______________________________

FORMULAR H

Bewertung einer Abteilungskonferenz

(am Schluß der Besprechung von den Teilnehmern auszufüllen und beim Hinausgehen abzugeben)

1. *Zeit*
   Hat die Besprechung zum bestmöglichen Zeitpunkt stattgefunden?
   ☐ Ja ☐ Nein ☐ Ich bin mir nicht sicher
   Vorschläge für einen besseren Zeitpunkt:

2. *Ort*
   Wurde die Besprechung am günstigsten Ort abgehalten?
   ☐ Ja ☐ Nein Ich bin mir nicht sicher
   Vorschläge für einen besseren Ort:

3. *Ziele*
   A. Waren Ihnen die Ziele der Besprechung klar?
   ☐ Ja ☐ Nein ☐ Manche ja, manche nicht
   Vorschläge zur besseren Erläuterung der Ziele:

   B. Sind die Ziele erreicht worden?
   ☐ Ja ☐ Nein ☐ Manche ja, manche nicht
   Vorschläge zur besseren Erreichung der Ziele:

4. *Dauer der Besprechung*
   Wie beurteilen Sie die Dauer der Besprechung?
   ☐ Angemessen ☐ Zu lang ☐ Zu kurz
   Verbesserungsvorschläge zur Konferenzdauer:

5. *Vorbereitungsarbeit des Konferenzleiters*
   Wie gut war der Konferenzleiter vorbereitet?
   ☐ Sehr gut ☐ Recht gut ☐ Unvorbereitet
   Kommentare und Vorschläge zur Vorbereitung:

6. *Hat die Einleitung Ihr Interesse geweckt und Sie motiviert?*

☐ Ja ☐ Nein

Wenn nein, warum nicht?

7. *Wie gut ist es dem Konferenzleiter gelungen, Ihr Interesse und Ihre Motivation wachzuhalten?*

☐ Sehr gut ☐ Recht gut ☐ Schlecht

Kommentare und Vorschläge zum Thema Interesse und Motivation:

8. *Wie gut konnten Sie dem Verlauf der Konferenz folgen?*

☐ Kein Problem ☐ Zeitweise konnte ich gut folgen

☐ Ich empfand sie größtenteils als verwirrend

An welchen Stellen empfanden Sie die Konferenz als verwirrend und warum?

9. *Wie fanden Sie den Schluß der Konferenz?*

☐ Ausgezeichnet ☐ Sehr gut ☐ Gut ☐ Recht gut

☐ Schlecht

Wie hätte man ihn verbessern können?

10. *Wie zufrieden sind Sie mit der Besprechung?*

☐ Sehr zufrieden ☐ Zufrieden ☐ Weder zufrieden noch unzufrieden

☐ Unzufrieden ☐ Sehr unzufrieden

Warum?

11. *Inwieweit wurden die Ziele innerhalb kürzester Zeit zur Zufriedenheit aller Teilnehmer erreicht?*

☐ Ausgezeichnet ☐ Sehr gut ☐ Gut ☐ Recht gut

☐ Schlecht

Welchen Vorschlag haben Sie zur Verbesserung künftiger Abteilungskonferenzen?

14. Brainstorming

Es wird allgemein angenommen, daß der Begriff »Brainstorming« auf einen Mann namens Alex Osborne zurückgeht, der diese Methode im Jahr 1938 zum erstenmal einsetzte. Im »Deutschen Wörterbuch« von Brockhaus/Wahrig wird »Brainstorming« als eine »Technik zur Anregung kreativen Denkens in Gruppendiskussionen« definiert, »nach der die Teilneh mer ihre Gedanken zu einem bestimmten Problem spontan äußern und nicht durch Kritik in ihrer Ideenfindung behindert werden dürfen«. Mit anderen Worten: Das Brainstorming ist Bestandteil einer Konferenz zur Problemlösung, wie ich sie in Kapitel 15 noch genauer beschreiben werde.

Laut Osborn besteht der Hauptvorteil des Brainstormings darin, daß eine gut geleitete Brainstorming-Sitzung viel mehr gute Ideen erbringt als eine konventionelle Konferenz – und das auch noch innerhalb sehr kurzer Zeit.

Wie lange ein Brainstorming dauern sollte, wie groß die Gruppe sein und wie sie sich zusammensetzen soll, dafür gibt es keine allgemeingültigen Regeln. Das hängt von vielen verschiedenen Faktoren ab – unter anderem vom Thema, von der zur Verfügung stehenden Zeit und den verfügbaren Mitarbeitern. Osborn schlägt vor, mit einer zwölfköpfigen Gruppe zu arbeiten. Ich würde eher für fünf bis acht Teilnehmer plädieren.

Im folgenden möchte ich Ihnen ein paar allgemeine Grundregeln für die Leitung einer Brainstorming-Sitzung geben:

1. Nicht Qualität, sondern Quantität ist erwünscht. Je mehr Ideen die Teilnehmer vorbringen, um so größer ist die Wahrscheinlichkeit, daß einige brauchbare darunter sind.

2. Die Teilnehmer sollen ihrer Phantasie freien Lauf lassen. Je ausgefallener und »verrückter« die Ideen sind, um so besser. Später kann man sie immer noch auf den Boden der Realität zurückholen.

3. Die Teilnehmer sollen sich gegenseitig anregen. Wem gerade nichts einfällt, der sollte sich die Ideen der anderen aufmerksam anhören und versuchen, irgendwo »einzuhaken«, d. h. die Idee eines anderen Teilnehmers weiterzuentwickeln oder mit einer eigenen zu kombinieren.

4. Die Ideen sollten nicht bewertet oder kritisiert werden. Das geschieht erst später, wenn alle Ideen vorgebracht und schriftlich festgehalten worden sind.

5. Man sollte die Teilnehmer in kleine Gruppen einteilen und die Gruppen miteinander in Wettstreit treten lassen: Forden Sie sie dazu auf, ein bestimmtes Pensum zu erreichen oder zu überschreiten. Dadurch werden sie dazu animiert, auch scheinbar »verrückte«, ausgefallene Ideen vorzubringen.

Dieses Brainstorming-Konzept ist leicht zu verstehen, aber schwer anzuwenden. Den meisten von uns ist schon in der Kindheit beigebracht worden, jede Idee, die wir haben, sofort rational zu bewerten und uns zu fragen, ob sie praktisch oder durchführbar ist und ob unsere Mitmenschen sie auch akzeptieren werden. Viele Ideen behalten wir von vornherein für uns, weil wir bei diesem inneren Bewertungsprozeß zu dem Schluß gekommen sind, daß sie unpraktisch oder für unseren Mitmenschen nicht akzeptabel sind. Wir haben Angst, kritisiert oder gar verspottet zu werden, weil unsere Idee den anderen vielleicht verrückt oder lächerlich erscheint.

Bei einer konventionellen Problemlösungsbesprechung wird jede Idee von den anderen Konferenzteilnehmern sofort bewertet, und im allgemeinen äußern sie ihre Meinung sehr direkt und unumwunden. Wer eine Idee vorbringt, ist häufig gekränkt, wenn ein anderer Konferenzteilnehmer sich abfällig über sie äußert. Häufig entwickelt er sogar eine negative Einstellung gegenüber dem Kritiker und wird künftig auch an dessen Ideen kein gutes Haar lassen, um es ihm heimzuzahlen. Dadurch entsteht eine Konkurrenzsituation, die dem Klima der Besprechung abträglich ist und unter der die Kreativität sehr leidet: Die Teilnehmer neigen dann dazu, ihre Ideen genau zu überdenken, ehe sie sie äußern; und wenn sie das Gefühl haben, daß ihre Ideen Angriffsflächen für Kritik bieten, behalten sie sie lieber für sich.

Dieses Verhaltensmuster ist so tief in uns verwurzelt, daß es uns schwerfällt, uns auf die völlig anderen Gegebenheiten einer Brainstorming-Sitzung einzustellen. Das Brainstorming erfordert eine ganz neue

Einstellung. Der Brainstorming-Teilnehmer *darf* seine Idee unter gar keinen Umständen bewerten, sondern muß sie spontan vorbringen, muß seiner Vorstellungskraft freien Lauf lassen, ohne darüber nachzudenken, ob die anderen seine Idee akzeptieren, ignorieren, kritisieren, »heruntermachen« oder vielleicht sogar belächeln werden. Er darf auch die Ideen der anderen Teilnehmer nicht bewerten. Er muß »laut denken« – und das ist leichter gesagt als getan.

Da es so schwierig ist, sich das automatische sofortige Bewerten von Ideen abzugewöhnen, ist es ratsam, vor dem Brainstorming ein paar »Übungs-Sitzungen« abzuhalten, bei denen fiktive Probleme gelöst werden müssen.

Es folgen nun drei Beispiele solcher »Übungs-Brainstormings«. Es empfiehlt sich, die Gruppe in Untergruppen zu jeweils fünf bis acht Teilnehmern aufzugliedern, das zu lösende Problem auf ein Flip-chart zu schreiben und sie während des Brainstormings vor den Teilnehmern aufzustellen.

Beispiel 1

Aufgabenstellung

Sie vertreiben mehrere verschiedene Zeitungen. Im Lauf des vergangenen Jahres haben sich bei Ihnen 1 000 000 alte Zeitungen angesammelt, die Sie gern an den Mann bringen möchten. Finden Sie möglichst viele Lösungsvorschläge, und wählen Sie am Schluß die besten aus. (Drücken Sie einem der Teilnehmer Bleistift und Papier in die Hand; er soll alle Ideen aufschreiben.) Denken Sie daran: Wenn Ihnen nichts einfällt, hören Sie sich die Ideen der anderen aufmerksam an, und versuchen Sie »einzuhaken«. Um Sie zur Kreativität zu zwingen, gebe ich Ihnen ein Pensum vor: mindestens 25 Ideen innerhalb von 5 Minuten. Das Problem lautet: »Wer könnte alte Zeitungen brauchen, und wozu? Noch Fragen? Nein? Dann fangen Sie an!«

Beispiel 2

Aufgabenstellung

Sie stellen Bleistifte her. Die Bleistifte bestehen aus Blei, Holz, Metall und einem Radiergummi. (Zeigen Sie ein Exemplar vor.) Sie haben festgestellt, daß sie 10 000 000 Bleistifte auf Lager haben, und müssen sich nun Gedanken darüber machen, wie Sie sie verkaufen können. Hier heißt es zunächst einmal kreativ sein: Sie müssen alle Verwendungsmöglichkeiten dieses Bleistifts oder seiner Bestandteile ausschöpfen. Einer von Ihnen soll alle Ideen aufschreiben. Ihr Pensum lautet: 25 Ideen innerhalb von fünf Minuten. Denken Sie daran: Die Ideen dürfen weder bewertet noch kritisiert werden. Versuchen Sie einfach so viele Ideen wie möglich zu haben. Das Problem lautet: »Wozu kann man einen Bleistift oder einen bestimmten Teil eines Bleistifts verwenden? Wenn Sie keine Fragen mehr haben – an die Arbeit!«

Beispiel 3

(besonders sinnvoll, wenn zu der Gruppe auch Frauen gehören)

Aufgabenstellung

Um das Brainstorming zu üben, möchte ich Ihnen eine Aufgabe stellen, die kreatives Denken erfordert. Sie haben fünf Minuten Zeit und sollen innerhalb dieser Zeit mindestens 20 Ideen zusammentragen. Das bedeutet, daß Sie keine Zeit haben, die Ideen zu bewerten oder zu kritisieren. Sie müssen »laut denken«. Einer von Ihnen wird die Ideen aufschreiben. Das Problem lautet: »Wie entferne ich einen Tausendfüßler, der an meiner Schlafzimmerwand entlangkrabbelt?« Achtung – fertig – los!

Feedback

Nehmen wir an, daß die Gruppe aus zwei oder noch mehr Untergruppen besteht. Fragen Sie am Schluß jede Gruppe, wie viele Ideen sie gehabt hat, und schreiben Sie die Ideen auf ein Flip-chart oder an die Tafel. (Sie werden feststellen, daß diese Übung den Konkurrenzgeist anstachelt. Die »Verlierer« – d. h. die Gruppe, die am wenigsten Ideen gehabt hat – möchten unbedingt noch einmal eine Chance bekommen.)

Fragen Sie die Gruppe mit den wenigsten Ideen: »Was für Probleme hatten Sie?« Vermutlich wird sich herausstellen, daß die Teilnehmer den Fehler begangen haben, ihre Ideen zu bewerten. Vielleicht haben sie sich sogar in einer Diskussion über eine bestimmte Idee festgefahren und dadurch Zeit verloren. Anschließend fragen Sie auch die anderen Gruppen nach ihren Problemen. Falls es Probleme gegeben hat, veranstalten Sie gleich noch einmal eine »Brainstorming-Übung«.

Brainstorming kann Spaß machen. Es kann auch produktiv sein. Aber man darf nicht vergessen, daß Brainstorming allein noch keine Probleme löst. Es ist nur der erste Schritt des Problemlösungsprozesses. Im nächsten Kapitel gehe ich ausführlicher auf Konferenzen ein, die der Problemlösung dienen.

Sätze, welche die Kreativität hemmen

Es gibt bestimmte Sätze, die bei einem Brainstorming absolut tabu sein sollten, weil sie sich hemmend auf die Kreativität auswirken. Da wir es gewohnt sind, alle Ideen sofort zu bewerten, neigen wir zu negativen Kommentaren, wenn uns eine Idee nicht gefällt.

Die wichtigsten dieser »Kreativitäts-Killer« sind:

1. »Das funktioniert nicht.«
2. »Das ist nicht unsere Aufgabe.«
3. »Dafür haben wir kein Geld.«
4. »Das können wir nicht ändern – die Firmenpolitik schreibt es nun einmal so vor.«
5. »Dazu haben wir nicht genug Zeit.«
6. »Das steht nicht im Vertrag.«
7. »Das ist zu teuer.«
8. »Das haben wir früher schon einmal versucht.«
9. »Dazu ist es jetzt zu spät.«
10. »Das ist nicht unsere Aufgabe.«
11. »Wir werden später auf diesen Vorschlag zurückkommen.«
12. »Das ist unpraktisch.«
13. »Diese Idee überzeugt mich nicht sonderlich.«
14. »Wir haben unser Budget schon überschritten.«
15. »Das ist zu riskant.«
16. »Wir haben jetzt keine Zeit, uns eingehender mit dieser Idee zu befassen.«
17. »Da macht die oberste Geschäftsleitung garantiert nicht mit.«
18. »Wenn wir das tun, bekommen wir Schwierigkeiten mit der Gewerkschaft.«
19. »Dafür ist jetzt nicht der richtige Zeitpunkt.«
20. »Soweit sind wir noch nicht.«
21. »Wir wollen ein Komitee bilden, das sich mit diesem Thema auseinandersetzt.«
22. »Das paßt nicht in unsere Pläne.«

15. Konferenzen zur Lösung eines Problems

Eine Besprechung, bei der ein Problem gelöst werden soll, stellt den Konferenzleiter wohl vor die schwierigsten Aufgaben. Im Lauf einer solchen Konferenz muß er Informationen vermitteln, Informationen einholen und eventuell auch ein Brainstorming abhalten und spielt mithin mehrere verschiedene Rollen: Er ist Referent, Zuhörer, Katalysator, Vermittler und Konferenzteilnehmer zugleich. Bei solchen Besprechungen kommt es häufig zu Situationen, die sich schwer unter Kontrolle halten lassen.

Vorbereitung

Die Vorbereitung einer Problemkonferenz umfaßt die meisten in Kapitel 6 beschriebenen Punkte. Zusätzlich gibt es einige Vorbereitungsarbeiten, die *nur* bei Problemkonferenzen erforderlich sind. Bei der Planung einer Konferenz zur Vermittlung von Informationen oder eines Fortbildungsseminars beispielsweise besteht die Vorbereitungsarbeit größtenteils im Sammeln und Aufbereiten von Informationen. Bei der Vorbereitung einer Problemkonferenz muß man sich dagegen hauptsächlich darauf konzentrieren, was für Fragen man stellen möchte. Hier ist die Frage das wichtigste Werkzeug des Konferenzleiters. Auch die Reihenfolge, in der die Fragen gestellt werden, ist wichtig und bedarf reiflicher Vorüberlegung.

Um herauszufinden, was für Vorbereitungsarbeiten erforderlich sind, muß man sich zunächst einmal klarmachen, aus welchen Phasen eine Problemkonferenz besteht.

Die Phasen einer Problemkonferenz

Schritt 1: Klare Darlegung des Problems

Ein guter Bekannter von mir hat einmal gesagt: »Wenn man ein Problem klar definiert, ist es schon halb gelöst.« Das ist vielleicht ein bißchen zu optimistisch, aber es ist etwas Wahres daran. Eine effiziente Problemkonferenz muß mit einer klaren Darlegung des Problems beginnen.

Hier sind einige Beispiele für knapp und präzise formulierte Probleme:

Fehlzeiten
Wie können wir die Fehlzeiten bis zum 31. Dezember um 25 % reduzieren?

Fluktuation von Arbeitskräften
Wie können wir die Fluktuation der Sekretärinnen in unserem Haus von bisher 40 % auf 10 % reduzieren?

Qualität
Wie können wir die Ausschußrate bis zum 31. Juli von 5 % auf 4 % reduzieren?

Schriftliche Routinearbeit
Wie können wir den Umfang der schriftlichen Routinearbeit unserer Leute in der Produktion verringern?

Umsatz
Wie können wir 10 % mehr Marktanteile gewinnen?

Finanzen
Wie können wir unsere Kapitalerträge im Geschäftsjahr 1987–88 verdoppeln?

Fortbildung
Wie können wir neue Mitarbeiter so fortbilden, daß sie ihren Aufgabenbereich innerhalb kürzester Zeit beherrschen, effizient arbeiten und sich obendrein auch noch wohl fühlen?

Konferenzen
Wie können wir erreichen, daß bei unseren Produktionskonferenzen künftig weniger Zeit verschwendet wird?

Arbeitsmoral
Wie können wir die Arbeitsmoral unserer Ingenieure verbessern?

Motivation
Wie können wir unsere Büroangestellten dazu bringen, daß sie sich für ihre Arbeit begeistern?

Kommunikation
Wie können wir unsere Kommunikationswege nach unten zu den Produktmanagern verbessern?

All diese Fragen beginnen mit »Wie können wir ...?« Durch diese Formulierung wird den Teilnehmern das Gefühl vermittelt, daß sie einen Beitrag zur Lösung eines Problems leisten sollen. Gleichzeitig wird knapp und präzise gesagt, um was für ein Problem es sich handelt.

Der erste Schritt einer Problemkonferenz besteht also darin, daß der Konferenzleiter sich über das Problem Klarheit verschafft und es präzise formuliert.

Schritt 2: Gründe, warum das Problem gelöst werden muß

In dieser Besprechungsphase muß man die Teilnehmer davon überzeugen, daß die Besprechung notwendig ist und daß der Konferenzort richtig gewählt ist. Man kann die Konferenzteilnehmer auch motivieren, indem man ihnen das Gefühl gibt, daß die Lösung des Problems zu ihrem eigenen Vorteil ist. Zu diesem Zweck muß der Konferenzleiter bei der Vorbereitung Argumente und Informationen sammeln, die die Teilnehmer davon überzugen, daß das Problem unbedingt gelöst werden muß.

Schritt 3: Ursachen des Problems

In dieser Phase sollte der Konferenzleiter die Teilnehmer nach den Ursachen des Problems fragen. Er sollte ebenfalls in der Lage sein, Ursachen zu nennen; das heißt, er muß sich im Rahmen seiner Vorbereitungsarbeit die entsprechenden Informationen verschaffen. Die Frage nach den Ursachen des Problems ist der wichtigste Punkt bei der Vorbereitung.

Schritt 4: Lösungsmöglichkeiten

Der Konferenzleiter sollte bei der Vorbereitung über Lösungsmöglichkeiten nachdenken, um welche parat zu haben, falls von den Teilnehmern keine Vorschläge kommen.

Die Suche nach Lösungen ist wahrscheinlich die interessanteste und befriedigendste Phase der Konferenz. Jetzt ist ein Brainstorming angebracht (siehe Kapitel 14). Der Konferenzleiter sollte diese Besprechungsphase mit folgenden Worten einleiten:

»Wir haben uns soeben Gedanken über die Ursachen des Problems gemacht. Jetzt müssen wir uns überlegen, wie man es lösen könnte. Das wollen wir diesmal auf andere Weise versuchen als bisher. Bisher hat immer einer der Konferenzteilnehmer eine Lösung vorgeschlagen, und die anderen haben sie bewertet und für gut oder schlecht befunden. Dann kam der nächste Vorschlag dran. Aber schließlich sind wir alle nur Menschen. Wenn jemand unsere Ideen nicht gut findet, neigen wir dazu, negativ zu reagieren, gekränkt oder beleidigt zu sein. So können Ressentiments entstehen, und viele gute Einfälle werden gar nicht vorgebracht, weil die Zeit zu kurz ist oder weil wir Angst vor Kritik haben.

Deshalb möchte ich heute mit Ihnen ein Brainstorming veranstalten. Wir wollen all unser Wissen, unsere Kreativität und Energie darauf konzentrieren, möglichst viele Lösungsvorschläge zu sammeln. Zum Schluß werden wir alle Ideen bewerten, miteinander vergleichen und uns darüber einigen, welche die besten sind. Zu diesem Zeitpunkt werden wir wahrscheinlich gar nicht mehr wissen, wer welche Idee vorgebracht hat, weil es so viele waren.«

Erläutern Sie den Teilnehmern die Grundregeln des Brainstormings und schreiben Sie sie in ein paar Stichworten auf ein Flip-chart:

1. Es kommt nicht auf Qualität, sondern auf Quantität an. Wir wollen möglichst viele Lösungsmöglichkeiten finden. Auf diese Weise gehen wir sicher, daß keine Möglichkeit unberücksichtigt bleibt. Und einige der Ideen werden auf jeden Fall verwertbar sein.

2. Lassen Sie Ihrer Phantasie freien Lauf. Machen Sie sich keine Gedanken darüber, ob Ihre Idee undurchführbar, verrückt oder gar lächerlich ist. Überlegen Sie auch nicht, wie lange die Durchführung Ihrer Idee dauern oder wieviel sie kosten würde; denken Sie nicht darüber nach, ob es schon einmal jemand damit versucht hat und ob sie sich mit unserer Firmenpolitik vereinbaren läßt oder nicht. Diese Überlegungen sind erst in der nächsten Phase unserer Besprechung am Platz.

3. Hören Sie sich die Ideen der anderen aufmerksam an. Vielleicht bringen diese Ideen Sie auf eigene Einfälle. Beim Brainstorming regen die Teilnehmer sich gegenseitig an, greifen die Ideen der anderen auf und wandeln sie ab oder führen sie weiter.

4. Bewertung oder Kritik ist nicht erlaubt. Wenn jemand einen Lösungsvorschlag vorbringt, versuchen Sie nicht, ihn zu beurteilen.

Konzentrieren Sie sich nur auf die Lösungsmöglichkeiten, nicht auf deren Zweckmäßigkeit oder Durchführbarkeit.

Die Devise lautet: *»Laut denken.«*

Der Konferenzleiter muß darauf achten, daß die Teilnehmer nicht in den Fehler verfallen, die Ideen der anderen zu bewerten und zu kritisieren; denn diese Denkweise ist den meisten Menschen von Kindheit an beigebracht worden.

Schritt 5: Auswahl der besten Lösung

Nun ist der richtige Zeitpunkt zum Bewerten und Kritisieren der Ideen gekommen. Man kann die Lösungsvorschläge mit Hilfe folgender Kriterien bewerten:

1. Wird das Problem dadurch gelöst? (Manche Lösungsvorschläge gehen am Problem vorbei.)
2. Ist sie für das Budget tragbar? (Manche Lösungen sind vielleicht zu kostspielig.)
3. Wieviel Zeit würde die Durchführung der Lösung in Anspruch nehmen? (Versuchen Sie ein Zeitlimit festzusetzen, so daß bestimmte Lösungen von vornherein ausscheiden, weil sie zu zeitaufwendig wären.)
4. Ist die Lösung mit der Firmenpolitik vereinbar? (Dieses Kriterium ist vielleicht nicht so entscheidend, denn wenn der Lösungsvorschlag gut ist, kann man auch einmal eine Ausnahme machen, selbst wenn er nicht zur Firmenpolitik paßt.)
5. Ist eine effiziente Durchführung der Lösung möglich? (Wenn die Leute, die für die Durchführung zuständig sind, die Lösung nicht akzeptieren, muß sie unter Umständen abgeändert oder völlig aufgegeben werden.)

Mit Hilfe dieser Kriterien kann man die Lösungsmöglichkeiten in drei Kategorien einteilen:

1. Gute Lösungen
2. Durchführbare Lösungen
3. Ausscheidende Lösungen

Als nächstes unterzieht man die durchführbaren Lösungen einer eingehenderen Untersuchung und versucht sie entweder in die erste oder in die letzte Kategorie einzuordnen.

Der nächste (und schwierigste) Schritt besteht darin, sich auf die beste Lösung zu einigen. Häufig ist die beste Lösung eine Kombination aus mehreren Lösungsvorschlägen. Man kann sich auch darauf einigen, nacheinander mehrere Alternativen auszuprobieren: Zuerst versucht man es mit »Lösung A«; wenn sie sich nicht bewährt, kommt »Lösung B« an die Reihe.

Schritt 6: Durchführung der Lösung

Diese letzte Phase der Problemkonferenz ist sehr wichtig. Es sind schon viele gute Lösungen daran gescheitert, daß ihre Durchführung nicht hinreichend durchdacht und geplant wurde. Der Konferenzleiter sollte die Teilnehmer fragen: »Wie können wir die Lösung durchführen?« Diese Frage kann der Anstoß zu einer weiteren Problemkonferenz sein. Vielleicht muß noch einmal ein Brainstorming mit anschließender Bewertung der Ideen stattfinden.

Sobald man sich auf eine Lösung geeinigt hat, muß der Konferenzleiter vielleicht einem oder mehreren Mitgliedern Aufträge erteilen. Es ist sehr wichtig, in der Gruppe ausführlich über die Durchführung der Lösung zu diskutieren und einen Konsens zu erzielen, damit dann später bei der Durchführung auch alle Mitarbeiter »an einem Strang ziehen«.

Wie motiviert man die Gruppe zur Beteiligung an der Lösung des Problems?

Natürlich ist eine Konferenz, die der Lösung eines Problems dient, nur dann effizient, wenn sich alle Teilnehmer an der Diskussion beteiligen. Das kann man mit Hilfe folgender Methoden erreichen:

1. Wählen Sie die richtigen Leute aus: solche, die wichtige Beiträge zur Lösung des Problems leisten können, und (auch) solche, die eine bedeutende Rolle bei der Durchführung der Lösung spielen werden. Die Gruppe sollte etwa vier bis acht Teilnehmer umfassen.

2. Wählen Sie den richtigen Zeitpunkt. Achten Sie darauf, daß er für alle Konferenzteilnehmer günstig ist und daß sie nicht durch an-

dere Verpflichtungen abgelenkt sind, damit sie sich voll und ganz auf das Problem konzentrieren können.

3. Wählen Sie die geeigneten Räumlichkeiten. Die Möbel sollten so angeordnet sein, wie es für eine Diskussion sinnvoll ist (z. B. rund um einen Tisch angeordnete Stühle). Sorgen Sie dafür, daß alle erforderlichen Hilfsmittel und Geräte bereitstehen.

4. Achten Sie darauf, Ihre Fragen klar und präzise zu formulieren. Schreiben Sie sie an die Tafel oder auf ein Flip-chart.

5. Geben Sie den Konferenzteilnehmern das Gefühl, daß ihre Beiträge wichtig sind. Fragen Sie sie nach ihren Ideen und hören Sie aufmerksam zu; seien Sie ihren Ideen gegenüber aufgeschlossen, selbst wenn sie sich von Ihren eigenen Vorstellungen unterscheiden; heben Sie gute Beiträge durch anerkennende Worte hervor.

6. Schaffen Sie eine Atmosphäre, die die Gruppe zur Beteiligung ermuntert. Sie dürfen niemals einen Konferenzteilnehmer in Verlegenheit bringen oder gar verspotten und auch nicht dominieren.

Wie behält man die Diskussion unter Kontrolle?

Bei einer Besprechung, die der Lösung eines Problems dient, fällt es dem Konferenzleiter in der Regel nicht schwer, die Teilnehmer zu Beiträgen zu motivieren. Meist ist es viel schwieriger, die Diskussion unter Kontrolle zu behalten. Wie ich bereits in Kapitel 10 gesagt habe, ist es am besten, von vornherein dafür zu sorgen, daß die Besprechung erst gar nicht außer Kontrolle gerät. Das erreicht man am besten, indem man alle Phasen der Besprechung genau vorbereitet und auch die Fragen, die man stellen möchte, schon genau vorformuliert. Doch selbst dann wird die Diskussion vielleicht hin und wieder außer Kontrolle geraten. Zum Beispiel könnte zwischen einigen Teilnehmern ein hitziges Streitgespräch darüber entstehen, welches die beste Lösung ist oder wie man sie am besten durchführt.

Wie man mit einer solchen Situation fertig wird, können Sie in Kapitel 10 nachlesen. Häufig ist es jedoch so, daß die Teilnehmer übereifrig sind und dem Konferenzleiter vorgreifen; oft schlagen sie bereits Lösungen vor, wenn der Konferenzleiter noch dabei ist, die Ursachen des Problems zu erörtern. Das ist aber kein schwerwiegendes Problem, denn im allgemeinen ist es für den Konferenzleiter nicht schwierig, die Diskussion wieder in die richtigen Bahnen zu leiten, ohne einen der Teilnehmer in Verlegenheit zu bringen. Er kann zum Beispiel lächelnd sagen:

»Ich sehe schon, Sie können es gar nicht mehr erwarten, das Problem zu lösen. Aber wir müssen uns zunächst noch ein wenig mit den *Ursachen* des Problems befassen. Wir werden in ein paar Minuten auf Ihren Vorschlag zurückkommen.«

Eine solche Situation kann der Konferenzleiter übrigens sehr leicht verhindern, indem er gleich *zu Beginn der Besprechung* alle Schritte der Besprechung in ein paar Stichworten an die Tafel oder auf ein Flip-chart schreibt und sie während der ganzen Konferenz dort stehenläßt. Dieser Anschrieb dient als Gedächtnisstütze: Die Teilnehmer wissen dann immer genau, in welcher Besprechungsphase sie sich gerade befinden und was als nächstes kommt.

Fast alle Konferenzen, die der Lösung eines Problems dienen, kann man so aufbauen:

1. Klare Darlegung des Problems
2. Gründe, warum das Problem gelöst werden muß
3. Ursachen des Problems
4. Lösungsmöglichkeiten
5. Auswahl der besten Lösung
6. Durchführung der Lösung

Es gibt auch noch eine andere gute Methode zur Problemlösung in Gruppen: Die Teilnehmer denken zunächst schweigend und unabhängig voneinander über das Problem nach und halten ihre Ideen schriftlich fest. Als nächstes tragen sie der Reihe nach jeweils eine ihrer Ideen vor. Die Ideen werden nicht diskutiert, sondern nur in einem kurzen Satz zusammengefaßt und an die Tafel oder das Flip-chart geschrieben. Sobald alle Ideen vorgetragen und schriftlich festgehalten sind, wird über sie diskutiert; sie werden erläutert und bewertet. Die Besprechung endet mit einer anonymen Abstimmung. Das Ergebnis dieser Abstimmung ist der »Gruppenbeschluß«.

Bei dieser Art der Problemlösung werden die Tische in U-Form arrangiert; am offenen Ende des Us wird ein Flip-chart aufgestellt. Zwischen den Tischen muß genügend Zwischenraum sein, damit die Teilnehmer sich nicht gegenseitig stören oder beeinflussen.

Dieses Verfahren hat zahlreiche Vorteile: Die Konferenzteilnehmer haben genügend Zeit zum Nachdenken und werden nicht durch die anderen in ihren Gedankengängen unterbrochen. Man vermeidet auf diese Weise auch den Fehler, sich vorzeitig auf einzelne Ideen zu konzentrieren; es werden erst einmal alle Ideen gesammelt. Da die Ideen schriftlich entwickelt und dann der Reihe nach vorgetragen werden, können höhergestellte oder besonders geltungsbedürftige Konferenzteilnehmer nicht dominieren. Die Teilnehmer sind gezwungen, sich auf das Problem zu konzentrieren, und haben keine Möglichkeit, vom Thema abzuschweifen. Da die Endabstimmung anonym ist, hat jeder die Möglichkeit, seine ehrliche Meinung zum Ausdruck zu bringen, ohne Druck von den anderen Konferenzteilnehmern befürchten zu müssen.

16. Managementtrainings- und Fortbildungsprogramme

Die meisten in diesem Buch beschriebenen Methoden und Richtlinien gelten für alle Konferenztypen, auch für firmeninterne Fortbildungsprogramme. Wer für die Planung und Koordination solcher Programme zuständig ist, für den sind vor allem die Hinweise in Kapitel 12 (»Die effiziente Koordination von Konferenzen«) wichtig.

In Kapitel 5 («Die Rolle des Konferenzleiters«) habe ich darauf hingewiesen, daß bei einer Fortbildungsveranstaltung das Verhältnis zwischen den Beiträgen des Konferenzleiters und den Beiträgen der Teilnehmer etwa 50:50 sein sollte. Das bedeutet, daß der Konferenzleiter wissen muß, wie er die Gruppe zur Beteiligung am Gespräch motivieren kann. Hierzu gibt es sehr viele gute Methoden. Die gebräuchlichsten und sinnvollsten möchte ich in diesem Kapitel erläutern.

Die Teilnehmer

Ehe ich Unterrichtsmethoden und -techniken beschreibe, möchte ich zunächst einmal kurz auf die Größe und Zusammensetzung der Gruppe eingehen, da diese beiden Faktoren sich entscheidend auf ihre aktive Beteiligung auswirken. Bei einer großen Gruppe muß die Anzahl der Beiträge, die von den Konferenzteilnehmern kommen, notwendigerweise begrenzt sein. Auch wenn die Konferenzteilnehmer relativ unerfahren sind, ist ihre Möglichkeit, Beiträge zu leisten, begrenzt. Daher muß der Konferenzleiter sich vor der Fortbildungsveranstaltung genau überlegen, wie groß die Gruppe sein und aus welchen Teilnehmern sie sich zusammensetzen soll. Erst dann kann er sich Gedanken über die Unterrichtsmethoden machen.

Allgemein gilt die Regel, daß an einer Fortbildungsveranstaltungen auf keinen Fall mehr als 30 Personen teilnehmen sollten. Bei vielen Unternehmen sind sogar nur maximal 20 Teilnehmer zugelassen. Die ideale Teilnehmerzahl hängt von verschiedenen Faktoren ab: Ziel des Fortbildungsprogramms, Größe des Raums, Fähigkeiten und Geschick des Trainers.

Was die Zusammensetzung der Gruppe anbelangt, so gilt als Grundregel, daß alle Teilnehmer auf derselben Ebene der Firmenhierarchie stehen sollten. In letzter Zeit haben einige Firmen bewußt Vertreter verschiedener Hierarchieebenen zu ihren Fortbildungsveranstaltungen eingeladen. Doch oft hemmt die Anwesenheit höhergestellter Manager die anderen Teilnehmer; sie wagen es nicht, sich so ungehemmt zu äußern, wie sie es sonst täten, und dadurch wird der Lernprozeß natürlich beeinträchtigt. In einem solchen Fall ist es besser, die Fortbildungsveranstaltung auf eine einzige Ebene der Firmenhierarchie zu beschränken. Es kann aber auch sein, daß die Anwesenheit von Führungskräften die Angehörigen des unteren und mittleren Managements dazu motiviert, sich stärker zu beteiligen und zu profilieren, und sich somit positiv auf den Lernprozeß auswirkt. In diesem Fall kann man die Gruppe ruhig aus Vertretern mehrerer Managementebenen zusammensetzen.

Bei der Zusammensetzung der Gruppe ist auch zu berücksichtigen, ob alle an der Fortbildungsveranstaltung teilnehmen sollen oder nur diejenigen, für die das Thema wichtig ist. Nicht immer werden in einer Firma diejenigen Mitarbeiter ausgewählt, die die Fortbildung am nötigsten brauchen. Die Firmen laden lieber alle Mitarbeiter dazu ein, um niemanden zu übergehen. Manchmal tut sie das auch deshalb, weil die besseren Mitarbeiter den anderen dann helfen können.

Unterrichtsmethoden

Bei der Auswahl der Unterrichtsmethoden sollte man daran denken, daß die Fortbildungsveranstaltung nicht nur lehrreich sein, sondern den Teilnehmern auch Spaß machen soll. Das wichtigste Kriterium bei der Wahl der Unterrichtsmethode ist natürlich die Frage: Trägt diese Methode zur Erreichung der Ziele bei? Meist gibt es mehrere verschiedene Methoden, mit denen sich die Ziele erreichen lassen. Einige bereiten den Teilnehmern mehr Freude, andere weniger. Wählen Sie auf alle Fälle die Methoden, mit deren Hilfe die Fortbildungsveranstaltung sich interessant und vergnüglich gestalten läßt. Wenn den Teilnehmern die Schulung Spaß macht, sind sie in der Regel aufmerksamer und konzentrierter und lernen dadurch auch mehr. In diesem Kapitel möchte ich auf einige Unterrichtsmethoden eingehen, mit denen man ein Fortbildungsprogramm sowohl effizient als auch interessant gestalten kann.

Gesteuerte Diskussion

Diese Technik wird bei Fortbildungsprogrammen häufig eingesetzt. Die Teilnehmer diskutieren miteinander; die Diskussion wird jedoch vom Konferenzleiter gelenkt und in die gewünschte Richtung gesteuert. Diese Methode kann sehr effizient sein, wenn die Teilnehmer auf dem Gebiet, um das es geht, schon eine gewisse Erfahrung haben und daher interessante Ideen zur Diskussion beisteuern können.

Es gibt zwei Möglichkeiten: Meistens konfrontiert der Konferenzleiter die Gruppe mit einer bestimmten Frage oder einem bestimmten Problem, und es entspinnt sich eine Diskussion. Man kann die Gruppe aber auch in kleinere Arbeitsgruppen unterteilen, die dann untereinander diskutieren. Das hat den Vorteil, daß die einzelnen Teilnehmer mehr Gelegenheit haben, ihre Ideen vorzubringen. Jeder Gruppe wird ein Thema oder ein Problem vorgegeben, das diskutiert bzw. gelöst werden soll. Häufig handelt es sich um eine Fallstudie. Der Konferenzleiter kann entweder jeder Gruppe ein anderes oder allen Gruppen dasselbe Thema stellen.

Solche Arbeitsgruppen sind nur dann sinnvoll, wenn der Konferenzleiter folgende Verhaltensmaßregeln beachtet:

1. Ehe das Thema gestellt wird, sollte für jede Arbeitsgruppe ein Vorsitzender gewählt werden. Hierbei gibt es verschiedene Möglichkeiten. Die Gruppe kann ihren Vorsitzenden selbst wählen, oder er wird nach irgendeinem anderen Kriterium ausgewählt. Es sind auch ungewöhnliche oder lustige Kriterien erlaubt, denn dadurch wird die Konferenz aufgelockerter und abwechslungsreicher, z. B.: Vorsitzender wird der Teilnehmer, der am farbenfreudigsten gekleidet ist, derjenige mit den größten Schuhen, derjenige, der am längsten (oder kürzesten) bei der Firma arbeitet usw.

2. Der Vorsitzende muß
   a) alle Teilnehmer zu Beiträgen motivieren
   b) eigene Ideen zur Diskussion beisteuern
   c) die Diskussion steuern
   d) das gesetzte Ziel erreichen

3. Der Vorsitzende sollte ein Mitglied der Gruppe zu seinem »Sekretär« ernennen, der mitschreibt.

4. Die Gruppen müssen klare Anweisungen erhalten: Sie sollten genau wissen,
   a) worin ihre Aufgabe besteht
   b) wieviel Zeit ihnen zur Verfügung steht
   c) was im Anschluß an die Gruppenarbeit zu geschehen hat (Vortrag und Besprechung der Ergebnisse usw.)
   Das ist die wichtigste Voraussetzung. Es darf keine Unklarheiten geben; die Arbeitsgruppen müssen genau wissen, was sie zu tun haben.

Es gibt viele Aufgaben, die sich für Gruppenarbeit eignen. Sehr gut eignen sich Fallstudien; ich werde Ihnen auf den nächsten Seiten einige Fallstudienbeispiele vorstellen. Man kann die Arbeitsgruppen schriftliche Fallstudien bearbeiten lassen; noch origineller ist es, ihnen einen Vortrag zu halten oder einen Film zu zeigen. Vorher erhalten sie eine spezielle Aufgabe, die sich auf diesen Vortrag oder Film bezieht. Das könnte zum Beispiel so aussehen:

Arbeitsgruppe 1: Worin bestand die wichtigste Aussage des Vortrags/Films?

Arbeitsgruppe 2: Mit welchen Aussagen des Vortrags/Films waren Sie nicht einverstanden?

Arbeitsgruppe 3: Welcher Punkt hätte Ihrer Meinung nach ausführlicher behandelt oder genauer erläutert werden sollen?

Arbeitsgruppe 4: Welche Aspekte hätten Ihrer Meinung nach noch in den Film/Vortrag hineingehört?

So lassen sich die verschiedenen Aspekte eines Films oder Vortrags gut analysieren und aufbereiten. Außerdem werden die Teilnehmer dadurch zum aufmerksamen Zuhören motiviert.

Filme und Videokassetten

Der Hauptzweck eines Films oder einer Videokassette besteht darin, den Teilnehmern Informationen zu vermitteln, die zur Erreichung des Seminarziels beitragen. Durch visuelle Hilfsmittel wird der Unterricht häufig effizienter und interessanter und macht auch mehr Spaß, als wenn das Wissen mit Hilfe eines trockenen Vortrags oder einer Diskussion erarbeitet wird. Man darf jedoch nicht vergessen, daß es sich hierbei um *Unterrichts*hilfen handelt; sie sollten also nicht nur um der Abwechslung willen eingesetzt werden.

Die 16-mm-Filme und Videokassetten, die im Handel oder bei Verleihen erhältlich sind, lassen sich in zwei Kategorien einteilen: 1) Aufzeichnung eines Vortrags oder einer Präsentation; 2) Fallstudie. Bei den Fallstudien werden in der Regel von Schauspielern bestimmte Situationen dargestellt, die als Diskussionsanlaß dienen sollen.

Der Konferenzleiter sollte sich den Film stets ansehen, ehe er ihn der Gruppe vorführt. Häufig liegt solchen Filmen Informationsmaterial bei, aus dem der Leiter entnehmen kann, wie man die Filme möglichst sinnvoll einsetzt. Je sorgfältiger der Konferenzleiter sich vorbereitet, um so mehr profitieren die Teilnehmer von dem Film. Er sollte sich zum Beispiel ein paar einführende Worte zurechtlegen, die den Zusammenhang zwischen dem Inhalt des Films und dem Thema der Besprechung erläutern. Er sollte auch eine Diskussion oder irgendeine andere Auswertung des Films einplanen. Wenn der Film eine Fallstudie enthält, kann der Konferenzleiter den Film unterbrechen, über diese Studie diskutieren und dann den Rest vorführen.

Fallstudien

Unter einer »Fallstudie« kann man verschiedene Dinge verstehen. Manche Leute verstehen darunter eine fünf bis zehn Seiten lange, ausführliche Beschreibung einer Situation aus der Industrie- oder Geschäftswelt. Um sich mit einer solchen Studie auseinandersetzen zu können, müßten die Teilnehmer sich vorher sehr viele Informationen aneignen, und die Diskussion und Auswertung würde auch sehr lange dauern. Eine andere Möglichkeit besteht darin, eine kurze Fallstudie (nicht länger als eine Seite) zu finden oder selbst zu verfassen, in der eine bestimmte Situation geschildert wird, deren Diskussion für die Gruppe wichtig ist. Es gibt schriftliche Fallstudien und Studien in Form eines Films. Fallstudien in filmischer Darstellung sind in der Regel effizienter als schriftliche, weil man die Situation dann vor Augen hat und sich daher besser in sie hineinfühlen kann.

Ich habe vier Fallstudien entwickelt, die man bei einer Fortbildungsveranstaltung zum Thema »Durchführung von Veränderungen« gut verwenden könnte:

1. Die neuen Geräte

Sie sind Vorarbeiter einer Maschinenwerkstatt.

Um die Kosten zu senken und konkurrenzfähig zu bleiben, müssen einige Arbeitsgänge in Ihrer Abteilung, die bisher noch von Hand erledigt werden, künftig maschinell durchgeführt werden. Dazu müssen bestimmte Geräte angeschafft werden. Sie haben sich schon etliche Maschinen angesehen und zwei davon in engere Wahl gezogen. Eine endgültige Entscheidung haben Sie noch nicht getroffen.

Zur Zeit sind in Ihrer Abteilung 15 Aushilfskräfte beschäftigt. Sobald Sie die neuen Geräte in Betrieb genommen haben, werden Sie nur noch sieben Mitarbeiter brauchen. Die neuen Geräte werden voraussichtlich in ungefähr einem halben Jahr installiert werden.

Für die acht Mitarbeiter, die Sie dann nicht mehr brauchen, werden Sie andere Arbeitsplätze innerhalb Ihres Betriebs suchen.

2. Die neue Methode

Sie sind verantwortlich für eine Abteilung, in der kleine Radios zusammenmontiert werden.

Das Montageband hat sechs Stationen; an jeder Station wird ein Arbeitsgang ausgeführt.

Sie sind zu dem Schluß gekommen, daß man die Arbeit interessanter und befriedigender für die Mitarbeiter gestalten könnte, wenn in Zukunft jeder Arbeiter das ganze Radio und nicht nur einen Teil davon zusammenmontiert. Sie haben auch das Gefühl, daß es Ihre Mitarbeiter zu gesteigerter Produktivität anspornen könnte, wenn sie an der Entstehung des gesamten Produkts beteiligt sind.

Daher sollen künftig alle Arbeiter die ganzen Radios zusammenmontieren, statt nur einen einzigen Arbeitsgang auszuführen. Auf jedes Radio soll eine Nummer geklebt werden, an der man erkennen kann, welcher Arbeiter es zusammengebaut hat.

3. Die neue Regelung

Sie sind Vorarbeiter einer Maschinenwerkstatt.

Ihre Arbeiter brauchen verschieden lange Zeit, um sich gegen Ende ihrer Schicht zu waschen und zum Heimgehen bereit zu machen. Bei manchen dauert es bis zu einer halben Stunde, bei anderen nur fünf Minuten. Bisher gab es bei Ihnen keine bestimmte Regelung, wieviel Zeit den Arbeitern zum Waschen und Umkleiden zur Verfügung gestellt werden soll. Sie haben noch nie jemandem gesagt, daß er beim Waschen zu lange braucht.

Um die Produktivität Ihrer Werkstatt zu erhöhen, haben Sie sich gemeinsam mit der obersten Betriebsleitung auf eine neue Regelung geeinigt: Die Arbeiter dürfen künftig erst zehn Minuten vor Ende der Schicht mit der Arbeit aufhören, um sich zu waschen.

4. Die Produktion mit Verlust

Sie leiten eine Montageabteilung.

Sie haben einen Auftrag über ein neues Produkt erhalten und einen Preis angegeben, der auf der Annahme basierte, Ihre Mitarbeiter könnten 130 Produktionseinheiten pro Tag zusammenmontieren. Wenn Ihr Preis höher gewesen wäre, hätten Sie den Zuschlag nicht bekommen. Außerdem hatten Ihre Ingenieure und die Produktionsleitung sich darauf geeinigt, daß es möglich sei, soviel pro Tag zu produzieren. Sie wurden nicht gefragt, ob Ihre Leute dazu auch wirklich in der Lage sind.

Sie haben einen langfristigen Vertrag abgeschlossen und produzieren momentan mit Verlust. Sie können den Preis, auf den Sie sich mit dem Kunden geeinigt haben, nicht ändern; also müssen Sie die Produktionsleistung Ihrer Mitarbeiter erhöhen.

Teilen Sie Ihre Gruppe in vier Untergruppen ein. Jede Untergruppe soll einen der vier Fälle lösen. Entweder Sie fragen die Teilnehmer, welcher Fall sie am meisten interessiert, und teilen die Gruppen dementsprechend ein; oder Sie teilen einfach jeder Gruppe willkürlich eine Aufgabe zu. Dann erhalten die Gruppen folgende Anweisungen:

1. Jede Gruppe wählt einen Vorsitzenden, der die Diskussion leiten soll. Er ist dafür verantwortlich, daß die Arbeitsgruppe ihr Ziel erreicht.

2. Jede Gruppe ernennt einen Sekretär, der die wichtigsten Punkte der Diskussion in Stichworten mitschreibt.

3. Sie haben folgende Ziele:
   a) darüber zu diskutieren, wie die Mitarbeiter Ihrer Abteilung auf die in der Fallstudie beschriebenen Veränderungen reagieren würden
   b) zu überlegen, wie Sie die Mitarbeiter Ihrer Abteilung über die geplante Veränderung informieren würden

c) darüber nachzudenken, wie Sie dafür sorgen würden, daß diese Veränderungen effizient durchgeführt werden
d) über alle drei Fragen eine Einigung innerhalb der Gruppe zu erzielen.

Diese Methode läßt sich leicht auf eine bestimmte Situation innerhalb Ihrer Firma anwenden. Erfinden Sie zu der betreffenden Situation einen Fall oder mehrere Fälle, und geben Sie jeder Gruppe 30 bis 45 Minuten Zeit, diesen Fall zu analysieren. Später berichten die Vorsitzenden – oder andere Mitglieder der Arbeitsgruppen – über ihre Ergebnisse, und man diskutiert im Plenum darüber. Der Konferenzleiter spielt dabei eine wichtige Rolle: Er muß kommentieren und ergänzende Informationen liefern.

Rollenspiele

Das Rollenspiel ist eine spezielle Fortbildungstechnik, bei der ein oder mehrere Teilnehmer eine bestimmte ihnen zugewiesene »Rolle« spielen. Bei der oben beschriebenen Fallstudie »Die neue Regelung« könnte zum Beispiel ein Mitglied der Gruppe den Vorarbeiter spielen, und der Konferenzleiter kann die Rolle eines Arbeiters übernehmen, der findet, daß zehn Minuten zum Waschen und Umziehen nicht ausreichen. Der Vorarbeiter diskutiert dann mit diesem Arbeiter, und die anderen Teilnehmer hören zu und diskutieren nachher über das Gespräch.

Es gibt auch Rollenspiele, an denen die ganze Gruppe teilnimmt. Sie wird in zwei »Parteien« eingeteilt: Die eine Hälfte übernimmt die Rolle des Vorarbeiters, die andere Hälfte die des unzufriedenen Arbeiters, und alle diskutieren miteinander. Anschließend wird die Situation sowohl vom Standpunkt des Vorarbeiters als auch vom Standpunkt des Arbeiters aus analysiert. Anschließend kann man das Rollenspiel noch einmal wiederholen, diesmal mit vertauschten Rollen: Diejenigen, die vorher die Rolle des Vorarbeiters übernommen hatten, spielen jetzt den unzufriedenen Arbeiter und umgekehrt.

Das Rollenspiel kann ein sehr sinnvoller Bestandteil des Managementtrainings sein. Es hat viele nicht zu unterschätzende Vorteile: Alle Teilnehmer werden mit einbezogen; das erhöht ihr Interesse und ihren Spaß an der Sache. Außerdem lernt man mehr, wenn man ein Problem aktiv im Rollenspiel erarbeitet, als wenn man einfach nur zuhört, wie der Trainer oder Konferenzleiter das Problem erörtert. Auch die anderen, die beim Rollenspiel zusehen und anschließend darüber diskutieren, profitieren mehr als bei einem bloßen Vortrag mit anschließender Diskussion.

Die Ereignismethode

Mittlerweile gibt es eine ganz neue, originelle Methode zur Auswertung von Fallstudien: die sogenannte Ereignismethode. Hierbei setzen die Teilnehmer sich nicht mit fiktiven Situationen auseinander, sondern mit Problemen, die innerhalb ihres Unternehmens tatsächlich existieren.

Jeder Teilnehmer erhält einen kurzen schriftlichen Bericht über das Problem (»Ereignis«). Der Bericht enthält aber nicht alle Informationen, die er zur Lösung des Problems braucht; er muß sich nun selbständig durch Fragen und Recherchen die noch fehlenden Fakten beschaffen.

Das »Ereignis«

Einer Ihrer Mitarbeiter beschwert sich bei Ihnen über einen seiner Kollegen, der angeblich die Firma um Arbeitszeit betrügt. Er behauptet, schon oft gesehen zu haben, daß dieser Kollege morgens zu spät kam und daß ein anderer für ihn stempelte. Angeblich dehnt dieser Kollege auch die Pausen und die Zeit zum Waschen und Umziehen länger aus als vorgeschrieben. Wie verhalten Sie sich?

Die Analyse des Problems zerfällt in fünf Phasen:

1. *Untersuchung des »Ereignisses«.* Die Gruppe überlegt sich, mit Hilfe welcher Methode sie zur Entscheidung gelangen will.

2. *Beschaffung von Informationen.* Die Gruppe stellt dem Konferenzleiter (der genau über den Fall informiert sein muß) Fragen, um den Vorfall genau rekonstruieren zu können. Sobald sie glaubt, genügend Informationen beisammen zu haben, faßt ein Mitglied der Gruppe die wichtigsten Fakten noch einmal zusammen.

3. *Angehen des Problems.* Die Gruppe überlegt sich, welche Fragen sie klären muß, um eine Entscheidung fällen zu können. Eine wichtige Frage könnte zum Beispiel lauten: »Ist unter diesen Umständen eine Strafmaßnahme angebracht, und wenn ja, wie schwer sollte sie sein und wen sollte sie treffen?«

4. *Entscheidungsfindung.* Jeder Teilnehmer überlegt sich Antworten auf die Fragen, die in der vorhergehenden Phase gefunden wurden, und hält sie schriftlich fest, und zwar mit Begründung. Dann

schließen alle Teilnehmer, die der gleichen Meinung sind, sich zu einer Gruppe zusammen und wählen einen Sprecher. Es folgt eine kurze Debatte, in der jede Partei ihre Argumente für ihre Entscheidung darlegt. Dann faßt der Konferenzleiter das Ergebnis zusammen.

5. *Auswertung.* Zum Schluß diskutiert die Gruppe darüber, was sie aus dieser Fallstudie gelernt hat und wie effizient das Problem gelöst wurde.

Dieses Verfahren hat folgende Vorteile:

1. Die Manager haben Gelegenheit, mit Hilfe einer praxisorientierten Methode zahlreiche in ihrer Firma tatsächlich existierende Probleme zu lösen.
2. Sie haben Gelegenheit zum Erfahrungsaustausch.
3. Sie testen ihre Fähigkeit zum logischen Argumentieren und Fällen von Entscheidungen.
4. Sie lernen fremde Standpunkte kennen und akzeptieren.

Tests

Tests können im Rahmen eines Fortbildungsprogramms zu verschiedenen Zwecken eingesetzt werden. Sinnvoll ist ein Test natürlich nur dann, wenn er sich auf das Thema und die Zielsetzungen des Fortbildungsprogramms bezieht. Mit Hilfe eines vor dem Programm durchgeführten Tests kann man sich über den Kenntnisstand und die innere Einstellung der Teilnehmer zum Thema informieren. Daraus läßt sich genau ablesen, auf welchen Gebieten sie der Fortbildung bedürfen. Wird zum Beispiel eine bestimmte Testfrage von allen Teilnehmern richtig beantwortet, kann man das betreffende Thema getrost aus dem Fortbildungsprogramm streichen. Wenn die Antworten dagegen zeigen, daß die Teilnehmer über dieses Thema überhaupt nicht Bescheid wissen, muß es besonders ausführlich behandelt werden.

Zum Abschluß des Schulungsprogramms kann man dann wieder einen Test durchführen und die Ergebnisse mit denen des Einführungstests vergleichen, um festzustellen, wieviel die Teilnehmer gelernt haben.

Abgesehen davon lassen Tests sich auch sehr gut als Diskussionsanlässe einsetzen. Wenn die Teilnehmer ihre Zeit und Energie in einen Test investiert haben, sind Sie in der Regel auch sehr begierig darauf, zu erfahren, wie sie bei diesem Test abgeschnitten haben. Sie möchten auch gern erklären, warum sie sich für ihre Antworten entschieden haben, und werden ihren Standpunkt häufig sogar äußerst energisch verteidigen. Das kann zu angeregten, manchmal sogar hitzigen Diskussionen führen. Wenn der Konferenzleiter diese Diskussionen entsprechend steuert und in die richtigen Bahnen lenkt, können sie erheblich zur Erreichung der Ziele beitragen und die Fortbildungsveranstaltung gleichzeitig auflokkern und interessanter gestalten.

Die Tests müssen vom Koordinator des Programms oder vom Trainer ausgearbeitet werden. Das ist natürlich ein großer Zeitaufwand, der sich jedoch häufig lohnt.

Wenn Sie solche Tests einsetzen, gehen Sie am besten folgendermaßen vor:

1. Führen Sie den Test zu Beginn des Fortbildungsprogramms durch.
2. Werten Sie ihn aus, und geben Sie ihn den Teilnehmern zurück (oder lassen Sie die Teilnehmer ihre Testergebnisse selbst auswerten).
3. Wählen Sie aus dem Test ein paar besonders interessante oder wichtige Themen aus, die Sie im Lauf des Fortbildungsprogramms zur Diskussion stellen möchten.
4. Ermuntern Sie die Teilnehmer dazu, bei der Diskussion alle Aspekte des Themas – sowohl das Für als auch das Wider – zu berücksichtigen.
5. Überzeugen Sie die Teilnehmer durch gute Argumente von den richtigen Antworten.
6. Fassen Sie die wichtigsten Punkte der Diskussion und die Argumente, die für die richtigen Antworten sprechen, am Schluß noch einmal zusammen.

Eine gute Möglichkeit ist es auch, den Test zunächst von jedem Teilnehmer allein bearbeiten zu lassen; dann bilden Sie Arbeitsgruppen zu jeweils drei bis fünf Teilnehmern und lassen Sie die Gruppen gemeinsam Lösungen finden. Anschließend werten Sie die Testergebnisse aus, und zwar folgendermaßen:

a) Errechnen Sie zunächst das Durchschnittsergebnis, zu dem die Teilnehmer kamen, als sie den Test jeder für sich allein bearbeiteten.

b) Als nächstes ermitteln Sie das Durchschnittsergebnis, zu dem die Teilnehmer bei der Gruppenarbeit kamen.

c) Vergleichen Sie die beiden Ergebnisse. Lösen Sie die Arbeitsgruppen auf, sprechen Sie den Test gemeinsam mit den Teilnehmern durch, und suchen Sie bei jeder Frage Argumente für und gegen die beiden Lösungsalternativen. Geben Sie die richtigen Antworten bekannt.

Anschließend bietet es sich vielleicht auch noch an, über Gruppendynamik und die Vor- und Nachteile von Gruppenarbeit zu diskutieren.

17. Vertreterkonferenzen

Die wichtigsten Ziele von Vertreterkonferenzen sind:

1. beim Verkaufspersonal Motivation und Begeisterung für ihre Aufgabe aufzubauen: *verkaufen, verkaufen, verkaufen!*

2. dem Personal Informationen über neue Produkte oder Veränderungen bereits existierender Produkte zu vermitteln.

In diesem Kapitel erfahren Sie, wie man diese beiden Ziele erreichen kann.

Wie motiviert man das Verkaufspersonal?

Um Ihre Vertreter zu begeistern und zu motivieren, müssen Sie folgende Faktoren beachten:

1. Wählen Sie den richtigen Ort und den richtigen Zeitpunkt für die Konferenz. Das ist eine wichtige Voraussetzung für den Erfolg.

2. Motivieren Sie das Verkaufspersonal zur Teilnahme an der Konferenz. Gestalten Sie die Vorankündigung möglichst farbig, interessant und originell. Planen Sie ein paar spezielle Attraktionen (Verlosungen, Wettbewerbe, Darbietungen usw.) ein, um die Teilnehmer zu begeistern.

3. Schaffen Sie eine motivierende Atmosphäre. Gestalten Sie den Konferenzraum mit Hilfe von Postern, Spruchbändern, Dekorationen usw. möglichst attraktiv.

4. Achten Sie auf einen möglichst interessanten, schwungvollen Einstieg. Die Einleitung sollte kurz und prägnant sein.

5. Achten Sie darauf, daß alle Referenten das Ihre dazutun, die Motivation und Aufmerksamkeit der Teilnehmer wachzuhalten. Das läßt sich zum Beispiel mit Hilfe von Humor, anschaulichen Beispielen und visuellen Hilfsmitteln erreichen.

6. Planen Sie viel Zeit für Pausen und Mahlzeiten ein. Servieren Sie Erfrischungen. Das Essen muß ausgezeichnet sein.

7. Machen Sie es den Konferenzteilnehmern nicht unnötig schwer; belasten Sie sie nicht mit komplizierten, langweiligen Fakten. Bieten Sie denjenigen, die nähere Erläuterungen haben möchten, Informationsblätter an.

8. Zum Schluß sagen Sie Ihren Vertretern, was Sie von ihnen erwarten, und vergewissern Sie sich, ob auch die dazu nötigen Voraussetzungen geschaffen sind. Beweisen Sie ihnen, daß sie es können. Und machen Sie ihnen klar, daß es sich für sie lohnt und daß Sie ihre Bemühungen gebührend honorieren werden (durch spezielle Auszeichnungen, Gehaltszulagen, Provisionen, Beförderung usw.).

Vermittlung von Informationen

Normalerweise besteht der Sinn einer Vertreterkonferenz zumindest teilweise darin, das Verkaufspersonal über neue Produkte oder über Verbesserungen bereits existierender Produkte auf dem laufenden zu halten. Über die nötigen Informationen verfügen in der Regel die Ingenieure oder anderes technisch geschultes Personal. Solche Mitarbeiter sind aber im allgemeinen nicht in der Lage, anderen, weniger fachkundigen Mitarbeitern diese Informationen gut und leicht verständlich zu vermitteln. Daher muß die Konferenz sehr gut vorbereitet werden.

Bei der Vorbereitung einer Vertreterkonferenz, bei der dem Verkaufspersonal technische Informationen vermittelt werden müssen, sollte der Konferenzleiter folgendermaßen vorgehen:

1. Er muß festlegen, wie viele technische Informationen die Vertreter erhalten sollten. Das ist eine der schwierigsten Entscheidungen bei der Planung. Hier kommt es häufig zu Meinungsverschiedenheiten: Der zuständige Ingenieur ist vielleicht der Ansicht, daß das Verkaufspersonal alles über das Produkt wissen sollte. Die Vertreter dagegen möchten sich nicht mit allzu vielen Daten und Fakten belasten; sie meinen, daß es genügt, »reden zu können« und Begeisterung auszustrahlen, um ein Produkt zu verkaufen. Die richtige Antwort liegt zwischen diesen beiden Extremen.

2. Er muß die Mitarbeiter auswählen, die den Vertretern die Informationen präsentieren sollen. Die betreffenden Mitarbeiter müssen über alle Informationen verfügen, die das Verkaufspersonal braucht. Es ist aber auch wichtig, daß sie die Informationen so darbieten können, daß das Personal sie versteht. Leider gibt es nur wenige Mitarbeiter, die beide Voraussetzungen erfüllen.

3. Helfen Sie dem Mitarbeiter, der die Informationen präsentieren soll, bei der Vorbereitung seines Materials. Das ist ein sehr wichtiger Schritt, der häufig unterlassen wird. In dieser Vorbereitungsphase muß man
   a) genau entscheiden, welche Informationen das Personal erhalten soll,
   b) sich überlegen, mit Hilfe welcher Methoden und welcher Hilfsmittel die Informationen vermittelt werden sollen. Verkaufsleitung und Produktion sollten das Informationsmaterial gemeinsam auswählen. Nur so ist eine sinnvolle, objektive Entscheidung möglich.

Bei der Auswahl der Methoden und Hilfsmittel sollte ein Managementtrainer oder anderer Spezialist hinzugezogen werden, der sich in den Unterrichtsmedien und -hilfsmitteln auskennt und genau über ihre Einsatzmöglichkeiten und ihre Vor- und Nachteile Bescheid weiß. Die Mitarbeiter, die die Informationen präsentieren, wissen in der Regel nicht, welche Medien und Hilfsmittel sie einsetzen sollen. Sie neigen dazu, besonders komplizierte, schwer verständliche Unterrichtshilfen zu wählen. Fortbildungs- und Medienspezialisten können besser beurteilen, welche Hilfsmittel wann einzusetzen sind. Die Hilfsmittel müssen so ausgewählt werden, daß sie die Aufmerksamkeit und das Interesse der Zuhörer wachhalten und ihnen gleichzeitig die dargebotenen Informationen leichter verständlich machen.

Einige Grundregeln für effiziente Vertreterkonferenzen

Ob eine Vertreterkonferenz effizient ist, ob sie für die Teilnehmer ein Vergnügen oder eine Qual ist, hängt zum großen Teil davon ab, ob der Konferenzleiter die nun folgenden Grundregeln beherzigt. Sie stammen von 50 Werbeleitern, Marketingdirektoren und anderen Experten, die zu diesem Thema befragt wurden.

1. Beginnen Sie die Konferenz rechtzeitig, beenden Sie sie rechtzeitig, und halten Sie den Zeitplan für die einzelnen Tagesordnungspunkte ein.

2. Wählen Sie ein zentrales Thema, und bauen Sie die Konferenz um dieses Thema herum auf.

3. Nehmen Sie sich Zeit zum Zuhören; ermuntern Sie die Teilnehmer zur Diskussion.

4. Nehmen Sie stets eine eindeutige Position ein.

5. Planen Sie für die einzelnen Tagesordnungspunkte lieber ein bißchen zuviel Zeit ein als zuwenig, so daß Sie genügend Spielraum haben, falls ein Thema länger diskutiert werden muß.

6. Verleihen Sie den Teilnehmern, die am ehesten da sind, einen Preis, um Ihre Mitarbeiter zur Pünktlichkeit zu motivieren.

7. Setzen Sie möglichst viele visuelle Hilfsmittel ein; es ist immer besser, den Zuhörern etwas anschaulich zu *präsentieren*, als es ihnen nur zu *sagen*.

8. Planen Sie mindestens eine Konferenzphase ein, bei der die Teilnehmer sich aktiv an der Besprechung beteiligen können.

9. Planen Sie alle Konferenzphasen genau voraus, und halten Sie sich an diesen Plan.

10. Geben Sie Themen, über die diskutiert werden soll, vorher bekannt, damit die Teilnehmer sich auf die Diskussion vorbereiten können. Geben Sie jedem Teilnehmer Gelegenheit, seine Meinung zu sagen.

11. Setzen Sie bei Präsentationen audiovisuelle Medien und Hilfsmittel ein.

12. Sorgen Sie dafür, daß die Konferenz interessant und lebendig ist und sich nicht zu lange hinzieht.

13. Achten Sie bei visuellen Hilfsmitteln auf gute Qualität.

14. Wenn außer Ihnen auch noch andere Personen bei der Besprechung etwas vorzutragen oder zu präsentieren haben, gehen Sie diese Präsentationen gemeinsam mit ihnen durch. Falls erforderlich, ändern Sie das Konzept ab.

15. Setzen Sie ein Thema für die Besprechung fest, und formulieren Sie es möglichst kurz und prägnant.

16. Versuchen Sie sich möglichst wirkungsvoll zu präsentieren.

17. Alles, was im Lauf der Konferenz besprochen wird, sollte positiv und dazu angetan sein, die Teilnehmer zu motivieren und zu begeistern.

18. Alles, was innerhalb der Konferenz angekündigt wird – Warensortimente, Filme, Werbeartikel usw. –, sollte auch bereits parat sein, so daß es sofort verteilt oder zugestellt werden kann. Beispiel: Alle Neuheiten, die ich meinen Mitarbeitern bei unserer Jahreskonferenz vorstelle, lasse ich ihnen kurz vor dem Konferenztermin zuschicken, so daß sie sie bei ihrer Rückkehr vorfinden und gleich verkaufen können. Das halte ich für sehr wichtig.

19. Bei Mahlzeiten sorge ich dafür, daß sich die Mitglieder der obersten Geschäftsleitung auf die einzelnen Tische verteilen, damit sie persönlichen Kontakt zum Verkaufspersonal bekommen. Die Sitte, daß die oberste Geschäftsleitung an einem gesonderten Tisch sitzt, ist überholt!

20. Ordnen Sie Möbel und Geräte sehr sorgfältig an, um den Teilnehmern zu zeigen, daß die Konferenz gut geplant und durchdacht ist und daß nicht erst in letzter Minute ein paar Tische zusammengerückt wurden. Wir planen unsere Vertreterkonferenzen fast ein Jahr im voraus, um sicherzugehen, daß auch alles klappt.

21. Geben Sie ihr Bestes; es lohnt sich nur, etwas zu tun, wenn man auch fest entschlossen ist, seine Sache gut zu machen.

22. Gestalten Sie die Konferenz möglichst abwechslungsreich, damit das Interesse der Teilnehmer nicht erlahmt.

23. Versuchen Sie die Konferenzteilnehmer durch Gags zum Lachen zu bringen; das entspannt und sorgt für eine gelockerte Atmosphäre.

24. Präsentieren Sie die Inhalte der Besprechung möglichst knapp und präzise.

25. Setzen Sie möglichst viele visuelle oder audiovisuelle Hilfsmittel – Dias, Filme usw. – ein; aber vergessen Sie dabei nicht, daß

die einzelnen Konferenzphasen niemals zu lange dauern sollten. Variieren Sie.

26. Verleihen Sie Preise – das trägt sehr zum Erfolg und zur Effizienz einer Besprechung bei.

27. Lassen Sie Kaffee und Erfrischungen servieren.

28. Sorgen Sie dafür, daß der Konferenzraum gut beleuchtet ist.

29. Wenn Vorträge gehalten werden, sorgen Sie dafür, daß die Referenten öfters wechseln.

30. Führen Sie dem Verkaufspersonal Ihre Produkte anhand von Filmen vor.

31. Lassen Sie den Direktor der Firma eine Ansprache halten und bei der Einleitung der Konferenz dabeisein.

32. Machen Sie Ihren Vertretern kleine Geschenke, die ihnen die Arbeit erleichtern, z. B. Büroartikel, Aktentaschen usw.

33. Planen Sie genügend Zeit für Fragen Ihrer Vertreter ein.

34. Sorgen Sie bei mehrtägigen Konferenzen für angemessene abendliche Unterhaltung.

35. Planen Sie die Konferenz auf die Minute genau voraus.

36. Bei mehrtägigen Konferenzen geben Sie den Teilnehmern täglich Instruktionen, damit sie wissen, was sie innerhalb der nächsten 24 Stunden zu tun haben.

37. Eine Person sollte für die Organisation der gesamten Konferenz zuständig sein, andere für spezielle Aufgaben innerhalb dieser Konferenz. Machen Sie dem Hotelpersonal klar, daß derjenige, der die Konferenz organisiert, der »Chef« ist und daß er als einziger Anweisungen erteilen darf.

38. Schreiben Sie für jeden Tag eine Checkliste, auf der Sie alle Details genau vermerken.

39. Inspizieren Sie den Konferenzraum vor der Besprechung persönlich.

40. Achten Sie darauf, daß das Verkaufspersonal sich auf die Besprechung vorbereitet.

41. Nehmen Sie von allen Filmen und Dias Duplikate mit in den Konferenzraum.

42. Bei mehrtägigen Konferenzen sollte jeder Konferenztag nach einem einheitlichen, einem ganz bestimmten Ziel dienenden Konzept ablaufen.

43. Legen Sie zwischendurch immer wieder legere, zwanglose Diskussionsphasen ein, in denen über das Konferenzprogramm gesprochen werden kann. Diese Diskussionen sollten von einem Team der Firmenzentrale und von Mitarbeitern geleitet werden, die genau über das Programm informiert sind.

44. Binden Sie an Stellen, wo es zweckmäßig ist, leitende Angestellte der Firmenzentrale in die Konferenz ein.

45. Schaffen Sie möglichst viele Gelegenheiten für die Vertreter, sich aktiv an der Besprechung zu beteiligen.

46. Beteiligen Sie die wichtigsten Leute Ihrer Werbeagentur an der Präsentation – das ist eine gute Publicity für sie!

47. Schicken Sie im Anschluß an die Konferenz allen Teilnehmern ein zusammenfassendes Protokoll.

48. Geben Sie einen Überblick über die Fortschritte Ihrer Firma, vor allem, wenn sie aus vielen verschiedenen Abteilungen besteht, und geben Sie die Zielsetzungen für die einzelnen Abteilungen klar und präzise an.

49. Am Ende der Besprechung sollten Sie Ihren Mitarbeitern realistische Verkaufsziele und ein Aktionsprogramm mit auf den Weg geben, das sofort verwirklicht werden kann.

50. Kündigen Sie den Vertretern die Konferenz rechtzeitig vorher an, damit sie genügend Zeit haben, sie einzuplanen und sich darauf vorzubereiten.

51. Sorgen Sie für ein abwechslungsreiches Konferenzprogramm und einen zügigen Ablauf der Besprechung; es sollte jedoch genügend Zeit für Diskussionen eingeplant werden.

52. Beginnen Sie jede Phase der Konferenz pünktlich, und halten Sie sich an das vorgegebene Programm.

53. Lassen Sie den Teilnehmern vorher ein Programm und eine Liste der Themen zukommen, über die diskutiert werden soll.

54. Achten Sie darauf, daß die Besprechung beim Thema bleibt.

55. Die Diskussionszeit sollte angemessen – also weder zu lang noch zu kurz – sein. Diskussionen, die sich zu lange hinziehen, sind nur Zeitverschwendung.

56. Loben Sie die Teilnehmer, wenn sie gute Beiträge leisten.

57. Achten Sie darauf, daß nicht über private Dinge, sondern nur über das Geschäft gesprochen wird.

58. Zeigen Sie den Konferenzteilnehmern, welchen Platz die Verkaufsabteilung innerhalb der Gesamt-Marketingstrategien der Firma einnimmt.

59. Betonen Sie, wie wichtig eine enge Kommunikation innerhalb der Firma ist.

60. Überlegen Sie sich, ob es nicht sinnvoll ist, auch Marketingleute in die Konferenzen mit einzubeziehen. Auf diese Weise bekommen sie einen Einblick in die Denkweise und die Probleme des Verkaufspersonals und erfahren, wie ihre Arbeit in die gesamte Verkaufsstrategie einzuordnen ist.

61. Zwischen dem Ende der Konferenz und den Abflugs- oder Abfahrtszeiten der Vertreter muß genügend Zeit liegen.

62. Planen Sie auch Phasen ein, in denen die Teilnehmer sich entspannen und miteinander plaudern können.

63. Achten Sie darauf, daß die Besprechung immer zügig vorangeht und niemals zähflüssig wird.

64. Geben Sie Termin und Ort der Konferenz rechtzeitig vorher bekannt.

65. Haben Sie Tischkarten und Namensschildchen nach Möglichkeit schon vorzeitig parat.

66. Überprüfen Sie die Hotel- und Konferenzräume, um festzustellen, ob genügend elektrische Anschlüsse vorhanden sind und ob die Beleuchtung und die Akustik gut ist.

67. Die Besprechung sollte interessant, aber trotzdem sachlich und geschäftsmäßig sein.

68. Bereiten Sie sich sorgfältig vor; denken Sie bei der Vorbereitung an alle Details.

69. Alle Konferenzphasen sollten pünktlich beginnen und pünktlich enden.

70. Sie müssen sich unter allen Umständen an die Tagesordnung halten, die Sie den Vertretern zukommen ließen.

71. Ziehen Sie entweder für das ganze Konferenzprogramm oder zumindest für einzelne Teile des Programms einen firmenexternen Fachmann zur Unterstützung hinzu.

72. Einleitung und Schluß sollten kurz, prägnant und spannend sein.

73. Beenden Sie jeden Konferenztag pünktlich.

74. Planen Sie genügend Zeit ein, um einen ausführlichen Überblick über die Marktlage zu geben (dazu gehört auch die Konkurrenz). Die Vertreter sollten über Ihre Marketingstrategien orientiert sein.

75. Planen Sie so rechtzeitig voraus, daß Sie zum Konferenztermin alles erforderliche Material für das Verkaufspersonal parat haben. Wenn Sie vorn im Konferenzraum nur leere Verkaufsmöbel oder leere Präsentationsverpackungen aufstellen, ohne die Produkte für Ihre Vertreter parat zu haben, zeigen Sie damit, daß Sie nicht viel Verständnis für den Erfolgszwang haben, unter dem Ihr Verkaufspersonal steht.

76. Längere Konferenzen müssen immer ein Überraschungselement enthalten.

77. Längere Konferenzen sollten unter einem einheitlichen Motto stehen.

78. Bauen Sie die Besprechung so auf, daß sie mehrere kleinere Höhepunkte enthält, die dann in dem größten Höhepunkt gipfeln – einem festlichen Essen und eventuell der öffentlichen Vergabe der Prämien.

79. Beenden Sie die Konferenz stets mit einem optimistischen, motivierenden Ausklang.

80. Versuchen Sie die Teilnehmer mit Hilfe eines guten Mottos auf die Besprechung vorzubereiten und einzustimmen. Dieses Motto oder dieser Slogan sollte auch in Ihrer Hauszeitschrift, in Vertretermitteilungen und Memos, gestylten Briefköpfen oder Logos wiederkehren.

81. Achten Sie stets darauf, daß die Konferenzteilnehmer irgendeinen Beitrag zur Besprechung leisten. Weisen Sie ihnen bestimmte Aufgaben im Rahmen der Konferenz zu, oder lassen Sie sie Berichte ausarbeiten und vortragen.

82. Lassen Sie Probleme bereits in den ersten Phasen der Konferenz lösen – am besten mit Hilfe von Seminaren oder Arbeitsgruppen.

83. Variieren Sie das Konferenztempo und gestalten Sie auch das Konferenzprogramm möglichst abwechslungsreich.

84. Bauen Sie genügend Pausen ein, in denen die Teilnehmer sich erholen können, sonst ermüden sie leicht. Der Geist kann nicht zu viele Informationen auf einmal aufnehmen.

85. Arbeiten Sie für die gesamte Konferenz eine Checkliste mit genauen Daten aus.

86. Diskutieren Sie jede Präsentation oder jeden Vortrag gleich im Anschluß daran.

87. Sorgen Sie dafür, daß die Konferenz in den Außendienststellen entsprechend nachbereitet wird.

88. Sorgen Sie dafür, daß das Ziel der Konferenz allen Teilnehmern klar und deutlich vor Augen steht.

89. Eröffnen Sie die Konferenz mit Schwung und Optimismus und nicht mit einer langatmigen Einleitung.

90. Die Mittagsmahlzeiten sollten nicht zu schwer sein. 98% aller Hotel- und Konferenzmittagsmahlzeiten wären eher für Schwerstarbeiter geeignet als für Leute, die sich den ganzen Tag nicht bewegen.

91. Achten Sie darauf, daß jeder Referent visuelle Hilfsmittel oder Medien einsetzt. Wer sich die Zeit zur Vorbereitung solcher Hilfsmittel nicht nimmt, der sollte an Ihrem Konferenzprogramm nicht teilnehmen.

92. Sorgen Sie dafür, daß alle Teilnehmer genügend Bewegungsfreiheit haben; es darf aber auch keine »Ballsaalatmosphäre« entstehen. Das heißt, das Konferenzzimmer sollte so geräumig sein, daß es für die Teilnehmer bequem ist; es darf aber nicht so groß sein, daß eine ungemütliche Atmosphäre entsteht und die Distanz zwischen den Konferenzteilnehmern zu groß ist.

93. Man kann die Geräte, die für Luftzirkulation, Heizung bzw. Kühlung sorgen, gar nicht oft genug überprüfen.

94. Geben Sie den Teilnehmern bei mehrtägigen Konferenzen einen halben Tag frei, damit sie sich die Umgebung ansehen können.

95. Das wichtigste ist die positive innere Einstellung des Verkaufspersonals. Ich habe schon vielen Konferenzen beigewohnt, bei denen so lange an den Teilnehmern herumgenörgelt und -kritisiert wurde, daß sie völlkig geschlagen nach Hause zurückkehrten. Eine solche Besprechung ist schlimmer als gar keine. Sie müssen Kritik im rechten Maß und im rechten Augenblick einsetzen und kritische Bemerkungen immer durch »Trostpflästerchen« mildern. Nur so können Sie Ihre Mitarbeiter zu optimalen Leistungen anspornen.

96. Fragen, die nur einen oder nur ein paar Teilnehmer angehen, sollten nicht im Plenum besprochen werden.

97. Alle Referenten müssen gut vorbereitet sein. Ein guter Redner sollte dazu in der Lage sein, alle wichtigen Punkte innerhalb einer Stunde abzuhandeln.

98. Achten Sie darauf, daß die Referenten ihr Zeitlimit nicht überschreiten. Viele Referenten hören sich gern reden und dehnen ihren Vortrag so lange aus, bis die Zuhörer das Interesse verlieren und abschalten.

99. Halten Sie die einzelnen Besprechungsphasen möglichst kurz – eine Phase sollte nicht länger als eine halbe Stunde dauern. Wenn das nicht möglich ist, unterteilen Sie sie in mehrere Abschnitte.

100. Wenn die Teilnehmer mit irgend etwas nicht einverstanden sind, lassen Sie sie ruhig widersprechen und ihre Argumente vorbringen.

101. Jeder, der einen Vortrag zu halten hat, sollte eine schriftliche Gliederung dazu ausarbeiten und nach Möglichkeit vor der Konferenz einmal einen »Probevortrag« halten.

102. Überprüfen Sie am besten alle Geräte noch *zweimal,* nachdem Sie sie im Konferenzraum aufgestellt haben. Nichts kann eine Besprechung so nachhaltig verderben wie ein Projektor, der nicht funktioniert. Wenn Sie Filme oder Dias vorführen, machen Sie vorher eine Probevorführung mit dem Mitarbeiter, der für die Bedienung der Geräte zuständig ist.

103. Die Prämienverleihung sollte bei einem festlichen Abendessen stattfinden, an dem auch die Ehefrauen und andere Angehörige der Firma teilnehmen. Die Leistungen und Verdienste der Mitarbeiter sollten öffentlich anerkannt werden.

104. *Alle* Teilnehmer sollten Namensschildchen tragen.

105. Die Sitzgelegenheiten sollten bequem und zweckmäßig angeordnet sein.

106. Betonen Sie, wie wichtig kreative und originelle Verkaufsstrategien sind.

107. Lassen Sie allen Teilnehmern vor der Konferenz ein Programm zukommen – das kann eine außerordentlich große Hilfe bei der Vorbereitung und Diskussion sein.

108. Die Konferenz sollte zu einem größeren Teil aus Diskussion als aus Vorträgen bestehen.

109. Spornen Sie alle Teilnehmer zur aktiven Beteiligung an der Besprechung an, indem Sie vorher Fragebögen verteilen, auf denen die Teilnehmer angeben sollen, womit sie nicht zufrieden sind. Besprechen Sie die wichtigsten dieser Punkte dann innerhalb der Konferenz, stellen Sie sie zur Diskussion, und versuchen Sie gemeinsam mit den Teilnehmern zu einer Lösung zu kommen. Das funktioniert garantiert.

110. Bauen Sie bei den Teilnehmern ein Gefühl der Vorfreude und Erwartung auf.

111. Geben Sie die Ziele vor; regen Sie die Teilnehmer aber dazu an, sich selbständig Gedanken darüber zu machen, wie man diese Ziele *erreichen* könnte.

112. Lassen Sie die Außendienstmitarbeiter von ihren Wünschen, Hoffnungen und Leistungen berichten.

113. Arbeiten Sie mit einer detaillierten Checkliste. Wir stellen bei unseren Konferenzen immer eine 28 Seiten lange Checkliste auf und planen 18 Monate bis zwei Jahre voraus. Die letzten anderthalb Monate sind natürlich immer am vorbereitungsintensivsten.

114. Verweilen Sie nicht zu lange bei trockenen Daten wie Absatzzahlen usw.

115. Diskutieren Sie die Verkaufserfolge oder -mißerfolge einzelner Vertreter niemals vor dem Plenum.

116. Lassen Sie nicht zu, daß die Konferenz als Anlaß zum Nörgeln mißbraucht wird.

117. Sie sollten an den Konferenzräumen nicht sparen; die Arbeitszeit und Unterbringung der Konferenzteilnehmer ist viel teurer.

118. Reden leitender Angestellter sollten sich nicht allzusehr in die Länge ziehen.

119. Vergessen Sie nicht, den Vertretern nach jeder Konferenzphase Gelegenheit zu Fragen und Antworten zu geben.

120. Die Konferenz sollte nicht einfach nur aus Vorträgen und Ansprachen bestehen.

121. Vermeiden Sie Eintönigkeit – verschiedene Teile des Konferenzprogramms sollten auch von verschiedenen Personen dargeboten werden.

122. Man sollte die Konferenzteilnehmer nicht »totreden«.

123. Man darf seine Zuhörer nicht mit zu vielen Fakten überfüttern.

124. Man spart am falschen Ende, wenn man versucht, die Kosten zu senken, indem man die kleinen »Extras« wegläßt.

125. Planen Sie genügend Zeit ein, damit die Geschäftsleitung sich die Meinung der Außendienstmitarbeiter anhören kann und Feedback erhält.

126. Es ist nicht gut, das Konferenzmaterial zu dichtgedrängt darzubieten. Es empfiehlt sich eher, noch einen Tag anzuhängen oder noch eine zusätzliche Besprechungsphase am zeitigen Abend einzuplanen.

127. Seien Sie nicht zu jovial oder witzig! Intelligente Vertreter kommen zu der Konferenz, um Informationen zu erhalten, und haben eine entsprechend hohe Erwartungshaltung. Sparen Sie sich Witze und Amüsement für die Freizeit auf.

128. Reden Sie nicht pausenlos auf die Konferenzteilnehmer ein.

129. Machen Sie nicht zuviel »Show« – das stößt bei den Konferenzteilnehmern leicht auf Ablehnung.

130. Variieren Sie den äußeren Rahmen der Konferenz von Jahr zu Jahr.

131. Verwenden Sie nicht zu viele visuelle Hilfsmittel – wechseln Sie sie mit anderen Medien oder mit »Live«-Präsentationen ab.

132. Denken Sie immer daran, daß Sie für die Organisation und den planmäßigen Ablauf der Konferenz verantwortlich sind – Sie sind kein Konferenz*teilnehmer*! (Das ist eigentlich selbstverständlich; trotzdem machen viele Konferenzleiter diesen Fehler immer wieder.)

133. Verlassen Sie sich nicht einfach darauf, daß das Hotel schon über die technischen Hilfsmittel und Mitarbeiter verfügen wird, die Sie brauchen – Elektriker, Handlanger, Film- und Diaprojektoren, Videogerät, Monitor usw. Ziehen Sie lieber firmenexterne Fachleute hinzu.

134. Verwenden Sie um Himmels willen keine Dias oder Overheadfolien, die für Printmedien hergestellt worden sind. Sie enthalten viel zu viele Informationen, die Sie erst mühselig erklären müssen, womit Sie Ihre Zuhörer langweilen und vom eigentlichen Thema ablenken würden. Benutzen Sie nur strikt für Ihre Zwecke vereinfachte graphische Darstellungen.

135. Langweilen Sie die Konferenzteilnehmer nicht.

136. Man darf ein Problem nicht »zu Tode diskutieren«.

137. Es ist nie gut, einzelne Konferenzteilnehmer zu kritisieren.

138. Die Teilnehmer sollten nicht zu lange Zeit hintereinander auf ihren Plätzen sitzen müssen.

139. Tun Sie bei der Bewirtung und dem Unterhaltungsprogramm am Abend vor dem Beginn der Konferenz nicht zuviel des Guten.

140. Halten Sie keine langen Reden.

141. Keine Konferenzphase sollte länger als 20 Minuten dauern, ohne daß eine kleine Unterbrechung stattfindet.

142. Niemals darf eine Person – der Verkaufsleiter oder irgend jemand anders – bei der gesamten Konferenz dominieren. Vertreterkonferenzen haben die Eigenart, daß viele sich dabei gern in den Vordergrund schieben und pausenlos reden.

143. Man sollte bei Konferenzen nicht knausern. Es lohnt sich nicht, an Konferenzräumlichkeiten oder anderen Dingen zu sparen. Wenn man die Vertreter von überall her zusammentrommelt, sollte man ihnen auch das Gefühl geben, daß sie der Firma wichtig genug sind, um erstklassig bewirtet zu werden.

144. Vergessen Sie nicht, den Teilnehmern am Schluß der Konferenz klarzumachen, was Sie nun von ihnen erwarten.

145. Vermeiden Sie langweilige, eintönige Reden. Vor allem Reden oder Vorträge, die Wort für Wort vom Manuskript abgelesen werden, sind tödlich.

146. Veranstalten Sie am Abend vor der Konferenz keine Cocktailparty, sonst sind Ihre Zuhörer am nächsten Tag womöglich müde und verkatert und können sich nicht konzentrieren.

147. Einzelne Dias sollten nicht zu lange gezeigt werden. Ich habe einmal einen 20minütigen Vortrag miterlebt, bei dem der Referent nur vier verschiedene Dias zeigte; jedes blieb etwa fünf Minuten lang auf der Leinwand.

148. Lassen Sie sich im Lauf der Konferenz inspirieren, und sammeln Sie Ideen, die Sie bei der nächsten Besprechung einsetzen könnten. Legen Sie ruhig einen Aktenordner mit Ideen an.

149. Experimentieren Sie niemals mit etwas völlig Neuem, ohne sich vorher reiflich zu überlegen, ob es auch angebracht ist. Plötzliche, unüberlegte Neuerungen können das Ziel der Konferenz unter Umständen vereiteln.

150. Wenn Sie eine Konferenz zum erstenmal an einem neuen Ort abhalten, dürfen Sie auf keinen Fall vergessen, Referenzen über das betreffende Hotel einzuholen und die Räumlichkeiten persönlich zu inspizieren.

151. Es sollte nicht jede Konferenz nach demselben starren Schema ablaufen, so daß die Vertreter immer schon im voraus wissen, was als nächstes kommt. Spannung ist ein wichtiges Element bei einer Vertreterkonferenz – und gespannt kann man natürlich nur auf etwas sein, was man noch nicht kennt.

152. Sie dürfen Führungskräfte nicht zu einer Rede oder einem Vortrag auffordern, ohne ihnen gewisse Instruktionen hinsichtlich des Themas und der zur Verfügung stehenden Zeit zu geben.

153. Sie sollten niemals ein schwieriges, fachspezifisches Thema nach dem anderen abhandeln, ohne dazwischen leichter verständliche Präsentationen oder Diskussionsphasen einzustreuen.

154. Das Freizeitprogramm sollte nicht so überwältigend sein, daß die Wichtigkeit der Besprechung dadurch in den Hintergrund tritt.

155. Vergessen Sie nicht, genügend Zeit für Meinungsäußerungen der Teilnehmer einzuplanen.

156. Schieben Sie Gags und effektvolle Darbietung nicht so sehr in den Vordergrund, daß die Fakten, die die Vertreter hören möchten, ins Hintertreffen geraten.

157. Langweilen Sie Ihre Zuhörer nicht mit Statistiken.

158. Die Konferenz sollte sich stets auf einem anspruchsvollen Niveau bewegen.

159. Langweilen Sie die »alten Hasen« nicht.

160. Es sollten keine Themen diskutiert werden, die nur für einige Teilnehmer interessant sind.

18. Telekonferenzen: Methoden und Einsatzmöglichkeiten

Telekonferenzen werden immer beliebter. Immer mehr Unternehmen bedienen sich dieser Methode, weil sie besonders wirtschaftlich, bequem und zweckmäßig ist: Die Konferenzteilnehmer müssen sich nicht mehr alle an einem Ort versammeln wie bei Besprechungen herkömmlicher Art, sondern können von verschiedenen, voneinander entfernten Orten aus an der Besprechung teilnehmen. Viele Firmen haben festgestellt, daß Telekonferenzen eine ausgezeichnete Alternative zu den herkömmlichen Konferenzen sind und sich besonders gut dazu eignen, Probleme zu lösen oder den Konferenzteilnehmern Informationen zu geben.

Es gibt zwei verschiedene Arten: Telefonkonferenzen (die durch Übermittlung visueller Informationen per Telefax ergänzt werden können) und Videokonferenzen.

Telefonkonferenzen. Bei Telefonkonferenzen kommunizieren die Teilnehmer nur akustisch miteinander und sind durch Telefonleitungen miteinander verbunden.

Obwohl die visuelle Dimension fehlt, haben solche Konferenzen vieles für sich:

- Das Kommunikationsmedium (Telefon) ist allen Teilnehmern bekannt und vertraut.
- Das Kommunikationsmedium ist ohne weiteres verfügbar – es gibt auf der Welt 400 Millionen Telefone, die für Telefonkonferenzen eingesetzt werden können.
- Daher lassen Telefonkonferenzen sich auch kurzfristig anberaumen; es ist weniger Vorausplanung erforderlich als bei anderen Technologien.
- Durch Telefonkonferenzen können viele verschiedene Teilnehmer an vielen verschiedenen Orten miteinander verbunden werden.

Wie bereits erwähnt, können nicht nur akustische, sondern auch noch andere Informationen über Telefonleitungen übermittelt werden, z. B. schriftliche oder gedruckte Texte und graphische Darstellungen, und zwar per Telefax. Das hat den Vorteil, daß man kompliziertere Informationen optisch veranschaulichen kann.

Videokonferenzen. Bei Videokonferenzen kommunizieren die Teilnehmer nicht nur akustisch miteinander, sondern sehen sich gegenseitig auf dem Bildschirm. Auf diese Weise werden ähnliche Bedingungen geschaffen wie bei einer Live-Konferenz: Die Menschen können einander ins Gesicht sehen und bekommen dadurch besseren Kontakt zueinander. Der Gesprächspartner ist so »präsent«, als befinde er sich im selben Raum. Solche Videosysteme sind zwar teurer als Telefonkonferenzen, haben aber zwei wichtige Vorteile:

- Die Teilnehmer hören nicht nur die Stimme des Gesprächspartners oder Vortragenden, sondern sehen ihn gleichzeitig auch.
- Es können nicht nur graphische Darstellungen, sondern auch dreidimensionale Objekte gezeigt werden.

Telefonkonferenzen

Die Telefonkonferenz ist die einfachste und wirtschaftlichste Teletraining-Methode. Dieses Medium erlaubt auch komplizierte internationale Kommunikationsverbindungen, die über Telefonleitungen oder über den Satellitenfunk geschaltet werden.

Die Vorteile dieser Methode sind vor allem darin zu sehen, daß sie am wirtschaftlichsten ist, daß zahlreiche Übertragungskanäle zur Verfügung stehen und daß sich Teilnehmer an nahezu unbegrenzt vielen verschiedenen Orten miteinander verbinden lassen. Die Hauptnachteile sind das Fehlen der visuellen Dimension und technische Hemmnisse, durch die bei einigen Systemen die akustische Qualität beeinträchtigt wird.

Die Telefonkonferenz ist die älteste Telekonferenzform und wurde schon zu den verschiedensten Zwecken eingesetzt. Zum Beispiel ist in den USA mit Hilfe dieser Methode einmal eine landesweite Vertreterkonferenz mit Hunderten von Teilnehmern abgehalten worden; in so abgelegenen Gegenden wie dem nördlichen Polarkreis wurden Fortbildungsseminare durchgeführt, und Richter und Anwälte an verschiedenen Orten nahmen an gerichtlichen Vernehmungen teil.

Die neueren Telekonferenz-Technologien ziehen heutzutage auf dem Markt große Aufmerksamkeit auf sich. Dennoch spielt die Telefonkonferenz nach wie vor eine wichtige Rolle für viele Firmen, die die rein akustische Kommunikation als ausreichend empfinden und diese Methode bevorzugen, weil sie so wirtschaftlich ist und die Übertragungskanäle so leicht verfügbar sind.

Durch Telefax ergänzte Telefonkonferenzen

Die Nachteile dieser Methode liegen hauptsächlich im Bereich der Technologie und des Angebots. Obwohl die Systeme durch digitale Zusatzgeräte in ihrem Anwendungsbereich ständig erweitert werden, treten immer noch Übertragungsprobleme auf. Die visuellen Informationen sind zum Teil nicht immer leserlich genug.

Doch da diese Systeme ständig verbessert und durch neue Technologien ergänzt werden, könnte es sein, daß sie bei Telekonferenzen bald eine sehr viel größere Rolle spielen werden. Es ist durchaus möglich, daß man solche Kommunikationsterminals eines Tages jedem Mitarbeiter an den Arbeitsplatz stellen kann.

Videokonferenzen

Der Vorteil von Videokonferenzen liegt auf der Hand: Die Konferenzteilnehmer können sich dabei gegenseitig sehen wie bei einer herkömmlichen Konferenz, bei der alle in einem Raum sitzen. Dadurch ist die Atmosphäre persönlicher und der Kontakt zwischen den einzelnen Teilnehmern besser als bei einer Telefonkonferenz.

Videokonferenzen haben allerdings auch ihre Nachteile. Der Hauptnachteil besteht darin, daß man dabei nur eine begrenzte Anzahl verschiedener Orte (meist nur zwei) miteinander verbinden kann. Es wäre sehr schwierig, Videoübertragungskanäle zwischen mehreren Übertragungsorten zu schalten. Vor allem würden die Leitungskosten dann untragbar hoch.

Der zweite Nachteil ist die Kostspieligkeit. Die hohen Kosten sind auf mehrere Faktoren zurückzuführen: Erstens ist die für Videokonferenzen erforderliche Ausrüstung sehr teuer; zweitens braucht man hochqualifizierte Techniker. Auch die Räumlichkeiten müssen entsprechend ausgestattet sein (gute akustische Qualität und eine entsprechende Beleuchtung für das Bild). Hinzu kommt, daß diese Technologie bisher nur in sehr geringem Ausmaß genutzt wird und schon allein deshalb noch sehr kostenintensiv ist.

Einsatz von Telekonferenzen zu Fortbildungszwecken

Zur Zeit setzen nur wenige Firmen Telekonferenzen zu Fortbildungszwecken ein, doch man nimmt an, daß bald mehr Unternehmen von dieser Möglichkeit Gebrauch machen werden. In großen Firmen kann die Fortbildung der Mitarbeiter recht kostspielig sein, und die Telekonferenz ist eine zweckmäßige, rentable Trainingsmethode. Untersuchungen haben auch gezeigt, daß Firmen, die es einmal mit Teletraining versucht haben, in der Regel bei dieser Methode bleiben. Die Roche Laboratories, eine der größten pharmazeutischen Firmen der Welt, veranstaltet zum Beispiel regelmäßig Teletraining-Fortbildungsprogramme.

Besonders anschaulich und effizient ist das Teletraining per Video. Dabei werden akustische und visuelle Kommunikation miteinander kombiniert. Die Teilnehmer hören nicht nur zu, sondern sehen gleichzeitig auch Bilder auf dem Bildschirm. Bei diesen Bildern kann es sich um graphische Darstellungen, Gegenstände, Menschen oder Räume handeln – also praktisch alles, was eine Fernsehkamera einfangen kann.

Man kann verschiedene Übertragungswege wählen – über Leitung oder Satellit, analog oder digital. Die Firma kann das System zur ständigen Benutzung in ihren eigenen Räumen installiert haben; man kann diese Einrichtungen aber auch für eine bestimmte Zeitdauer von der Post mieten.

Beim Teletraining per Video handelt es sich um eine Einwegkommunikation: Einer bestimmten Adressatengruppe wird ein Trainingsprogramm übermittelt. Zusätzlich zu dieser Bildübertragung ist in der Regel auch noch die Möglichkeit einer akustischen Zweiwegkommunikation gegeben, die manchmal einfach darin besteht, daß man sich zusätzlich auch noch per Telefon unterhält.

Teletraining per Video hat ganz spezielle Vorteile. Der größte Vorzug besteht darin, daß die Teilnehmer dabei Menschen auf dem Bildschirm sehen können – ein Element, das bei Telefonkonferenzen fehlt. Die Teilnehmer können sich gegenseitig nicht nur hören, sondern auch sehen. Dadurch sind die Bedingungen beim Video-Teletraining denen der »Live«-Besprechungen, bei denen ein persönlicher Kontakt zwischen den einzelnen Teilnehmern entsteht, am ähnlichsten.

In Zukunft, wenn die Technologien nicht mehr so teuer sind, wird die Videokonferenz vielleicht für viele Firmen eine brauchbare Methode zur Fortbildung ihrer Mitarbeiter sein. Im Augenblick jedoch sind sich die meisten Experten darüber einig, daß sich der Einsatz von Videokonferenzen nur für große Unternehmen lohnt. Die amerikanische Hotelkette »Holiday Inn« zum Beispiel investiert viel Geld in Video-Teletrainingsanlagen. Sie hat ein Videosystem installiert, das über Satellit läuft und 350 Hotels miteinander verbindet, um Firmen und Institutionen einen besonderen Service zu bieten. Dieses System kostet sie stolze 10 Millionen Dollar!

Kombinationen verschiedener Systeme

Man darf nicht vergessen, daß Firmen in zunehmendem Maße Telefonkonferenzen, Telefax- und Videosysteme miteinander kombinieren, um auf diese Weise die Grenzen dieser drei Methoden zu überwinden. Darüber hinaus werden als Ergänzung zum Teletraining häufig Computer eingesetzt. Die Konferenz der Zukunft wird wahrscheinlich alle verfügbaren Telekonferenzsysteme miteinander kombinieren.

Zusammenfassung

Es gibt zwei verschiedene Telekonferenzarten: Telefonkonferenzen (häufig durch visuelle Informationsübermittlung ergänzt) und Videokonferenzen. Bei beiden Methoden werden Konferenzteilnehmer an verschiedenen Orten miteinander verbunden.

Die Telefonkonferenz ist die ältere und billigere Methode, und das Kommunikationsmedium (Telefon) ist ohne größere Probleme verfügbar.

Zusätzlich zu der akustischen Kommunikation per Telefon kann man auch noch schriftliche Informationen und graphische Darstellungen per Telefax übermitteln. Telefaxgeräte haben ebenfalls den Vorteil, daß sie nicht allzu kostspielig und problemlos verfügbar sind. Mit Hilfe dieses Zusatzsystems kann man komplexere Informationen optisch darstellen (z. B. durch graphische Darstellungen).

Bei Videokonferenzen sprechen die Teilnehmer nicht nur miteinander, sondern können sich auch gegenseitig sehen. Diese Methode ist am persönlichsten und schafft den engsten Kontakt zwischen den Teilnehmern; andererseits müssen Videokonferenzen über Breitbandkabel ablaufen und erfordern komplizierte Geräte. Sie sind daher am teuersten; außerdem ist die Anzahl der Orte, die auf diese Weise miteinander verbunden werden können, begrenzt.

Die drei Methoden werden im Geschäftsleben häufig miteinander kombiniert.

19. Wie kann man als Teilnehmer zum Erfolg einer Konferenz beitragen?

Wie reagiert man, wenn man zur Teilnahme an einer Besprechung aufgefordert wird, bei der erwartungsgemäß »nichts herauskommen« wird? Es gibt mehrere Möglichkeiten

1. Man überlegt sich eine gute Ausrede und geht einfach nicht hin.
2. Man geht hin, demonstriert aber seine Unzufriedenheit, indem man sich nicht an der Besprechung beteiligt, den Konferenzleiter kritisiert, ihm ständig widerspricht oder anderes unproduktives Verhalten an den Tag legt.
3. Man geht hin und bemüht sich, dazu beizutragen, daß die Besprechung effizient wird.

Natürlich ist die dritte Lösung meistens die beste. Aber wie kann man zur Effizienz einer Besprechung beitragen, ohne dem Konferenzleiter ins Gehege zu kommen und ihn zu verärgern? Wenn der Konferenzleiter gleichzeitig auch noch Ihr Chef ist, ist besonders viel Takt geboten.

Dennoch gibt es einige gute Möglichkeiten, als Teilnehmer zur Effizienz einer Besprechung beizutragen:

Informieren Sie sich vorher genau

Wenn Sie nicht genügend Vorinformationen erhalten haben, bitten Sie den Konferenzleiter um nähere Erläuterung. Versuchen Sie sich nähere Informationen über den Zeitpunkt, Ort und Ziele der Konferenz zu beschaffen, damit Sie vorausplanen und sich vorbereiten können. Schlagen Sie dem Konferenzleiter vor, den anderen Teilnehmern die gleichen Informationen zukommen zu lassen.

Seien Sie pünktlich da

Sie sollten schon vor Beginn der Besprechung an Ihrem Platz sitzen und bereit sein. Ermuntern Sie den Konferenzleiter zum pünktlichen Beginn. Sie könnten zum Beispiel diskret sagen: »Jetzt ist es 9 Uhr. Fangen wir an?« Oder: »Wenn die Besprechung nicht pünktlich anfängt, kann ich vielleicht noch rasch in mein Büro zurückgehen und ein Telefongespräch führen.« Solche Andeutungen veranlassen den Konferenzleiter in der Regel dazu, pünktlich mit der Besprechung zu beginnen.

Bleiben Sie beim Thema

Vergewissern Sie sich, ob Sie auch wirklich über Thema und Ziele der Konferenz im Bilde sind. Wenn Sie etwas zur Besprechung beitragen, bleiben Sie beim Thema. Wenn Sie sich nicht sicher sind, über welches Thema gerade gesprochen wird, bitten Sie um Aufklärung – nicht nur in Ihrem eigenen Interesse, sondern auch um der anderen Teilnehmer willen. Sie können den Konferenzleiter zum Beispiel bitten: »Könnten Sie die Zielsetzung (oder Frage) an die Tafel (Flip-chart) schreiben, damit sie uns allen klar wird?«

Bereiten Sie dem Konferenzleiter keine Schwierigkeiten

Gehen Sie mit einer positiven Haltung in die Konferenz hinein; es sollte Ihr Ziel sein, dazu beizutragen, daß die Besprechung so effizient wie möglich wird. Einige Punkte müssen Sie unbedingt beherzigen:

1. Führen Sie keine Privatgespräche. Wenn einer Ihrer Nebensitzer versucht, ein Gespräch mit Ihnen anzufangen, ignorieren Sie ihn.
2. Lassen Sie sich nicht durch telefonische Nachrichten unterbrechen, es sei denn, es handelt sich wirklich um einen Notfall.
3. Streiten Sie sich nicht mit dem Konferenzleiter oder einem der Teilnehmer. Sie können diskutieren und Ihre Meinung verfechten; aber gehen Sie Auseinandersetzungen aus dem Weg.
4. Verlieren Sie nie die Beherrschung.
5. Scheuen Sie sich nicht, Fragen zu stellen, wenn Ihnen irgend etwas nicht klar ist.

6. Beschäftigen Sie sich während der Konferenz nicht mit anderen Arbeiten.

Seien Sie den Ideen anderer gegenüber offen

Wenn Sie Ihrem Gesprächspartner aufgeschlossen gegenüberstehen, wird er sich ebenso verhalten. Je offener Sie für die Ideen anderer sind, um so mehr werden die anderen auch ein offenens Ohr für Ihre Ideen und Ansichten haben. Kommentieren Sie die Äußerungen anderer Konferenzteilnehmer folgendermaßen:

- »Ich verstehe, was Sie meinen.«
- »Ich kann mir vorstellen, wie Ihnen zumute ist.«
- »Das ist ein gutes Argument.«
- »Von dieser Seite habe ich die Sache noch gar nicht betrachtet.«

Helfen Sie dem Konferenzleiter, die Besprechung unter Kontrolle zu halten

Achten Sie darauf, daß die Besprechung nicht außer Kontrolle gerät. Sollte das doch einmal passieren, verhalten Sie sich folgendermaßen:

1. Wenn sich zwischen ein paar Teilnehmern eine hitzige Diskussion entspinnt, schalten Sie sich ein und versuchen Sie zu vermitteln. Bemühen Sie sich, den Streitenden jeweils den Standpunkt des anderen klarzumachen.

2. Wenn ein Konferenzteilnehmer zu sehr dominiert, bringen Sie Ihre eigenen Ideen vor oder fragen Sie einen anderen Teilnehmer nach seiner Meinung: »Herr X, mich würde interessieren, was Sie davon halten.«

3. Wenn es zu Ablenkungen oder Unterbrechungen kommt, sagen Sie: »Ich glaube, wir sollten wieder auf unser Ziel zurückkommen.«

4. Wenn Sie das Gefühl haben, daß einer der Teilnehmer vom Thema abgeschweift ist, bringen Sie ihn taktvoll und feinfühlig wieder darauf zurück, zum Beispiel mit folgender Bemerkung:

»Mir ist nicht ganz klar, was das mit der Zielsetzung unserer Besprechung zu tun hat.« Das regt den Konferenzleiter vielleicht dazu an, das Besprechungsziel oder die Frage, über die gerade diskutiert wird, noch einmal zu formulieren.

5. Wenn die Besprechung außer Kontrolle gerät, versuchen Sie die Situation zu retten, indem Sie das Ziel noch einmal formulieren und zusammenfassen, was bis jetzt erreicht worden ist und was noch getan werden muß.

Wie verhält man sich bei Problemkonferenzen?

Im folgenden möchte ich Ihnen eine kurze Zusammenfassung der Möglichkeiten und Aufgaben geben, die man als Teilnehmer einer problemlösenden Konferenz hat:

1. Beiträge zur Diskussion leisten.
   a) Ihnen muß klar sein, warum Sie an dieser Besprechung teilnehmen.
   b) Sie müssen ganz sicher sein, daß Sie das Problem, um das es geht, kennen und verstanden haben.
   c) Tragen Sie zum gegebenen Zeitpunkt mit Fakten und Meinungsäußerungen zur Diskussion bei.
   d) Stehen Sie zu Ihrer Meinung, auch wenn Sie auf Opposition stoßen; seien Sie aber nicht eigensinnig, engstirnig oder aggressiv.

2. Sich die Ideen der anderen anhören.
   a) Hören Sie aufmerksam zu.
   b) Bemühen Sie sich, die Standpunkte der anderen zu verstehen.
   c) Helfen Sie den anderen dabei, ihre Ansichten und Ideen zu entwickeln.
   d) Seien Sie höflich und tolerant; respektieren Sie die Ansichten anderer, auch wenn sie sich von Ihren eigenen unterscheiden.

3. Das Problem objektiv betrachten.
   a) Bemühen Sie sich stets um eine objektive Haltung.
   b) Sie dürfen Meinungen nicht so äußern oder akzeptieren, als handle es sich um Fakten.

c) Vermeiden Sie es, sich aufzuregen; betrachten Sie die Dinge emotionslos.

4. Zum ordnungsgemäßen Ablauf der Konferenz beitragen.
   a) Sorgen Sie dafür, daß Sie während der Besprechung durch nichts unterbrochen werden.
   b) Seien Sie pünktlich.
   c) Vermeiden Sie Gespräche mit Nebensitzern.
   d) Bleiben Sie beim Thema.
   e) Hüten Sie sich davor, zu sehr zu dominieren.
   f) Helfen Sie dem Konferenzleiter dabei, die Disziplin aufrechtzuerhalten.

Aufmerksamkeit – eine wichtige Voraussetzung

Wenn Sie nicht aufmerksam zuhören, werden Sie gar nicht in der Lage sein, sinnvolle Beiträge zur Besprechung zu leisten. Daher hätte ich Ihnen vielleicht zuallererst folgenden Rat geben sollen: Konzentrieren Sie sich! Das ist manchmal schwierig, wenn das Thema langweilig und trokken ist, der Konferenzleiter es nicht gut zu präsentieren versteht, die Räumlichkeiten zu wünschen übriglassen oder Sie irgendwelche Probleme haben, die Sie innerlich beschäftigen. All solche Faktoren lenken natürlich vom Zuhören ab.

Ich möchte Ihnen hier ein paar Ratschläge geben, wie man sich trotz mancherlei innerer und äußerer Ablenkungen konzentrieren kann.

1. *Suchen Sie nach interessanten Punkten.* Bemühen Sie sich, innerhalb des Vortrags oder der Konferenz Ideen und Themen zu finden, die für Sie interessant oder wertvoll sein könnten. Diese Ideen können vom Konferenzleiter oder von den Teilnehmern kommen.

2. *Beurteilen Sie den Inhalt der Besprechung, nicht die Vortragsweise des Konferenzleiters.* Lassen Sie sich durch eine monotone Stimme oder durch die Tatsache, daß der Konferenzleiter seinen Text abliest, nicht irritieren.

3. *Halten Sie Ihr Temperament im Zaum.* Lassen Sie sich nicht durch einzelne Worte, Schlagworte oder Sätze des Referenten oder

Konferenzleiters dazu hinreißen, vom Thema abzuschweifen. Versuchen Sie lieber, herauszufinden, warum Sie auf bestimmte Reizworte und Sätze so stark reagieren. Sie dürfen auch nicht vergessen, daß Ihnen das Verständnis des Vortrags leichter fallen wird, wenn Sie sachlich und emotionslos zuhören. Sie sollten das Gehörte erst dann bewerten, wenn der Vortrag zu Ende ist und Sie alles noch einmal in Ruhe überdenken können.

4. *Lassen Sie sich nicht ablenken.* Manchmal kann man sich vor Ablenkungen schützen, indem man beispielsweise eine Tür schließt, einen Ventilator abschaltet oder die Jalousien herunterläßt. Manchmal nützt das aber auch nichts; dann muß man sich *konzentrieren*, um die Ablenkung zu überwinden.

5. *Machen Sie sich Notizen.* Sie können Ihre Konzentration steigern, indem Sie sich Notizen machen. Wer sich während einer Besprechung Notizen macht, kann den Anfechtungen von Langeweile und Desinteresse leichter widerstehen. Denn um Notizen machen zu können, ist man automatisch gezwungen, aufmerksam zuzuhören. Daher sollte man auf jeden Fall mit Kugelschreiber und Notizblock bewaffnet in die Besprechung gehen.

Es gibt zwei verschiedene Methoden für das Notizenmachen: eine einfache Zusammenfassung oder die »Faktum versus Prinzip«-Methode.

Bei der Zusammenfassung macht der Zuhörer sich nur hin und wieder Notizen. Wenn der Redner mit seinem Vortrag beginnt, hört er zwei oder drei Minuten lang zu und schreibt dann eine aus einem Satz oder ein paar Sätzen bestehende Zusammenfassung des Gesagten auf. Nach diesem Schema (Zuhören – Aufschreiben) verfährt er weiter, bis der Vortrag zu Ende ist. Dabei wird er feststellen, daß der Redner zwischen den einzelnen Ideen in der Regel deutlich markierte Überleitungen gebraucht: »Als nächstes möchte ich auf ... eingehen« oder »Man muß auch bedenken, daß ...« oder »Nun wollen wir ...«

Die »Faktum versus Prinzip«-Methode erfordert ein ganz anderes Vorgehen. Der Zuhörer muß die einzelnen »Teile« des Vortrags aufnotieren, damit er sie später zu einem geordneten Ganzen zusammenfügen kann. Die wichtigsten »Teile« sind in der Regel entweder Fakten oder Prinzipien. Also legt er auf seinem Notizblatt zwei Spalten an:

Fakten	*Prinzipien*

Beim Zuhören konzentriert er sich darauf, zu unterscheiden, welche Teile des Vortrags Fakten und welche Teile allgemeine Prinzipien darstellen. Das ist zwar keine leichte Aufgabe, aber es lohnt sich, und die auf diese Weise entstehenden Notizen sind eine gute Grundlage für die spätere Auswertung oder Nachbereitung.

Es gibt noch eine dritte einfache und doch effiziente Methode. Man braucht dazu nur Konzentration, einen Bleistift und ein Stück Papier. Der Zuhörer notiert sich einfach die wichtigsten Wörter und Ideen des Vortrags auf, und zwar in der gleichen Reihenfolge, in der er sie hört. Wenn der Referent oder Konferenzleiter zum Beispiel sagt: »Zuerst möchte ich . . .«, schreibt der Zuhörer an den Rand seines Notizzettels: »1.« und notiert dazu die betreffende Idee in Stichworten auf. Wenn er sagt: »Diesen Punkt möchte ich besonders betonen«, markiert der Zuhörer den betreffenden Punkt mit einem Sternchen, unterstreicht ihn oder schreibt an den Rand: »Wichtig!« Auf diese Weise ist er zur Konzentration und Selbstdisziplin gezwungen, ohne sich bei seinen Notizen an ein starres Schema halten oder die dargebotenen Informationen in »Fakten« und »Prinzipien« unterteilen zu müssen. Ganz egal, ob der Konferenzteilnehmer seine Notizen später braucht oder nicht – das Notizenmachen ist auf alle Fälle sinnvoll, denn es zwingt ihn zum Zuhören. Außerdem wird er sich den Inhalt des Vortrags wahrscheinlich besser merken können, wenn er ihn schriftlich festhält.

Zusammenfassung

Nicht nur der Konferenzleiter, sondern auch der Teilnehmer kann einen wichtigen Beitrag zur Effizienz von Besprechungen leisten. Zunächst einmal muß er natürlich konzentriert und aufmerksam zuhören. Zusätzlich kann er auch noch in vielerlei anderer Hinsicht dazu beitragen, daß eine Besprechung effizient wird, vor allem, indem er

1. sich vorher genau informiert,
2. pünktlich da ist,
3. dem Konferenzleiter keine Schwierigkeiten bereitet,
4. dem Konferenzleiter dabei hilft, die Besprechung unter Kontrolle zu halten.

20. Und was kommt nach der Besprechung?

Nach der Besprechung muß der Konferenzleiter sich über mehrere Faktoren Gedanken machen:

1. Werde ich in der nächsten Zeit noch weitere Konferenzen zu leiten haben? Wenn ja, was könnte ich beim nächsten Mal besser machen?
2. Sollte ich eine Zusammenfassung der Besprechung ausarbeiten und an die Teilnehmer verteilen? Wer sollte diese Zusammenfassung erhalten?
3. Inwiefern muß diese Besprechung nachbereitet werden?

Die effizientere Gestaltung künftiger Konferenzen

In Kapitel 13 dieses Buches habe ich allen Konferenzleitern geraten, die Besprechung gleich im Anschluß zu bewerten. Er kann diese Bewertung entweder selbst vornehmen oder die Konferenzteilnehmer oder einen außenstehenden Beobachter um ihr Urteil bitten – oder alle drei Methoden miteinander kombinieren. Diese Bewertung soll ihm Anregungen für die effizientere Gestaltung künftiger Konferenzen geben.

Nicht immer ist es sinnvoll, wenn nur der Konferenzleiter über die Probleme informiert ist, die während der Besprechung aufgetreten sind. Wenn die audiovisuellen Geräte zum Beispiel nicht richtig funktioniert haben, sollte man den dafür zuständigen Techniker darauf hinweisen und ihn das Problem beheben lassen. Wenn der Konferenzraum nicht richtig vorbereitet oder zu heiß oder zu kalt war, sollte man den zuständigen Mitarbeiter oder das zuständige Hotelpersonal darauf aufmerksam machen, damit so etwas in Zukunft nicht wieder vorkommt.

Das Besprechungsprotokoll

Der Konferenzleiter sollte sich Gedanken darüber machen, ob ein zusammenfassendes Protokoll notwendig ist oder nicht, und zwar am besten schon vor der Besprechung. Entweder der Konferenzleiter selbst oder ein damit beauftragter Sekretär macht sich dann während der Besprechung Notizen, die als Grundlage für das Protokoll dienen. Wenn ein Sekretär das Protokoll schreibt, sollte der Konferenzleiter es noch einmal überprüfen, ehe es ins reine getippt und vervielfältigt wird.

Bei der Entscheidung, ob ein Protokoll erforderlich ist oder nicht, sollten folgende Faktoren berücksichtigt werden:

Ein Protokoll ist wünschenswert, wenn:

1. die Konferenzteilnehmer gern ein solches Protokoll haben möchten – entweder für ihre Akten oder um eine Gedächtnisstütze (und vielleicht auch eine Erläuterung) des Besprochenen zu haben,
2. die Mitarbeiter, die nicht an der Konferenz teilnehmen konnten, wissen möchten, was besprochen wurde,
3. der Konferenzleiter es für sinnvoll hält, daß die Teilnehmer ein solches Protokoll erhalten (vor allem, wenn im Lauf der Konferenz Entscheidungen gefällt oder Aufträge erteilt wurden),
4. der Konferenzleiter diejenigen, die nicht an der Besprechung teilnehmen konnten, informieren möchte,
5. der Konferenzleiter selbst eine schriftliche Aufzeichnung der Besprechung braucht.

Dinge, die man nicht schriftlich festhält, geraten leicht in Vergessenheit. Daher ist ein Protokoll oft sehr sinnvoll.

Die Länge eines solchen Protokolls hängt davon ab, wie viele Einzelheiten die Teilnehmer benötigen. Meist genügt es, in kurzen Worten zusammenzufassen, worin die Ziele der Besprechung bestanden, was erreicht oder beschlossen wurde und was nun zu tun ist. Manchmal kann man auch noch ergänzendes Informationsmaterial beifügen.

Das folgende Formular eignet sich sehr gut für ein zusammenfassendes Protokoll:

Von: (Name des Konferenzleiters oder Koordinators)

An: (Namen der Teilnehmer und anderer Personen, die das
Protokoll erhalten sollen. Führen Sie alle Namen auf)

Datum:

Konferenzprotokoll

Datum der Konferenz: ____________ Uhrzeit: (Beginn und Ende)

Konferenzart:

Anwesende: (in alphabetischer Reihenfolge)

Konferenzziele:
1.
2.
3.

Beschlüsse:

Aufträge an einzelne Konferenzteilnehmer:

Anmerkungen:

Nächste Konferenz: Zeitpunkt:
Ort:

Nachbereitung der Konferenz

Wenn im Lauf der Konferenz einzelnen Mitarbeitern Aufträge erteilt wurden, sollte der Konferenzleiter diese Aufträge im Anschluß an die Besprechung noch einmal schriftlich formulieren und den betreffenden Mitarbeitern zukommen lassen. Dann muß er natürlich darauf achten, daß diese Aufträge auch ausgeführt werden. Er sollte sich regelmäßig über den Fortgang der einzelnen Projekte informieren und gegebenenfalls korrigierend eingreifen.

Abschlußtest

Was wissen Sie über effiziente Konferenzen?

(Markieren Sie die Antwort, die Ihnen am zutreffendsten erscheint)

	Ja	Nein
1. Wann ist eine Besprechung erforderlich?		
1. Eine Besprechung ist die beste Methode, einer Gruppe von Mitarbeitern Informationen zu vermitteln.	☐	☐
2. Eine Besprechung ist der beste Weg, um von mehreren Personen gleichzeitig Information zu erhalten.	☐	☐
3. Eine Konferenz ist erforderlich, wenn es Probleme zu lösen gibt.	☐	☐
4. Eine Besprechung ist die beste Möglichkeit, Mitarbeiter zu schulen und fortzubilden.	☐	☐
2. Wann ist eine Besprechung effizient?		
5. Eine Besprechung ist effizient, wenn durch sie das Ziel erreicht wird, das der Konferenzleiter sich gesteckt hat.	☐	☐
6. Eine Besprechung ist effizient, wenn der Leiter sein Ziel innerhalb möglichst kurzer Zeit erreicht.	☐	☐
7. Eine Besprechung ist effizient, wenn der Leiter sein Ziel innerhalb möglichst kurzer Zeit erreicht und auch die Konferenzteilnehmer mit dem Ergebnis zufrieden sind.	☐	☐

3. Wie kostspielig sind ineffiziente Besprechungen?

8. Normalerweise lassen sich die Kosten einer Besprechung ziemlich genau ermitteln. ☐ ☐

9. Im allgemeinen läßt sich recht genau feststellen, welchen Nutzen eine Besprechung erbracht hat. ☐ ☐

10. Die Kosten einer ineffizienten Besprechung können unter Umständen viel höher sein als die Gehälter des Konferenzleiters und der Teilnehmer. ☐ ☐

11. Bei ineffizienten Besprechungen kostet die negative Einstellung der Teilnehmer die Firma oder Organisation häufig am meisten Geld. ☐ ☐

4. Die häufigsten Ursachen ineffizienter Besprechungen – und ein paar praktische Lösungsvorschläge

12. Der Konferenzleiter hat es in der Hand, ob eine Besprechung effizient ist oder nicht. Er hat die meisten Faktoren, durch die eine Besprechung ineffizient wird, unter Kontrolle. ☐ ☐

13. Viele Ursachen ineffizienter Besprechungen lassen sich durch gute Planung und Vorbereitung von vornherein ausschalten. ☐ ☐

5. Die Rolle des Konferenzleiters

14. Der Konferenzleiter sollte eher eine Art Katalysator sein als eine starke Führungsrolle übernehmen. ☐ ☐

15. Bei einer wirklich effizienten Besprechung müssen alle oder fast alle Teilnehmer sich an der Diskussion beteiligen. ☐ ☐

6. Die Vorbereitung der Konferenz

16. Die genaue zeitliche Vorausplanung einer Besprechung ist wichtig für ihren Erfolg. ☐ ☐

17. Technische Hilfsmittel sind eine wichtige Voraussetzung für die Effizienz einer Besprechung. ☐ ☐

18. Eine Tafel, ein Flip-chart und/oder ein Overheadprojektor sollten bei jeder Besprechung zur Standardausrüstung gehören. ☐ ☐

19. Es ist wichtig für die Effizienz einer Besprechung, daß der Konferenzleiter alle Teilnehmer vorher rechtzeitig informiert. ☐ ☐

20. Wenn der Konferenzleiter dafür gesorgt hat, daß die erforderlichen technischen Geräte zur Verfügung stehen, braucht er sie kurz vor der Konferenz nicht unbedingt noch einmal zu überprüfen. ☐ ☐

21. Ein wichtiger Bestandteil der Vorbereitung einer Besprechung besteht in der Auswahl der richtigen Teilnehmer. ☐ ☐

7. Die effiziente Darbietung von Informationen

22. Wenn der Konferenzleiter den Teilnehmern einen Text vorliest, sollte das nicht länger als ein paar Minuten dauern, da sonst unter Umständen die Konzentration der Zuhörer erlahmt. ☐ ☐

23. Für eine effiziente Präsentation sind unbedingt visuelle Hilfsmittel erforderlich. ☐ ☐

24. Je geringer die rhetorischen Fähigkeiten des Konferenzleiters sind, um so hilfreicher sind visuelle Hilfsmittel. ☐ ☐

25. Es ist gut, wenn der Konferenzleiter den Text seiner Präsentation vorher auswendig lernt. ☐ ☐

26. Bei Vorträgen erlahmt die Aufmerksamkeit der Zuhörer spätestens nach zwanzig Minuten. ☐ ☐

27. Durch Beobachtung guter, geübter Redner kann man eine effiziente Präsentationstechnik erlernen. ☐ ☐

28. Es lenkt die Zuhörer ab, wenn der Redner sich ständig bewegt oder seinen Vortrag durch häufige »Ähs« unterbricht. ☐ ☐

29. Humor trägt stets zum Erfolg einer Präsentation bei. ☐ ☐

30. Je weniger Notizen der Konferenzleiter bei einer Präsentation benutzt, um so effizienter ist sie. ☐ ☐

31. Ein Redner merkt immer, ob die anderen ihm bei seiner Präsentation zuhören oder nicht. ☐ ☐

8. Der richtige Umgang mit Fragen

32. Der Leiter einer Konferenz, die der Schulung von Mitarbeitern, der Lösung eines Problems oder der Beschaffung von Informationen dient, muß in der Lage sein, klare, verständliche Fragen zu stellen, die die Teilnehmer beantworten können. ☐ ☐

33. Ein guter Konferenzleiter muß alle Fragen beantworten können, die die Teilnehmer stellen. ☐ ☐

34. Wenn ein Konferenzteilnehmer eine Frage stellt, sollte sie sofort – noch innerhalb derselben Besprechung – beantwortet werden. ☐ ☐

35. Wenn ein Konferenzteilnehmer eine Frage stellt, sollte man sie an die Gruppe weitergeben. ☐ ☐

36. Der Konferenzleiter sollte seine Fragen häufiger an die ganze Gruppe richten als an einzelne Teilnehmer. ☐ ☐

9. Die Motivation der Konferenzteilnehmer

37. Wenn es dem Konferenzleiter gelingt, die Teilnehmer gleich von Anfang an zu motivieren, wird ihre Begeisterung die ganze Besprechung hindurch anhalten. ☐ ☐

38. Wenn man Filme richtig einsetzt, können sie zur Motivation der Teilnehmer beitragen. ☐ ☐

39. Es besteht ein direkter Zusammenhang zwischen dem Grad der Begeisterung der Konferenzteilnehmer und dem Ausmaß ihrer Beteiligung an der Besprechung. ☐ ☐

40. Viele Konferenzteilnehmer beteiligen sich nicht an der Diskussion oder sind nicht motiviert, weil sie Angst davor haben, sich vor dem Konferenzleiter zu blamieren oder von ihm verspottet zu werden. ☐ ☐

41. Wenn der Konferenzleiter Begeisterung zeigt, reißt er damit auch die Teilnehmer mit. ☐ ☐

42. Man kann die Motivation der Besprechungsteilnehmer aufrechterhalten, indem man die Konferenz abwechslungsreich gestaltet. ☐ ☐

43. Die Teilnehmer sollten die Konferenz mit dem Gedanken verlassen: »Ich freue mich, daß ich dabeigewesen bin.« ☐ ☐

10. Wie behält man die Konferenz unter Kontrolle?

44. Der Konferenzleiter sollte pünktlich mit der Besprechung anfangen, selbst wenn noch nicht alle Teilnehmer da sind. ☐ ☐

45. In seinen einführenden Worten soll der Konferenzleiter die Ziele der Besprechung abstecken und darauf achten, daß alle Teilnehmer aufmerksam zuhören. ☐ ☐

46. Es ist leichter, die Teilnehmer zur Beteiligung an der Diskussion zu motivieren, als die Besprechung unter Kontrolle zu halten und in die gewünschte Richtung zu lenken. ☐ ☐

47. Eine Besprechung leitet und steuert man am besten, indem man von vornherein verhindert, daß sie außer Kontrolle gerät. ☐ ☐

48. Wenn der Konferenzleiter mit einem der Teilnehmer Probleme hat, sollte er diese Situation meistern, ohne den betreffenden Teilnehmer in Verlegenheit zu bringen oder vor den anderen zu blamieren. ☐ ☐

49. Wenn der Konferenzleiter das Gefühl hat, daß es mit einem der Teilnehmer Probleme geben könnte, sollte er das potentielle Problem bereits vor der Konferenz mit ihm diskutieren. ☐ ☐

50. Der Konferenzleiter sollte während der Besprechung niemals die Beherrschung verlieren. ☐ ☐

11. Der Abschluß einer Konferenz

51. Eine Besprechung beendet man am besten mit einer Frage-und-Antwort-Phase. ☐ ☐

52. Am Ende einer Besprechung sollte man die Zielsetzungen noch einmal formulieren und zusammenfassen, was besprochen worden ist und welche weiteren Schritte unternommen werden müssen. ☐ ☐

12. Die effiziente Koordination von Konferenzen

53. Wenn man einen Referenten vorstellt, sollte man das in möglichst kurzen Worten tun. ☐ ☐

54. Wenn ein Referent oder Konferenzleiter die Besprechung leitet, sollte der Koordinator oder Vorsitzende nichts tun, um sie unter Kontrolle zu halten oder in eine bestimmte Richtung zu steuern. ☐ ☐

55. Der Konferenzleiter sollte sich bemühen, bei einer Besprechung, in der ein Problem gelöst werden soll, seine persönlichen Ansichten oder Lösungsvorschläge nicht allzu eindringlich zum Ausdruck zu bringen. ☐ ☐

56. Nicht der Sprecher, sondern der Koordinator ist für den planmäßigen Ablauf der Konferenz verantwortlich. ☐ ☐

13. Bewertung der Konferenzergebnisse und Verbesserung künftiger Konferenzen

57. Ein Konferenzleiter merkt immer, ob bei einer Besprechung etwas Sinnvolles herausgekommen ist oder nicht. ☐ ☐

58. Die Teilnehmer merken stets, ob eine Besprechung effizient ist oder nicht. ☐ ☐

59. Es ist eine gute Idee, die Effizienz einer Besprechung von einem geschulten Beobachter bewerten zu lassen, der sein Urteil dann dem Konferenzleiter übermittelt. ☐ ☐

60. Je mehr Konferenzen man leitet, um so effizienter werden sie. ☐ ☐

14. Brainstorming

61. Ein Brainstorming ist nichts weiter als ein zwangsloses Geplauder, bei dem man vom Hundertsten ins Tausendste kommt. ☐ ☐

62. Bei einem Brainstorming wird nur auf die Quantität der Ideen geachtet; die Qualität wird völlig außer acht gelassen. ☐ ☐

63. Beim Brainstorming sollte der Leiter jede Idee, die vorgebracht wird, kurz bewerten, ehe man zur nächsten übergeht. ☐ ☐

64. Die Technik des Brainstormings steht im Widerspruch zu den normalen Denkprozessen der meisten Menschen. ☐ ☐

15. Konferenzen zur Lösung eines Problems

65. Konferenzen, die der Lösung eines Problems dienen, sind am schwierigsten zu leiten. ☐ ☐

66. Eine Konferenz zur Problemlösung erfordert in der Regel weniger Vorbereitung als eine Besprechung, bei der Informationen vermittelt werden. ☐ ☐

67. Zu Beginn einer Besprechung, die der Lösung eines Problems dient, sollte man kurz erläutern, warum diese Besprechung notwendig ist, und die Zielsetzungen klarstellen. ☐ ☐

68. Brainstorming kann ein wichtiger Bestandteil einer Besprechung sein, bei der ein Problem gelöst werden soll. ☐ ☐

69. Der Konferenzleiter sollte darauf achten, bei einer Problemkonferenz nicht zu dominieren. ☐ ☐

70. Bei einer Besprechung zur Lösung eines Problems sollte der Konferenzleiter keine eigenen Ideen oder Lösungsvorschläge vorbringen. ☐ ☐

71. Bei Problemkonferenzen muß der Konferenzleiter zu der Entscheidung stehen, die die Gruppe fällt. ☐ ☐

72. Die Teilnehmer einer Problemkonferenz bieten häufig schon zu einem Zeitpunkt Lösungen an, an dem die Diskussion über die Fakten und deren Ursachen noch gar nicht abgeschlossen ist. ☐ ☐

73. Bei der zeitlichen Planung einer Problemkonferenz sollte der Konferenzleiter die Anfangszeit genau festsetzen, aber nicht das Ende. ☐ ☐

74. Bei einer Problemkonferenz sollte der Leiter mehrere verschiedene Rollen spielen. ☐ ☐

16. Managementtrainings- und Fortbildungsprogramme

75. Durch firmeninterne Fortbildungsprogramme kann man die Einstellung der Mitarbeiter zu ihrer Arbeit verändern und ihnen gleichzeitig neue Kenntnisse und Fähigkeiten vermitteln. ☐ ☐

76. Der wichtigste Faktor bei internen Fortbildungsprogrammen ist die Effizienz des Konferenzleiters. ☐ ☐

77. Je mehr die Teilnehmer eines Fortbildungsprogramms sich am Gespräch beteiligen, um so besser. ☐ ☐

78. Durch den Einsatz von Tests läßt sich die Effizienz interner Trainingsprogramme erhöhen. ☐ ☐

79. Firmeninterne Fortbildungsprogramme sind häufig ergiebiger, als wenn man die Mitarbeiter zu Lehrgängen außerhalb der Firma schickt. ☐ ☐

80. Bei einem effizienten internen Fortbildungskurs müssen greifbare Resultate erkennbar sein: Das Verhalten der Teilnehmer muß sich verändern und ihre Leistungen müssen sich verbessern. ☐ ☐

81. Linienkräfte können ihre Mitarbeiter besser schulen als Stabskräfte wie z. B. Ausbildungsleiter und Berater. ☐ ☐

82. Es ist effizienter, die Mitarbeiter von internen Trainern schulen zu lassen, als externe Berater heranzuziehen. ☐ ☐

17. Vertreterkonferenzen

83. Je humorvoller und lebendiger man eine Vertreterkonferenz gestaltet, um so besser. ☐ ☐

84. Trainer, die dem Verkaufspersonal technische Kenntnisse und Fähigkeiten vermitteln, sollten visuelle Hilfsmittel verwenden. ☐ ☐

85. Trainer oder Referenten sollten ihren Vortrag von einem Manuskript ablesen, um sicherzugehen, daß der gesamte Stoff behandelt und das Zeitlimit nicht überschritten wird. ☐ ☐

86. Vertreter möchten bei Konferenzen lieber unterhalten als instruiert und fortgebildet werden. ☐ ☐

18. Telekonferenzen: Methoden und Einsatzmöglichkeiten

87. Der größte Vorteil von Telekonferenzen gegenüber Konferenzen, bei denen die Manager persönlich anwesend sind, ist die Kostenersparnis. ☐ ☐

88. Bei Telefonkonferenzen geht die Kommunikation nur akustisch vonstatten; Kommunikationsmedium ist das Telefon. ☐ ☐

89. Wenn die Teilnehmer einer Telefonkonferenz zusätzlich auch noch per Telefax miteinander kommunizieren, hat das den Vorteil, daß sie sich gegenseitig sehen können. ☐ ☐

90. Die elektronische Wandtafel ist ein Beispiel für ein Video-Teletrainingssystem. ☐ ☐

91. Der größte Nachteil von Videokonferenzen ist ihre Kostspieligkeit. ☐ ☐

19. Wie kann man als Teilnehmer zum Erfolg einer Konferenz beitragen?

92. Ein Konferenzteilnehmer kann nur wenig oder gar nichts dagegen tun, wenn eine Besprechung ineffizient ist. ☐ ☐

93. Konferenzleiter haben etwas gegen Teilnehmer, die Vorschläge machen, wie man die Besprechung sinnvoller gestalten könnte. ☐ ☐

94. Man kann eine ineffiziente Besprechung »retten«, indem man den anderen Konferenzteilnehmern mit gutem Beispiel vorangeht. ☐ ☐

95. Die anderen Konferenzteilnehmer ärgern sich darüber, wenn einer von ihnen versucht, eine Besprechung mit Hilfe von Kommentaren oder Fragen effizienter zu gestalten. ☐ ☐

96. Wenn der Leiter die Konferenz aus irgendeinem Grund nicht pünktlich eröffnet, sollte ein Konferenzteilnehmer, der rechtzeitig gekommen ist, versuchen, den Leiter auf taktvolle Art dazu zu bringen, daß er mit der Besprechung beginnt. ☐ ☐

20. Und was kommt nach der Besprechung?

97. Der Konferenzleiter sollte immer dafür sorgen, daß eine Zusammenfassung oder ein Protokoll der Besprechung erstellt und den Teilnehmern zugeleitet wird. ☐ ☐

98. Eine Zusammenfassung der Besprechung sollte auch an alle Betroffenen geschickt werden, die nicht an der Konferenz teilgenommen haben. ☐ ☐

99. Wenn den Teilnehmern im Lauf einer Besprechung bestimmte Aufgaben zugeteilt wurden, sollte der Konferenzleiter diese Aufgaben in Form eines schriftlichen Resümees zusammenfassen und den Konferenzteilnehmern dieses Resümee zukommen lassen. ☐ ☐

100. Der Konferenzleiter sollte jede Besprechung in irgendeiner Form bewerten. ☐ ☐

Und nun werten Sie den Abschlußtest aus! Vergleichen Sie Ihre Antworten mit der Auflösung (siehe unten).

Ihre Punktzahl erhalten Sie, indem Sie die Anzahl der »falschen« Antworten von 100 abziehen.

Punktzahl des Abschlußtests ____________

Vergleichen Sie das Ergebnis des Abschlußtests mit dem des Einführungstests, den Sie vor der Lektüre dieses Buches absolviert haben. Um wie viele Punkte haben Sie sich verbessert?

Auflösung des Einführungstest

J = Ja N = Nein

1.	N	26.	N	51.	N	76.	J
2.	N	27.	J	52.	J	77.	N
3.	N	28.	N	53.	N	78.	J
4.	N	29.	N	54.	N	79.	N
5.	N	30.	N	55.	J	80.	N
6.	N	31.	N	56.	J	81.	N
7.	J	32.	J	57.	N	82.	N
8.	J	33.	N	58.	N	83.	N
9.	N	34.	N	59.	J	84.	J
10.	J	35.	N	60.	N	85.	N
11.	J	36.	J	61.	N	86.	N
12.	J	37.	N	62.	J	87.	J
13.	J	38.	J	63.	N	88.	J
14.	N	39.	N	64.	J	89.	N
15.	N	40.	J	65.	J	90.	N
16.	J	41.	J	66.	J	91.	J
17.	J	42.	J	67.	J	92.	N
18.	J	43.	J	68.	J	93.	N
19.	J	44.	J	69.	J	94.	J
20.	N	45.	J	70.	N	95.	N
21.	J	46.	J	71.	J	96.	J
22.	J	47.	J	72.	J	97.	N
23.	N	48.	J	73.	J	98.	J
24.	J	49.	J	74.	J	99.	J
25.	N	50.	J	75.	J	100.	J

ANHANG A

Murphys Gesetz bei Besprechungen

Eine Checkliste für Konferenzplaner

Von Allen Zoll

Wie fast jeder weiß, besagt Murphys Gesetz: »Wenn irgend etwas schiefgehen kann, wird es das todsicher tun.« Viele Leute würden aus eigener leidvoller Erfahrung hinzufügen: »Nicht nur das; selbst die Dinge, die eigentlich gar nicht schiefgehen können, schlagen einem manchmal noch ein Schnippchen.«

Ich kenne jemanden, der seine Konferenzen zunächst einmal plant und dann im Geiste eine Liste aller möglichen »Und was wäre, wenn . . .«-Fragen durchgeht. Er überlegt sich genau, was alles schiefgehen kann. Aber vielleicht läßt Murphys Gesetz sich gar nicht überlisten? Vielleicht gibt es auch noch einen heimtückischen Zusatz zu diesem Gesetz, der besagt: »Die größten Katastrophen sind nicht vorhersehbar«?

Trotzdem sollte es für Konferenzplaner und -mitarbeiter irgendeine Möglichkeit geben, systematisch zu überlegen, wie man unerwarteten Pannen vorbeugen kann – um die Anzahl der Katastrophen wenigstens möglichst gering zu halten.

Um eine möglichst komplette Liste solcher potentieller Pannen aufzustellen, habe ich etliche Konferenzleiter und -planer befragt. Natürlich ist meine Liste trotzdem immer noch unvollständig; aber sie ist wenigstens eine kleine Orientierungshilfe bei der Konferenzplanung.

I. Konferenzraum und Sitzmöbel

1. Zur selben Zeit wie Ihre Konferenz findet im Hotel eine Massenveranstaltung der Fischerchöre statt, was sich auf den Service und die Betreuung besonders positiv auswirkt. Die musikalische Untermalung der Besprechung wirkt äußerst motivierend auf die Konferenzteilnehmer.

2. Das von den Hotels angegebene Fassungsvermögen der Konferenzräume beruht auf der Annahme, daß Sie vorhaben, die Konferenzteilnehmer dichtgedrängt wie Ölsardinen nebeneinandersitzen zu lassen. In Wirklichkeit paßt nur ein Drittel der angegebenen Personen in den Raum hinein.

3. Die Konferenzräume, die Sie vorher inspiziert hatten, sind merkwürdigerweise in der Zwischenzeit um die Hälfte geschrumpft.

4. Wenn Sie eine U-förmige Anordnung der Tische verlangt haben, seien Sie nicht überrascht, bei Betreten des Konferenzraums statt des »U« ein »W« vorzufinden – wegen der großen Säulen, die plötzlich aufgetaucht sind.

5. Wenn das Hotel Ihnen »große, durch schalldichte Trennwände teilbare Räume« verspricht – glauben Sie nicht daran.

6. Die Ankündigung »bequeme, platzsparende Stühle« sollte kein Anlaß zu voreiliger Freude sein. Vielleicht verbergen sich hinter dieser verlockenden Bezeichnung metallene Klappstühle.

7. Wenn alles perfekt arrangiert und vorbereitet ist, stellt sich heraus, daß bei der Buchung der Zimmer ein Fehler unterlaufen ist – es sind nur halb so viele Zimmer frei, wie Sie brauchen.

II. Konferenzplanung und -organisation

1. Die Konferenzteilnehmer haben die zur Vorbereitung nötigen Materialien nicht erhalten. Sollten sie sie wider Erwarten doch bekommen haben, haben sie sie nicht gelesen.

2. Materialien, die man Ihnen ins Hotel vorausgeschickt hat, werden wieder zurückgesandt, weil Sie noch nicht eingecheckt haben.

3. Materialien, die beim Verschicken als wichtig deklariert wurden, werden prompt an einen falschen Zielort geschickt.

4. Während des Transports von Informationsmaterial verblassen klare, leserliche Druckbuchstaben zusehends, die Löcher vorgelochter Papiere werden wie durch ein Wunder immer größer, geordnete Blätter geben ihrem natürlichen Hang zum Chaos nach, und Filzstifte werfen übermütig ihre Deckel ab.

5. Die vervielfältigten Informationsblätter reichen nicht aus; Sie hätten 10% mehr vervielfältigen lassen sollen.

6. Die Seiten 4 und 5 der wichtigsten Informationsbroschüre fehlen.

7. Die am Vorabend noch sorgfältig vorbereiteten Namenskärtchen und Informationsblätter sind wie vom Erdboden verschwunden; und auch die Sitzmöbel, die Sie gestern sorgfältig zurechtgerückt hatten, haben plötzlich eine ganz andere Anordnung.

8. Je mehr Personen an der Konferenz teilnehmen, um so kleiner ist der Konferenzraum.

9. Die Sitzordnung ist so arrangiert, daß der am höchsten gestellte Konferenzteilnehmer garantiert die Tischbeine zwischen den Füßen hat.

10. Je näher der Konferenztermin rückt, um so klarer wird Ihnen, daß verschiedene Punkte des Programms noch geändert werden müssen. Die wichtigsten Veränderungen ergeben sich, nachdem das Programm schon gedruckt und verteilt worden ist.

11. Besprechungsphasen, die eigentlich nur fünf Minuten dauern sollten, dehnen sich auf anderthalb Stunden aus.

12. Wenn Sie nicht eisern durchgreifen, verzögert sich der Wiederbeginn der Besprechung nach Pausen um 10 bis 30 Minuten.

13. Sie haben dem Empfangschef Briefe für die Konferenzteilnehmer gegeben, die am Sonntag im Hotel eintreffen werden. Er

steckt die Briefe jedoch erst am nächsten Donnerstag in ihre Kästen.

14. Wenn das Konferenzprogramm überhaupt in der Hotelhalle ausgehängt ist, stimmen die Zeitangaben wahrscheinlich nicht. Dafür wimmelt es von abenteuerlichen Abkürzungen, die sich nur mit viel Phantasie interpretieren lassen.

15. Zwei andere Firmen mit ähnlichen Namen haben zur selben Zeit wie Sie in dem Hotel eine Konferenz anberaumt. Das bedeutet, daß unter Garantie ein Drittel Ihrer Konferenzteilnehmer in den falschen Räumen gelandet ist. Dafür entdecken Sie in Ihrer Gruppe einige Gesichter, die Sie noch nie gesehen haben.

16. Sobald der Empfangschef, der Portier und das übrige Personal Sie kennen und über Ihre Wünsche und Bedürfnisse informiert sind, findet in dem Hotel ein Schichtwechsel statt.

17. Belüftungs- und Klimaanlage scheinen nur zur Dekoration dazusein; sie denken gar nicht daran, zu funktionieren.

18. Je mehr Raucher und streitbare Nichtraucher sich unter den Konferenzteilnehmern befinden, um so schlechter funktioniert die Belüftungsanlage.

III. Referenten

1. Die geplanten Vorträge bauen logisch aufeinander auf. Das Problem ist nur, daß die Referenten, die eigentlich die einleitenden Vorträge halten sollten, verhindert sind und erst am Schluß der Konferenz kommen können, während diejenigen, die erst am Schluß an die Reihe kämen, ihren Vortrag lieber schon am Anfang halten möchten.

2. Etliche Referenten landen versehentlich in einem anderen Hotel; und dieses Hotel befindet sich unglücklicherweise am anderen Ende der Stadt.

3. Referenten erledigen ihre letzten Vorbereitungsarbeiten gern an der Hotelbar.

4. Der wichtigste Referent sagt ab und schickt einen Ersatzmann, der seinem Vortrag erst einmal eine langatmige Entschuldigung vorausschickt. Diese Entschuldigung erweist sich als der Höhepunkt seines Vortrags.

5. Zwei Ihrer Referenten bringen versehentlich Notizen für einen Vortrag mit, den Sie eigentlich bei einem anderen Anlaß halten sollten. Der eine hält seinen Vortrag unbeirrt, obwohl es der falsche ist; der andere spricht eine Stunde lang aus dem Stegreif.

6. Drei Ihrer Referenten beginnen ihren Vortrag mit der gleichen witzigen Anekdote. Interessant ist für die Zuhörer in diesem Fall nur noch der Vergleich: Welcher der drei Referenten kann Witze am besten erzählen, und welcher gibt die obszönste Variante zum besten?

7. Je mehr Kopien Ihr Referent anfertigen lassen möchte, um so größer ist die Wahrscheinlichkeit, daß das Kopiergerät des Hotels gerade nicht funktioniert.

8. Manchmal stehen zwei Personen gleichzeitig auf, um einen Referenten vorzustellen und ein paar einführende Informationen über ihn zu geben; dann wieder erhebt sich kein einziger.

IV. Mahlzeiten und Erfrischungen

1. Erfrischungen und Snacks werden ausgerechnet in dem Augenblick gebracht, wo die Diskussion – oder irgendeine andere entscheidende Phase der Besprechung – in vollem Gange ist.

2. Den Konferenzteilnehmern, die Kaffee bestellt haben, wird garantiert Tee serviert, und umgekehrt.

3. Die Erfrischungen werden zwar zum richtigen Zeitpunkt serviert; doch leider wurden sie versehentlich nicht in den Konfe-

renzraum, sondern auf die Hotelzimmer der Konferenzteilnehmer geschickt.

4. Aus religiösen oder diätetischen Gründen – oder ganz einfach aufgrund der Eßgewohnheiten Ihrer Konferenzteilnehmer – sind Hüttenkäse und grüner Salat die einzigen Nahrungsmittel, die für alle Anwesenden akzeptabel sind. Oder Sie haben Fleischkäse bestellt und stellen nun fest, daß unter Ihren Konferenzteilnehmern drei Vegetarier sind.

5. 50% der Konferenzteilnehmer werden sagen, daß das Essen nicht ausreichend war. Die anderen 50% werden stöhnen, es sei viel zuviel gewesen. Und alle werden sich darüber beklagen, daß sie zunehmen.

6. Bei der Anordnung der Stühle rund um die Tische ist nicht berücksichtigt worden, daß die meisten Leute breitere Schultern als Knie haben.

7. Kurz vor Mittag hat sich eine lebhafte Debatte entsponnen, die nun während des Mittagessens fortgesetzt wird. Die Köpfe werden immer heißer, während das Essen kalt wird. Außerdem sind immer zwei Butterdosen und zwei Salatschüsseln zuwenig da.

8. Wenn das Unterhaltungsprogramm nach dem Abendessen beginnt, sind einige Konferenzteilnehmer noch nicht mit ihrem Nachtisch fertig; und anderen ist noch nicht einmal die Vorspeise serviert worden.

9. Für diejenigen Teilnehmer, die das offizielle Abendprogramm nicht interessiert, sind die abendlichen Pläne der weiblichen Hotelbediensteten eine willkommene Alternative.

V. Audiovisuelle Medien

1. Zur Unterhaltung Ihrer Konferenzteilnehmer wird die Konferenz des Nachbarraums per Lautsprecher in Ihrem Raum über-

tragen, weil irgendein Techniker in der Zentrale die Kabel falsch gesteckt hat.

2. Die Raumbeleuchtungsschalter finden sich nach längerem Suchen hinter den Mänteln an der Garderobe vor dem Konferenzraum.

3. Es besteht eine unerklärliche Verbindung zwischen den Lichtschaltern und der Stromversorgung für die AV-Geräte.

4. Elektrische Schnüre, die nicht am Boden festgeklebt sind, werden zu Stolpersteinen, die die Konferenz um einige interessante Zwischenfälle bereichern.

5. Verlängerungsschnüre sind in der Regel einen Meter zu kurz.

6. Geliehene audiovisuelle Geräte erregen wegen ihres Wertes als antike Sammelobjekte großes Interesse bei den Konferenzteilnehmern.

7. Die Ersatzbirnen für die audiovisuellen Geräte funktionieren nicht.

8. Die Brennweite des Projektionsobjektivs paßt nicht zur Entfernung von der Leinwand; das heißt, das projizierte Bild ist selbst dann noch zu klein, wenn Sie den Projektor so weit wie möglich von der Leinwand entfernt aufstellen.

9. Der ideale Platz für die Leinwand befindet sich ausgerechnet unter der einzigen Lampe, die anbleibt, wenn der Raum verdunkelt wird.

10. Wenn der Spiegelsaal des Hotels als Konferenzraum benutzt wird, entstehen bei der Diaprojektion eigenartige, geradezu psychedelisch wirkende Effekte.

11. Filme, die Sie erst in letzter Minute vor der Vorführung erhalten, sind nicht zurückgespult.

12. Eine Videokassette mit der Aufschrift »Das Verkaufsgespräch« enthält einen Streifen des letzten Betriebsausflugs.

13. Das Flip-chart fällt zusammen und reißt den Konferenzleiter, der die Situation noch in letzter Minute zu retten versucht, mit sich.

14. Ein Film reißt, obwohl er richtig gereinigt, überprüft, zurückgespult und eingelegt wurde.

15. Die Filmführungsrolle ist nur zwei Drittel so groß wie die Filmspule.

16. Bettlaken und -bezüge, die als Leinwände herhalten müssen, sorgen für interessante optische Effekte – vor allem, wenn sie Blümchenmuster haben.

17. Das Podium hat die ideale Höhe und den idealen Abstand vom Publikum für den Durchschnittsreferenten. Das Problem ist nur, daß der Durchschnittsreferent an der Konferenz nicht teilnimmt.

18. Während des Vortrags des schlechtesten Redners fällt das Verstärkungssystem aus. Während des besten Vortrags wird es repariert.

19. Überraschenderweise gibt es im Hotel kein doppelseitiges Klebeband und keine Stifte für das Flip-chart.

ANHANG B

Praktische Tips von qualifizierten, erfahrenen Konferenzleitern

Ich habe eine Umfrage veranstaltet, in der ich um praktische Ratschläge bat, wie man eine Besprechung möglichst effizient gestaltet. Mein Fragebogen wurde an Konferenzleiter und -planer geschickt, die bei mir ein Seminar mit dem Thema »Wie gestaltet man Besprechungen effizient?« absolviert hatten.

Ich fragte die Seminarteilnehmer, durch welche Faktoren ihrer Erfahrung nach eine Besprechung effizient wird. (Dabei unterschied ich zwischen Konferenzen, die sie selbst leiteten, und Konferenzen, an denen sie lediglich teilnehmen.) Anschließend bat ich sie noch um Vorschläge zur effizienten Gestaltung von Besprechungen. Die Ergebnisse der Umfrage und die besten Vorschläge finden Sie auf den folgenden Seiten.

Ergebnisse der Umfrage

a) Berichten Sie über Ihre Erfahrungen bei Konferenzen, die Sie leiteten.

I. Welches sind die drei wichtigsten Faktoren, die zur Effizienz Ihrer Besprechungen beitragen? (Eine effiziente Besprechung muß folgende drei Kriterien erfüllen: 1. Die Ziele der Besprechung sind erreicht worden, 2. und zwar innerhalb kürzester Zeit, 3. und alle Teilnehmer sind zufrieden.)

1. Genaue Ausarbeitung der Tagesordnung und der Zielsetzungen durch den Konferenzleiter
2. Kontrolle der Besprechung durch den Konferenzleiter
3. Aktive Beteiligung der Konferenzteilnehmer
4. Rechtzeitige Vorankündigung an die Teilnehmer und ausreichende Vorbereitung von seiten der Teilnehmer

5. Richtiger Abschluß
6. Effizienter Einsatz von visuellen Hilfsmitteln und Informationsblättern
7. Auswahl der richtigen Teilnehmer
8. Pünktlicher Beginn
9. Klare Darlegung der Zielsetzungen von seiten des Konferenzleiters
10. Fähiger, gut informierter Konferenzleiter, der Begeisterung ausstrahlt
11. Nach der Konferenz ausgearbeitete und verteilte schriftliche Zusammenfassung
12. Geeignete Räumlichkeiten und Geräte

II. Welches sind die drei wichtigsten Faktoren, unter denen die Effizienz Ihrer Besprechungen leidet?

1. Der Konferenzleiter übt nicht genügend Kontrolle aus
2. Die Teilnehmer sind nicht ausreichend vorbereitet
3. Der Konferenzleiter ist nicht ausreichend vorbereitet
4. Der Konferenzleiter hat die Themen und Zielsetzungen der Besprechung nicht klar genug erläutert
5. Negative Einstellung der Konferenzteilnehmer (Mangel an Interesse usw.)
6. Auswahl der falschen Teilnehmer
7. Unterbrechungen
8. Die Konferenz war unnötig
9. Die Konferenz fand zu einem ungünstigen Zeitpunkt statt
10. Die Teilnehmer kamen zu spät
11. Unzureichende Räumlichkeiten und Geräte
12. Kein guter Abschluß
13. Zu umfangreiches Besprechungsprogramm

III. Mit welchem Problem werden Sie als Konferenzleiter am häufigsten konfrontiert?

1. Ausübung der Kontrolle über die Konferenz
2. Wachhaltung des Interesses und der Begeisterung der Konferenzteilnehmer
3. Motivation der Konferenzteilnehmer zur aktiven Beteiligung an der Besprechung
4. Pünktlicher Beginn
5. Mangelnde Vorbereitung der Teilnehmer
6. Festsetzung eines geeigneten Zeitpunkts
7. Unzureichende Kommunikation zwischen dem Konferenzleiter und den Teilnehmern

b) Berichten Sie über Ihre Erfahrungen bei Konferenzen, an denen Sie teilnahmen.

I. Welches sind die drei wichtigsten Faktoren, durch die diese Konferenzen effizient wurden?

1. Kontrolle von seiten des Konferenzleiters
2. Aktive Beteiligung der Konferenzteilnehmer an der Besprechung
3. Vorbereitung des Konferenzleiters
4. Klare Erläuterung der Tagesordnung und der Konferenzziele
5. Rechtzeitige Vorankündigung an die Konferenzteilnehmer
6. Angemessener Abschluß
7. Gute Vorbereitung der Konferenzteilnehmer
8. Richtige Atmosphäre
9. Geeigneter Ort
10. Gute Kommunikation zwischen dem Konferenzleiter und den Teilnehmern

11. Gute audiovisuelle Medien
12. Pünktlicher Beginn und planmäßiger Ablauf
13. Richtiger Zeitpunkt
14. Auswahl der richtigen Teilnehmer
15. Kürze der Besprechung
16. Notwendigkeit der Besprechung
17. Genügend Pausen
18. Fähiger, gut informierter Konferenzleiter

II. Welches sind die drei wichtigsten Faktoren, unter denen die Effizienz dieser Besprechungen leidet?

1. Der Konferenzleiter hat die Besprechung nicht richtig unter Kontrolle
2. Der Konferenzleiter ist nicht ausreichend vorbereitet
3. Schlechter (oder gar kein) Abschluß
4. Die Konferenz dauert zu lange
5. Uninformierte oder unvorbereitete Teilnehmer
6. Auswahl der falschen Teilnehmer
7. Zu umfangreiches Besprechungsprogramm
8. Mangelnde Kommunikationsfähigkeit des Konferenzleiters
9. Die Besprechung war unnötig
10. Mangelndes Interesse der Teilnehmer
11. Mangelnde Beteiligung der Konferenzteilnehmer
12. Unzureichende Räumlichkeiten und Geräte
13. Unterbrechungen von außen
14. Nicht genügend Pausen
15. Schlechte audiovisuelle Medien
16. Der Konferenzleiter ist nicht aufgeschlossen genug

17. Zu viele fachspezifische Informationen

18. Die Teilnehmer kennen den Konferenzleiter nicht oder nicht gut

19. Unpünktlicher Beginn

c) Die besten Anregungen und Vorschläge

Ich möchte nun einige Antworten auf die Frage »Welches ist der beste Vorschlag, den Sie Konferenzleitern geben können?« zitieren.

»Es ist wichtig, daß der Konferenzleiter die Besprechung steuert und unter Kontrolle hat, ohne jedoch die Kreativität und den Ideenfluß der Teilnehmer zu hemmen oder gar zu unterdrücken.«

»Eine Konferenz sollte sein wie ein gutes chinesisches Essen: angenehm zu konsumieren, leicht verdaulich und nicht zu sättigend.«

»Wenn Sie Ihre Mitarbeiter am Konferenztag anrufen und ihnen sagen, daß heute um 14 Uhr eine Besprechung stattfindet, dürfen Sie nicht mit allzu zahlreicher oder begeisterter Teilnahme rechnen.«

»Kündigen Sie die Besprechung rechtzeitig vorher an, und lassen Sie den Teilnehmern auch die Tagesordnung zukommen, damit sie sich vorbereiten können.«

»Seien Sie gut vorbereitet, und verteilen Sie vor Konferenzbeginn die Tagesordnung. Beginnen Sie pünktlich, und halten Sie den Zeitplan ein. Zeit sollten Sie nur dann investieren, wenn es gilt, ein Problem zu lösen. Falls die Lösung noch nicht möglich ist, verschieben Sie sie auf einen späteren Zeitpunkt innerhalb der Besprechung.«

»Bereiten Sie sich gründlich vor.«

»Sie müssen sich darüber im klaren sein, was in der Besprechung erreicht werden soll, und Ihre Tagesordnung dieser Zielsetzung entsprechend planen.«

»Planen Sie die Konferenz gut, verschaffen Sie sich Feedback, und achten Sie auf Blickkontakt.«

»Kündigen Sie den Konferenzteilnehmern vorher immer in kurzen, zusammenfassenden Worten an, was Sie ihnen sagen möchten. Erst anschließend gehen Sie ins Detail.«

»Formulieren Sie die Ziele klar und deutlich, fassen Sie so oft wie nötig zusammen, vor allem, wenn keine Einigung erzielt werden kann. Achten Sie darauf, daß die Ziele, die Sie sich gesetzt haben, erreicht werden. Wenn Sie nicht zu einer Entscheidung gelangen können und ein Komitee oder zusätzliche Informationen erforderlich sind, verschieben Sie die Lösung des Problems, und setzen Sie den Termin für eine weitere Besprechung fest.«

»Wenn Sie jemanden zu einer Konferenz einladen, achten Sie immer darauf, daß es auch einen triftigen Grund dafür gibt – tun Sie es nicht einfach nur, weil Sie die vage Vermutung haben, daß die Besprechung für ihn vielleicht interessant sein könnte.«

»Formulieren Sie klar und deutlich Ziel und Zweck der Besprechung, und warten Sie auf Feedback, um sicherzugehen, daß die Konferenzteilnehmer diese Informationen auch verstanden haben.«

»Handeln Sie alle Punkte der Tagesordnung ab. Halten Sie sich an die Tagesordnung, seien Sie aber gleichzeitig flexibel genug, auch genügend Zeit für Diskussionen zu lassen. Versuchen Sie die Besprechung pünktlich zu beginnen und pünktlich zu beenden.«

»Planen Sie die Konferenz sorgfältig, verständigen Sie sich vor und nach der Besprechung mit den (Konferenz)teilnehmern, achten Sie darauf, daß die Diskussion nicht vom Thema abkommt.« (Mitarbeiter einer Versicherungsgesellschaft)

»Seien Sie genau über Ihre Zuhörer und deren Interessen informiert.«

»Planen Sie Ihre Konferenzen gut, und bereiten Sie sie sorgfältig vor. Denken Sie daran: Man kann kein Haus bauen, ohne vorher einen Bauplan anzufertigen.«

»Überlegen Sie sich genau, ob die Konferenz überhaupt erforderlich ist und was erreicht werden soll. Im Anschluß daran fragen Sie sich: Sind die Ziele innerhalb möglichst kurzer Zeit erreicht worden, und sind die Konferenzteilnehmer mit den Ergebnissen zufrieden?«

»Fassen Sie sich kurz und präzise – denken Sie immer daran, wie wertvoll die Arbeitszeit der Konferenzteilnehmer ist! Bereiten Sie sich gründlich auf die Besprechung vor! Halten Sie sich an Ihren Zeitplan, und setzen Sie auch einen (wenigstens ungefähren) Zeitpunkt für das Ende der Besprechung fest.«

»Schreiben Sie die Ziele der Besprechung auf. Dann fragen Sie sich: ›Ist die Besprechung wirklich notwendig?‹ Wenn die Antwort ›Ja‹ lautet, planen Sie die Konferenz sorgfältig, und denken Sie reiflich darüber nach, wer daran teilnehmen sollte.«

»Sie sollten die Konferenzteilnehmer genau kennen und gut vorbereitet sein.«

»Machen Sie den Teilnehmern Ziel und Zweck der Besprechung klar. Dulden Sie keine Abschweifungen vom Thema. Wählen Sie die Teilnehmer sorgfältig aus.« (Mitarbeiter einer Stadtverwaltung.)

»Organisation ist alles.«

»Informieren Sie sich so gut wie möglich über die Konferenzteilnehmer: warum sie teilnehmen, warum sie sich so verhalten, warum sie gut miteinander harmonieren oder keinen Kontakt zueinander finden können, was sie für Wünsche und Interessen haben und welche Faktoren ihr Denken und Handeln beeinflussen.«

»Seien Sie sich darüber im klaren, was Sie erreichen möchten; dann gehen Sie geradewegs und ohne Umschweife auf Ihr Ziel zu.«

»Seien Sie fair und auch bereit, *zuzuhören.*«

ANHANG C

Hinweise zur Schulung von Konferenzleitern

Dieses Kapitel soll als Leitfaden für Management-Trainer dienen, die ein eintägiges Seminar zum Thema »Konferenzleitung« abhalten möchten.

Ein erfahrener Management-Trainer kann mit Hilfe dieses Materials (das er höchstens an manchen Stellen ein wenig abzuändern braucht, um es an seinen persönlichen Unterrichtsstil anzupassen) ein Seminar über Konferenzleitung gestalten. Die Seminarteilnehmer sollten schon ein wenig Erfahrung in der Leitung von Konferenzen haben; doch auch ein völliger Neuling kann bei diesem Seminar etwas lernen.

Anzahl der Seminarteilnehmer

Dieses Seminar wurde bisher mit Gruppen bis zu 20 Teilnehmern erfolgreich abgehalten. Wenn mehr als vier bis sieben Personen teilnehmen, sind gesonderte Ecken oder Räume für Arbeitsgruppen erforderlich. Es ist am besten, wenn die Arbeitsgruppen sich gegenseitig beim Brainstorming, bei der Lösung von Problemen und bei der Übung am Ende des Seminars nicht hören können.

Vorbereitung des Trainers

Lesen Sie das ganze Kapitel einschließlich des Materials für die zweistündige Übung vor dem Seminar durch. Machen Sie sich die Lernziele klar, und versuchen Sie, das ganze Programm an einem Tag durchzuziehen, damit alle Lernziele erreicht werden. Gehen Sie mit gutem Beispiel voran, und zeigen Sie den Seminarteilnehmern, wie wichtig es ist, daß der Konferenzleiter sich vor der Besprechung völlig über die zu erreichenden Ziele im klaren ist.

Lesen Sie den Test *Teil 1* auf den Seiten 243 f., und versuchen Sie die wichtigsten Aussagen dieses Tests bildlich zu demonstrieren. Der Nutzen eines Flip-charts läßt sich zum Beispiel veranschaulichen, indem man auf den einzelnen Blättern Notizen zu folgenden Themen macht:

a) Was für Konferenzen haben Sie bisher geleitet?

b) Welche Rolle(n) spielten Sie dabei als Konferenzleiter?

c) Wie haben sie problematische Situationen gemeistert?

und die Blätter anschließend abreißt und an die Wand klebt.

Auch den Sinn visueller Medien und Hilfsmittel sollten Sie optisch veranschaulichen, statt einfach nur darüber zu reden. Zum Beispiel könnten Sie vor dem Seminar die Themen von *Teil 2* auf S. 245 auf Karteikarten schreiben und waagerecht einen Streifen doppelseitiges Klebeband an der Wand des Konferenzraums befestigen. Immer wenn Sie zum nächsten Thema übergehen, kleben Sie die entsprechende Karte auf das Band. Versuchen Sie alle Ihre Vorträge auf solche oder ähnliche Weise *bildlich zu veranschaulichen.*

Unterrichtsmethoden

Beginnen Sie pünktlich; bemühen Sie sich, möglichst rasch die Aufmerksamkeit der Seminarteilnehmer zu wecken; fassen Sie sich bei der Einführung und den organisatorischen Informationen möglichst kurz. Für das Seminar eignet sich am besten folgende Unterrichtsmethode:

- Kurze Vorträge mit visueller Veranschaulichung
- Diskussion
- Zuweisung von Aufgaben an Arbeitsgruppen
- Übung

Abschließende Zusammenfassung des Gelernten und Verteilung der schriftlichen Informationsblätter.

Visuelle Hilfsmittel

- Flip-chart mit genügend Papier
- Tafel, falls vorhanden
- Doppelseitiges Klebeband und Karteikarten
- Schriftliche Informationsblätter
- Kopien der Übung
- Stifte zum Schreiben auf Flip-charts
- Namenskärtchen

Unterrichtsanleitungen und Tagesordnung für den Seminarleiter

8.30 Beginn
Beginnen Sie pünktlich. Bitten Sie die Seminarteilnehmer, vor dem Seminar den auf Seite 242 abgedruckten Fragebogen auszufüllen. Er enthält zwei Fragen:

- Was hoffen Sie im Lauf des heutigen Seminars zu lernen?
- Schildern Sie Konferenzsituationen und -probleme, bei denen Sie Hilfe bräuchten.

Diese Informationen werden Sie im Lauf des Seminars noch brauchen.

8.35 Einleitung und Organisatorisches
Fragen Sie die Seminarteilnehmer nach ihren Erfahrungen bei der Einleitung von Konferenzen. Diese Erfahrungen können Ihnen dann als Ausgangspunkt dafür dienen, den Teilnehmern verschiedene Methoden zur Eröffnung von Konferenzen zu erläutern. Jeder Seminarteilnehmer sollte sich kurz vorstellen und dazu nicht länger als eine Minute brauchen. Lassen Sie die Teilnehmer ihre Namenskärtchen schreiben (haben Sie Filzstifte parat).

8.45 Erläuterung der Seminarziele
(Verteilen Sie *Teil 3* auf Seite 246.) Zeigen Sie den Seminarteilnehmern zusätzlich ein Flip-chart-Seite, auf die Sie die Ziele geschrieben haben.

8.50 Test
(*Teil 1:* »Wie gestaltet man Besprechungen effizient?«) (Seite 243 f.)

8.55 Anschrieb der Testergebnisse an der Tafel oder Flip-chart
(Die Seminarteilnehmer sollen durch Heben der Hand anzeigen, ob sie auf die jeweilige Frage mit »Ja« oder »Nein« geantwortet haben.)

9.00 Erörterung der Testfragen
Berücksichtigen Sie dabei, daß die Testfragen in fünf Teile gegliedert sind!

- Bei den Fragen 1 bis 5 geht es um die Konferenzvorbereitung
- Bei den Fragen 6 bis 10 geht es um die Leitung von Konferenzen
- Die Fragen 11 bis 13 befassen sich mit der Frage, wie man die Konferenzteilnehmer zur Beteiligung an der Besprechung motiviert
- Die Fragen 14 bis 15 behandeln die verschiedenen Fragetechniken
- Bei den Fragen 16 bis 19 dreht es sich darum, wie man Konferenzen beendet und wodurch sie effizient werden

9.45 Die verschiedenen Besprechungsarten

Erörtern Sie, was für verschiedene Konferenztypen es gibt. Schreiben Sie sie auf Flip-chart-Seiten, und kleben Sie sie an die Wand, wenn sie voll sind. Die Konferenztypen, die in der Übung am Schluß des Seminars enthalten sind, müssen auf jeden Fall mit einbezogen werden. Gehen Sie auf folgende Besprechungsarten ein:

- Besprechung zur Lösung von Problemen
- Besprechung zur Vermittlung von Informationen
- Besprechung zur Einholung von Informationen
- Fortbildungsveranstaltung
- Brainstorming
- Besprechung zur Festsetzung eines Ziels
- Planungskonferenz
- Informelle Besprechung

Die Seminarteilnehmer sollen diese Konferenztypen selbst beschreiben. Es macht nichts, wenn einige der Typen sich sehr ähnlich sind.
Demonstrieren Sie den Seminarteilnehmern, wie sinnvoll visuelle Hilfsmittel sind (verwenden Sie doppelseitiges Klebeband und Karteikarten).

10.10 Brainstormingübung

Bilden Sie Arbeitsgruppen, und *ernennen Sie für jede Gruppe einen Leiter.* Die Aufgabenstellung lautet: »Sie haben 1 000 000 Bleistifte. Suchen Sie nach Möglichkeiten, wie Sie sie an den Mann bringen können«. (Siehe Fallstudie Nr. 1 auf S. 240)
Machen Sie die Seminarteilnehmer darauf aufmerksam, daß es beim Brainstorming um Quantität geht und nicht um Qualität:

Die Ideen dürfen nicht bewertet werden. Die Devise heißt: »laut denken«. Bei jeder Arbeitsgruppe muß ein Mitglied die Ideen aufschreiben.
Geben Sie den Arbeitsgruppen maximal fünf Minuten Zeit. Gehen Sie währenddessen von Gruppe zu Gruppe. Bitten Sie die Arbeitsgruppen, das Ergebnisblatt auf Seite 240 unten auszufüllen. Es enthält drei Fragen:

- Wie viele Ideen hat Ihre Gruppe gehabt?
- Welche Rolle spielte der Leiter?
- Hat sich die Atmosphäre und das Arbeitsklima im Lauf des Brainstormings verändert?

10.17 Plenumsdiskussion

Erörtern Sie die verschiedenen Rollen, die die Diskussionleiter bei den einzelnen Arbeitsgruppen gespielt haben. Halten Sie die Berichte der einzelnen Gruppen in Stichworten auf Flip-chart-Blättern fest, und kleben Sie diese an die Wand, wenn sie voll sind.
Teilen Sie den Seminarteilnehmern mit, wie viele Ideen jede Gruppe gehabt hat. (Vielleicht gibt es einen »Sieger«.)
Sagen Sie den Teilnehmern, daß sie noch eine Chance haben, einen Trostpreis zu gewinnen. Jeder Diskussionsleiter kann aus den Ideen seiner Gruppe eine auswählen, von der er meint, daß sie den Teilnehmern der anderen Gruppen nicht eingefallen ist, und hat für die Auswahl eine Minute Zeit. (Achten Sie darauf, ob die Diskussionsleiter sich mit ihren Gruppen beraten.)
Verleihen Sie den Trostpreis.

10.30 Erörterung von Problemkonferenzen

Diskutieren Sie Konferenzen, die der Lösung eines Problems dienen, und zeigen Sie den Seminarteilnehmern, wie man Brainstormingsitzungen in solche Konferenzen integrieren kann. Bilden Sie wieder Arbeitsgruppen, und ernennen Sie für jede Gruppe einen »Konferenzleiter« (aber diesmal einen anderen). Lassen Sie die Gruppen Fallstudie Nr. 2 auf Seite 241 bearbeiten, und geben Sie ihnen dazu maximal 15 Minuten Zeit.
Gehen Sie von Gruppe zu Gruppe, und bitten Sie sie, das Ergebnisblatt auf Seite 241 auszufüllen. Es enthält zwei Fragen:

- Welche Lösung haben Sie für das Problem gefunden?
- Welche Rolle hat der Konferenzleiter gespielt?

10.45 Besprechung der Ergebnisse

Fassen Sie sich bei der Erörterung der Lösungen kurz; machen Sie den Teilnehmern klar, daß es nicht um die Lösungen selbst geht, sondern hauptsächlich darum, welche verschiedenen Rollen die Konferenzleiter gespielt haben.

Notieren Sie diese Rollen auf Flip-chart-Papier, und kleben Sie die Blätter an die Wand wie vorher.

Geben Sie den Seminarteilnehmern Hinweise zur Leitung von Problemkonferenzen (*Teil 10* auf Seite 254). Erläutern Sie, wie man Brainstorming in eine solche Konferenz einbinden kann und worin die Vorteile und die besonderen Schwierigkeiten des Brainstormings bestehen.

10.55 Die verschiedenen Rollen des Konferenzleiters

Vermitteln Sie den Seminarteilnehmern den Inhalt von *Teil 4* (»Die Wahl des Konferenztyps hängt von den Zielsetzungen ab«) auf Seite 247. Falls erforderlich, diskutieren Sie mit ihnen darüber.

Betonen Sie, daß die Rolle des Konferenzleiters sehr variabel ist und von der Art der Konferenz abhängt, ja daß sie sich sogar von Besprechungsphase zu Besprechungsphase wandeln kann. Erörtern Sie folgende Konferenzphasen:

- Eröffnung
- Vermittlung von Informationen
- Bemühung um die Anerkennung der Konferenzteilnehmer
- Diskussion
- Schluß
- Sonstige

11.00 Problemlösungsübung

Bilden Sie wieder Arbeitsgruppen. Weisen Sie jeder Gruppe einige der Probleme zu, die bei Besprechungen häufig auftauchen, und fordern Sie sie auf, nach Lösungen zu suchen. Bitten Sie sie, selbst zu entscheiden, wie sie ihre Lösungen anschließend dem Plenum präsentieren möchten. Jede Arbeitsgruppe muß sich mit fünf Problemsituationen auseinandersetzen. Verwenden Sie hierzu das Material von *Teil 5, 6* und *7* auf den Seiten 248–250 und den Fragebogen (Seite 242), auf dem die Seminarteilnehmer über ihre persönlichen Probleme bei der Leitung von Konferenzen be-

richtet haben. Diese Probleme sollten unbedingt mit einbezogen werden.
Geben Sie den Teilnehmern 45 Minuten und die Mittagessenspause zur Vorbereitung. Gehen Sie während der Arbeit von Gruppe zu Gruppe, um festzustellen, ob sie noch mehr Zeit brauchen.

1.00 Plenumsdiskussion
Die Arbeitsgruppen berichten über ihre Ergebnisse. Anschließend kann noch über andere Probleme diskutiert werden, die den Seminarteilnehmern bei der Leitung von Konferenzen häufig zu schaffen machen. Schreiben Sie die einzelnen Probleme auf Flipcharts.

1.30 Teil 8, 9 und 10 (Seiten 251–254)
Falls erforderlich, diskutieren Sie über die Inhalte. Wenn Sie Zeit dazu haben, empfiehlt sich ganz besonders eine Diskussion über Fragetechniken.

1.40 Teil 11 (Seite 255 f.)
Zeigen Sie den Seminarteilnehmern, was für eine wichtige Rolle der Konferenzteilnehmer spielen kann. Jeder, der an Besprechungen teilnimmt, kann daraus lernen und sich aufgrund seiner Erfahrungen als Teilnehmer zu einem besseren Konferenzleiter entwickeln.

2.00 Übung (siehe Seite 258–277)
Diese Übung ist eine praxisorientierte Zusammenfassung des gesamten Seminarinhalts. Verteilen Sie Kopien der Übungen, und lesen Sie gemeinsam mit den Seminarteilnehmern die Übungsanweisungen durch (d. h. die Einleitung, das Punktzahlenblatt und die vorgegebene Situation).
Bilden Sie wieder Arbeitsgruppen, aber teilen Sie die Gruppen diesmal anders ein als bei den vorigen Malen. (Jede Gruppe muß jemanden bestimmen, der darauf achtet, daß die Zeit eingehalten wird.)
Achten Sie darauf, als Konferenzleiter nach Möglichkeit in den Hintergrund zu treten. Beantworten Sie während der Übung nur Fragen, wenn Unklarheiten bezüglich der Übungsanweisungen oder der Errechnung der Punktzahl bestehen.

4.00–4.15 Plenumsdiskussion

Fragen Sie nur nach den Punktzahlen der Gruppen (nicht nach den Punktzahlen der einzelnen Teilnehmer), und schreiben Sie sie auf. Sie werden feststellen, daß manche Gruppen von ihrer Punktzahl enttäuscht sind. Lassen Sie sich dadurch nicht aus dem Konzept bringen; weisen Sie sie lediglich darauf hin, daß Punkte schließlich nicht das einzige sind, was zählt.

4.30 Zusammenfassung und Schluß

Gehen Sie nochmals auf die Fragen 17, 18 und 19 des Einführungstests (Teil 1) ein. Die Seminarteilnehmer sollten sich darüber einig sein, daß alle drei Fragen mit »Nein« zu beantworten sind. Verteilen Sie das Blatt *Teil 12* (Seite 257), das den Teilnehmern Gelegenheit gibt, das Seminar zu bewerten und ihre Eindrücke und Verbesserungsvorschläge zu formulieren.

Instruktionen für den Brainstorming-Teil

Fallstudie Nr. 1

Das Problem lautet: Sie haben eine Million Bleistifte auf Lager. Lassen Sie die Arbeitsgruppen möglichst viele Möglichkeiten auflisten, wie man diese Bleistifte an den Mann bringen könnte. Die praktische Durchführbarkeit der Lösungen spielt dabei keine Rolle. Es kommt nur auf Kreativität und Einfallsreichtum an!

Vergessen Sie nicht: Es geht darum, möglichst viele Lösungsmöglichkeiten zu finden. Die Ideen dürfen nicht bewertet werden. Das Ziel ist *Quantität,* nicht *Qualität.*

Fallstudie Nr. 1

Ergebnisse

1. Wie viele Ideen hat Ihre Gruppe gehabt?

2. Welche Rolle spielte der Leiter?

3. Hat sich die Atmosphäre und das Arbeitsklima im Lauf des Brainstormings verändert?

Fallstudie Nr. 2

Die Handelsvertreter Ihrer Firma rufen normalerweise den zuständigen Sachbearbeiter an, wenn sie einen Kunden am Telefon haben, der eine Auskunft wünscht. Es gibt nur drei solche Sachbearbeiter, doch bis jetzt konnten sie alle Anfragen recht gut bewältigen.

Hin und wieder kommt es vor, daß ein Vertreter, der einen Kunden am Apparat hat, keinen der drei Sachbearbeiter erreichen kann, weil alle Nummern belegt sind. Das Firmenreglement verlangt jedoch, daß ein Vertreter einen Kunden am Telefon höchstens zwei Minuten lang auf die gewünschte Auskunft warten lassen darf. Um das Problem mit den häufig besetzten Leitungen zu lösen, hat man sich darauf geeinigt, eine zusätzliche Leitung zur Vorgesetzten der drei Sachbearbeiter einzurichten. Immer wenn ein Vertreter keinen der Sachbearbeiter erreicht, kann er die Vorgesetzte direkt anrufen.

Diese Lösung funktionierte einige Monate lang sehr gut. Doch nach einer Weile stellt die Vorgesetzte der drei Sachbearbeiter fest, daß sie über die zusätzliche Telefonleitung immer mehr Anrufe erhält. Sie führt zwar nicht genau Buch über die Anrufe, doch die meisten scheinen von einigen wenigen Vertretern zu kommen, und zwar immer von denselben.

Sie sind die Vorgesetzte. Sie haben beschlossen, die drei Sachbearbeiter zu einer Besprechung einzuladen, um dieses Problem zu lösen.

Fallstudie Nr. 2

Ergebnisse

1. Welche Lösung haben Sie für das Problem gefunden?

2. Welche Rolle hat der Konferenzleiter gespielt?

Fragebogen
(vor dem Seminar auszufüllen)

1. Was hoffen Sie im Lauf des heutigen Seminars zu lernen?

2. Schildern Sie Konferenzsituationen und -probleme, bei denen Sie Hilfe bräuchten.

TEIL 1

Wie gestaltet man eine Besprechung effizient?

(Antworten Sie mit Ja oder Nein)

1. Eine Tafel und/oder ein Flip-chart sollte zur Standardausrüstung eines jeden Konferenzleiters gehören. ________

2. Die richtigen Räumlichkeiten und Geräte sind wichtig für die Effizienz einer Besprechung. ________

3. Ein genauer Zeitplan ist eine wichtige Voraussetzung für den Erfolg einer Konferenz. ________

4. Der Konferenzleiter sollte mindestens doppelt soviel Zeit in die Vorbereitung investieren, wie die Konferenz dauert. ________

5. Die rechtzeitige Vorankündigung der Konferenz ist eine wichtige Voraussetzung für ihren Erfolg. ________

6. Der Konferenzleiter sollte pünktlich beginnen, selbst wenn noch nicht alle Teilnehmer da sind. ________

7. Bei der Einleitung sollte der Konferenzleiter die Aufmerksamkeit der Teilnehmer wecken und die Konferenzziele erläutern. ________

8. Eine Besprechung ist effizienter, wenn der Konferenzleiter als Katalysator fungiert, als wenn er eine starke Führungsrolle übernimmt. ________

9. Der Konferenzleiter sollte langsam sprechen, um sicherzugehen, daß ihn alle Teilnehmer verstehen. ________

10. Wenn der Konferenzleiter länger als ein paar Minuten lang vorliest, werden die Konferenzteilnehmer vermutlich abschalten. ________

11. Wenn die Konferenz effizient sein soll, müssen alle oder fast alle Teilnehmer sich an der Diskussion beteiligen. ________

12. Es ist schwieriger, die Konferenzteilnehmer zur Beteiligung an der Diskussion zu motivieren, als die Diskussion unter Kontrolle zu halten. ________

13. Je mehr ein Konferenzteilnehmer sich an der Diskussion beteiligt, um so mehr lernt er. ________

14. Bei Problemkonferenzen ist die Frage das wichtigste Werkzeug des Konferenzleiters. ________

15. Wenn ein Teilnehmer eine Frage stellt, sollte der Konferenzleiter sie zur Diskussion stellen. ________

16. Es ist wichtiger, die Konferenz rechtzeitig zu beenden, als die Konferenzziele zu erreichen. ________

17. Eine aus Fragen und Antworten bestehende Besprechungsphase ist ein guter Abschluß für eine Konferenz. ________

18. Es ist sehr schwierig, eine Konferenz so zu gestalten, daß sie sowohl effizient als auch interessant und angenehm für die Teilnehmer ist. ________

19. Je mehr Konferenzen man leitet, um so effizienter werden sie. ________

TEIL 2

Wie bereitet man sich auf eine Konferenz vor?

1. *Festlegung der Ziele*

   Was möchten Sie erreichen?

2. *Wahl der Methode(n)*

   Wieviel Prozent Vortrag von Ihnen, wieviel Prozent Beiträge der Konferenzteilnehmer?

3. *Wahl der Medien und Hilfsmittel*

   a) Tafel und / oder Flip-chart
   b) Audiovisuelle Geräte oder Live-Präsentation bestimmter Artikel
   c) Film oder Dias
   d) Informationsblätter
   e) Tabellen, graphische Darstellungen
   f) Ergänzende Lektüreempfehlungen
   g) Sonstige

4. *Erstellung einer Gliederung*

   a) Einleitung

      1. Weckung des Interesses und der Aufmerksamkeit der Teilnehmer
      2. Zusammenfassung der Fakten, die als Voraussetzung für die Besprechung dienen
      3. Darlegung der Konferenzziele

   b) Hauptteil

   c) Zusammenfassung; Ergebnisse und Schlußfolgerungen; Zuweisung von Aufträgen an die einzelnen Konferenzteilnehmer.

TEIL 3

Lernziele dieses Seminars

1. Die Seminarteilnehmer sollen beurteilen lernen, wann eine Besprechung wünschenswert ist und wann nicht.

2. Sie sollen erfahren, durch welche Faktoren eine Besprechung effizient wird.

3. Sie sollen sich darüber klarwerden, welche Rollen der Konferenzleiter in verschiedenen Besprechungssituationen spielt.

4. Sie sollen lernen, wie man bei der Festsetzung der Konferenzziele und der Tagesordnung vorgeht.

5. Sie sollen lernen, wie man die Konferenzziele erreicht.

Wir werden im Lauf dieses Seminars folgende Situationen durchspielen:

- Ein Brainstorming
- Eine Problemkonferenz
- Die Leitung einer Konferenz
- Die verschiedenen Rollen, die der Konferenzleiter spielen muß
- Fragetechniken
- Die Beendung einer Konferenz

TEIL 4

Die Wahl des Konferenztyps hängt von den Zielsetzungen ab

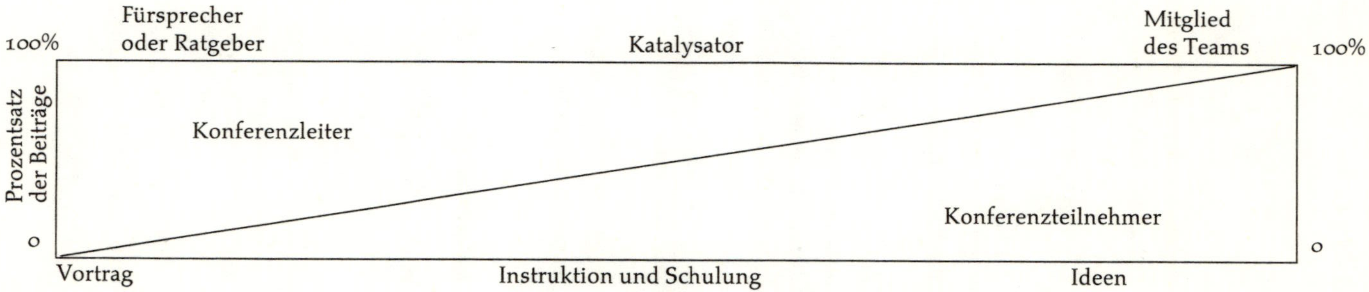

Beispiel

Eine Konferenz zur Vermittlung neuer Informationen.

Beachten Sie:

Graphische Darstellungen und Tabellen, schriftliche Informationsblätter und veranschaulichende Beispiele sind hier besonders wichtig. Auch die Vortragsweise des Redners hat entscheidende Auswirkungen auf die Aufmerksamkeit und das Interesse der Konferenzteilnehmer. Wenn Sie Ihren Vortrag ablesen, werden Sie auf geringeres Interesse stoßen, als wenn Sie frei sprechen.

Beispiel

Eine Fortbildungsveranstaltung für Manager.

Beachten Sie:

Es sollten weniger als 30 Personen an der Sitzung teilnehmen. Die Sitzung wird in der Regel aus Vortrag, Diskussion und Gruppenübungen bestehen. Der Konferenzleiter muß das Geschick besitzen, die Teilnehmer zur aktiven Beteiligung zu motivieren – und diese Beteiligung zu steuern und unter Kontrolle zu halten.

Beispiel

Eine Besprechung, bei der der Konferenzleiter seine Mitarbeiter nach ihren Ideen fragt.

Beachten Sie:

Es sollten weniger als 15 Mitarbeiter daran teilnehmen. Der Konferenzleiter muß eine Atmosphäre schaffen, die die Teilnehmer dazu ermutigt und motiviert, ihre Ideen zu äußern, und darauf achten, daß alle Ideen gebührend erwogen und schriftlich festgehalten werden. Er muß aufgeschlossen und allen Ideen gegenüber offen sein.

TEIL 5

Wie wird man mit Problemsituationen fertig?

Überlegen Sie sich möglichst viele Lösungsvorschläge für folgende fünf Probleme:

1. Zwei Teilnehmer halten eine »Privatbesprechung« ab, während der Konferenzleiter sich bemüht, die Gruppe zur Diskussion zu motivieren. Wie könnte er diese Situation meistern?

2. Ein Konferenzteilnehmer ist eingeschlafen. Wie soll der Konferenzleiter sich verhalten?

3. Die Konferenzteilnehmer beginnen unruhig auf ihren Stühlen hin und her zu rutschen, als fühlten sie sich unbehaglich. Was soll der Konferenzleiter tun?

4. Der Referent, den Sie für einen Gastvortrag eingeladen haben, erscheint nicht. Was tun Sie als Konferenzleiter?

5. Das planmäßige Ende der Konferenz ist herangerückt, aber die Ziele sind noch nicht annähernd erreicht. Was tun Sie?

Ihre Arbeitsgruppe sollte sich nun überlegen, mit Hilfe welcher Methode sie dem Plenum ihre Lösungsvorschläge präsentieren möchte. Hierzu gibt es einige gute Techniken:

- Diskussion, in der die Lösung Schritt für Schritt entwickelt wird
- Demonstration in Form eines Dialogs oder Rollenspiels
- Podiumsdiskussion
- Vortrag
- Dialog (Fragen und Antworten)

Sie haben 10 bis 15 Minuten Zeit, Ihre Lösungen vorzutragen.

TEIL 6

Wie wird man mit Problemsituationen fertig?

Überlegen Sie sich möglichst viele Lösungsvorschläge für folgende fünf Probleme:

1. Sie leiten eine Konferenz. Plötzlich kommt Ihr Chef herein und nimmt Ihnen die Führung aus der Hand. Wie verhalten Sie sich?

2. Sie haben zwölf Mitarbeiter zu Ihrer Konferenz eingeladen. Neun Teilnehmer sind pünktlich um 8.30 Uhr gekommen. Jetzt ist es 8.40 Uhr, und es fehlen immer noch drei. Was tun Sie?

3. Einige Konferenzteilnehmer haben noch keinen Beitrag zur Diskussion geleistet; aber Sie haben auch nicht den Eindruck, daß sie unkonzentriert sind oder an etwas anderes denken. Wie verhalten Sie sich als Konferenzleiter?

4. Die Konferenz, die Sie leiten werden, soll in einem Raum stattfinden, der immer zu heiß ist. Was tun Sie?

5. Sie möchten eine Diskussion in Gang bringen; aber niemand sagt etwas. Wie lösen Sie das Problem?

Ihre Arbeitsgruppe sollte sich nun überlegen, mit Hilfe welcher Methode sie dem Plenum ihre Lösungsvorschläge präsentieren möchte. Hierzu gibt es einige gute Techniken:

- Diskussion, in der die Lösung Schritt für Schritt entwickelt wird
- Demonstration in Form eines Dialogs oder Rollenspiels
- Podiumsdiskussion
- Vortrag
- Dialog (Fragen und Antworten)

Sie haben 10 bis 15 Minuten Zeit, Ihre Lösungen vorzutragen.

TEIL 7

Wie wird man mit Problemsituationen fertig?

Überlegen Sie sich möglichst viele Lösungsvorschläge für folgende fünf Probleme:

1. Sie sollen eine Konferenz leiten, mit deren Thema Sie nicht vertraut sind. Wie meistern Sie die Situation?

2. Einer Ihrer Konferenzteilnehmer versucht die Diskussion an sich zu reißen; er redet die ganze Zeit. Sie möchten ihn auf möglichst taktvolle Weise davon abbringen. Was tun Sie?

3. Sie wissen, daß die Teilnehmer das Thema Ihrer Konferenz vielleicht langweilig finden werden. Wie können Sie es auf möglichst interessante Weise präsentieren?

4. Einer der Konferenzteilnehmer stellt Ihnen eine Frage, die Sie nicht beantworten können. Wie verhalten Sie sich?

5. Die Konferenzteilnehmer schweifen vom Thema und Ziel der Besprechung ab. Wie lösen Sie das Problem?

Ihre Arbeitsgruppe sollte sich nun überlegen, mit Hilfe welcher Methoden sie dem Plenum ihre Lösungsvorschläge präsentieren möchte. Hierzu gibt es einige gute Techniken:

- Diskussion, in der die Lösung Schritt für Schritt entwickelt wird
- Demonstration in Form eines Dialogs oder Rollenspiels
- Podiumsdiskussion
- Vortrag
- Dialog (Fragen und Antworten)

Sie haben 10 bis 15 Minuten Zeit, Ihre Lösungen vorzutragen.

TEIL 8

Wie gestaltet man Konferenzen effizient?

Einige Verhaltensmaßregeln

- Achten Sie darauf, daß der Raum, in dem die Konferenz stattfinden soll, mitsamt den Geräten komplett vorbereitet ist.
- Die Konferenz muß den Teilnehmern rechtzeitig vorher angekündigt werden.
- Setzen Sie eine Tagesordnung und einen Zeitplan fest, und halten Sie sich möglichst strikt daran.
- Achten Sie darauf, die Besprechung sowohl informativ als auch interessant und abwechslungsreich zu gestalten.
- Setzen Sie zu Beginn der Konferenz möglichst viele Strategien ein, um die Aufmerksamkeit und das Interesse der Teilnehmer zu wecken.
- Achten Sie auf einen zügigen Fortgang der Besprechung.
- Verwenden Sie visuelle Medien und Hilfsmittel wie Tabellen, graphische Darstellungen, Filme und Dialoge, um die wichtigsten Punkte der Besprechung herauszuheben.
- Fassen Sie am Schluß die wichtigsten Punkte noch einmal zusammen.
- Achten Sie darauf, daß nicht alle Ihre Konferenzen nach demselben Schema ablaufen. Abwechslung und Originalität sind sehr wichtig.
- Verzetteln Sie sich nicht mit zuviel Logistik. Konzentrieren Sie sich auf die Hauptpunkte der Besprechung.
- Falls vorher Essen und/oder Getränke serviert werden, beginnen Sie erst mit der Besprechung, wenn die meisten Teilnehmer mit dem Essen bzw. Trinken fertig sind.
- Gestalten Sie das Konferenzprogramm nicht zu starr und formell. Die Besprechung sollte sachlich und nüchtern und gut organisiert sein, aber trotzdem ungezwungen wirken.

- Versuchen Sie nicht zu viele Themen in eine einzige Besprechung »hineinzupacken«. Es ist wichtiger, einige wenige Punkte völlig klarzustellen, als sehr viele wichtige Dinge nur kurz zu streifen.
- Vergessen Sie nicht, Ihren Vortrag durch schriftliches Informationsmaterial zu ergänzen.

TEIL 9

Die Kunst der richtigen Fragetechnik

1. Bereiten Sie Ihre Fragen schon vor der Konferenz vor. Sie müssen sicher sein, daß die Teilnehmer sie auch beantworten können.

2. Versuchen Sie die Teilnehmer zu freiwilligen Wortmeldungen zu motivieren. Viele Leute geraten in Verlegenheit, wenn sie aufgerufen werden wie in der Schule. Wenn es wirklich notwendig sein sollte, eine Frage gezielt an einen bestimmten Konferenzteilnehmer zu richten, nennen Sie ihn zuerst beim Namen, und stellen Sie erst dann Ihre Frage. Das ist eine höfliche Geste – auf diese Weise gehen Sie sicher, daß er auch zuhört und Sie ihn nicht bei der Unaufmerksamkeit »ertappen«. Sie sollten jedoch möglichst selten Fragen an einzelne Teilnehmer richten.

3. Wenn Sie Ihre Frage gestellt haben, geben Sie den Konferenzteilnehmern Gelegenheit zum Nachdenken. Sie könnten Ihre Frage zum Beispiel an die Tafel schreiben; währenddessen haben die Teilnehmer Zeit, sich die Antwort zu überlegen. Wenn niemand antwortet, sagen Sie: »Herr X, Sie arbeiten seit 15 Jahren in dieser Abteilung und haben daher am meisten Erfahrung – dürfte ich Sie um Ihre Meinung bitten?«

4. Ermuntern Sie die Teilnehmer dazu, ihre Antworten klar und möglichst vollständig zu formulieren.

5. Sie müssen aufrichtig an den Antworten der Konferenzteilnehmer interessiert sein.

6. Achten Sie darauf, daß nicht immer dieselben Leute antworten.

7. Wenn Sie überhaupt Fragen stellen, die mit »Ja« oder »Nein« beantwortet werden können, sollten Sie die Konferenzteilnehmer anschließend bitten, ihre Antwort zu begründen. Fragen, die mit »Was«, »Warum«, »Wenn«, »Wo«, »Wer«, »Welche(r)« oder »Wie« beginnen, sind besser, denn auf sie kann man nicht einfach nur mit »Ja« oder »Nein« antworten; sie erfordern eine ausführlichere Antwort.

TEIL 10

Planung einer Problemkonferenz

I. Einleitung (zwei- bis dreiminütige einführende Worte, um die Aufmerksamkeit der Konferenzteilnehmer zu wecken)

a) Eine Geschichte, die mit dem Thema zusammenhängt
b) Erläuterung des Ziels der Besprechung
c) Erklärung, inwiefern die Konferenzteilnehmer zur Lösung des Problems beitragen können
d) Möglichst drastische Beispiele, die das Problem veranschaulichen
e) Klare Darlegung des Problems

II. Lösung des Problems

(Fragen, die mit »Wer«, »Was«, »Wann«, »Warum«, »Wo« oder »Wie« beginnen, sind zur Problemlösung in der Regel am geeignetsten)

a) *Ursachen*
Wodurch ist das Problem entstanden?
Warum haben wir dieses Problem?

b) *Sammlung von Lösungsvorschlägen*
Was können wir tun, um die Situation zu verbessern?
Was für Lösungsvorschläge haben Sie?
Wie könnten wir . . .?

c) *Auswahl der besten Lösungen*
Welche der Lösungsvorschläge finden Sie am besten?
Welche der Vorschläge erscheinen Ihnen nicht so praktisch?
Welches ist die beste Lösung für unser Problem?

III. Zusammenfassung und Schlußfolgerungen

a) Nochmalige Formulierung des Problems
b) Zusammenfassung der Beschlüsse
c) Erläuterung dessen, was nun getan werden muß

TEIL 11

Aufgaben des Konferenzteilnehmers

Der gute Konferenzteilnehmer:

a) Bereitet sich auf die Besprechung vor

1. Denkt vorher über das Problem nach
2. Spricht mit anderen, die etwas über das Problem wissen
3. Beschafft sich möglichst viele Informationen
4. Weiß, warum seine Teilnahme an der Konferenz wichtig ist

b) Trägt zur Diskussion bei

5. Steuert Informationen und Ideen bei
6. Steht auch zu seinen Ideen, wenn er auf Opposition stößt
7. Kennt und versteht die Fakten, die dem Problem zugrunde liegen
8. Kennt und versteht das Problem

c) Hört sich die Ideen der anderen an

9. Hat Verständnis für die Standpunkte der anderen
10. Hilft den anderen dabei, ihre Meinungen und Ideen zu entwickeln
11. Ist höflich und konzentriert
12. Hört aufmerksam zu und denkt über die Äußerungen der anderen nach

d) Betrachtet das Problem objektiv

13. Bemüht sich um eine objektive Haltung
14. Äußert (und akzeptiert) Meinungen nicht so, als handle es sich um Fakten
15. Bemüht sich, die Dinge nicht gefühlsbetont, sondern sachlich und nüchtern zu sehen
16. Behält vertrauliche Mitteilungen für sich, klatscht nicht

e) Trägt zum ordnungsgemäßen Ablauf der Besprechung bei

17. Kommt pünktlich
18. Hilft dem Konferenzleiter dabei, die Disziplin aufrechtzuerhalten
19. Trifft vorher die nötigen Vorkehrungen, damit er während der Konferenz durch nichts unterbrochen wird
20. Führt keine »Privatgespräche« mit Nachbarn
21. Dominiert nicht
22. Bleibt beim Thema
23. Vermeidet Ironie, stellt andere Konferenzteilnehmer nicht bloß

TEIL 12

Beurteilung des Seminars

1. Was hat Ihnen an unserem heutigen Seminar am meisten genützt bzw. geholfen?

2. Welcher Teil des Seminars hätte Ihrer Meinung nach wegfallen können, weil er uninteressant und überflüssig war?

3. Wie würden Sie das heutige Seminar bewerten?

   ☐ Ausgezeichnet

   ☐ Sehr gut

   ☐ Gut

   ☐ Recht gut

   ☐ Schlecht

4. Welchen Verbesserungsvorschlag hätten Sie?

Abschlußübung

Die Leitung von Konferenzen oder Besprechungen ist eine Kunst, die man ebenso wie alle anderen Fähigkeiten, über die ein Manager verfügen muß, erlernen kann. Diese Übung soll Ihnen Gelegenheit geben, sich ein wenig in der Leitung von Konferenzen zu üben und die Kenntnisse, die Sie im Lauf dieses Seminars erworben haben, praktisch anzuwenden und zu vertiefen.

Diese Übung ist ein Rollenspiel. Verhalten Sie sich bei diesem Spiel ebenso, wie Sie es täten, wenn Sie sich morgen tatsächlich in der beschriebenen Situation befänden.

Punktzahlenblatt

Zeile Nr.	Thema	Ihre Punktzahlen bzw. Wahlen	Punktzahlen Ihrer Arbeitsgruppe
1	Konferenztyp		/////// /////// ///////
2	Rollen, die der Konferenzleiter spielen muß		
3	Eröffnung der Konferenz		/////// /////// ///////
4	Zusatzpunkte beim Testteil «Eröffnung der Konferenz»		/////// /////// ///////
5	Einsatz der richtigen Fragetechniken		
6	Beendung einer Konferenz		
	Gesamtpunktzahl		

Vorgegebene Situation

Sie sind gerade zum Abteilungsleiter im größten Bezirk der Bell Tone Corporation ernannt worden. Die Bell Tone Corporation ist einer der führenden Glockenhersteller. Sie produziert und verkauft alle Arten von Glocken, sowohl elektrische als auch handbetriebene.

Ihnen sind die technischen Leiter, die Verkaufsleiter und die Kundendienstmanager des Bezirks sowie Verwaltungspersonal und Sekretariat (insgesamt 15 Personen) unterstellt.

Sie haben sich mit dem Bezirksleiter auf einige Ziele geeinigt, die Ihre Abteilung erreichen muß.

Diese Ziele betreffen die Verbesserung des Kundendienstes, die Erhöhung der Einkünfte und die Fortbildung des Personals. Unter dieser Bedingung wurde Ihnen die Stelle angeboten, und Sie haben sie akzeptiert. Jetzt müssen Sie Ihre Mitarbeiter über diese Ziele informieren.

Sie beschließen, eine Abteilungskonferenz einzuberufen.

Überlegen Sie sich, mit Hilfe welches Konferenztyps Sie Ihr Ziel am besten erreichen können; beraten Sie sich aber nicht mit Ihrer Arbeitsgruppe. Sie haben fünf Minuten Zeit. Kreuzen Sie den betreffenden Konferenztyp einfach in der Spalte »Ihre Entscheidung« an.

ORGANIGRAMM DER FIRMA

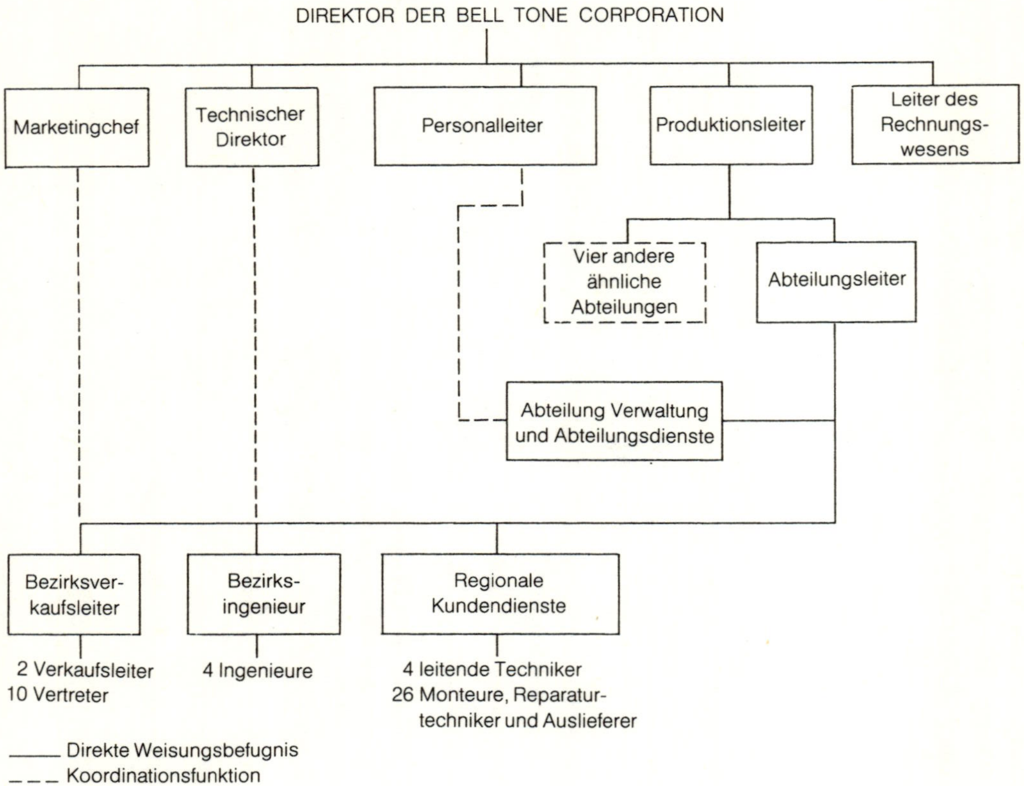

1. Für welchen Konferenztyp würden Sie sich entscheiden?

	Ihre Entscheidung	Gruppen-entscheidung
a) Konferenz zur Problemlösung	________	________
b) Konferenz zur Vermittlung von Informationen	________	________
c) Konferenz zur Einholung von Informationen	________	________
d) Brainstorming	________	________
e) Gesteuerte Konferenz	________	________
f) Konferenz zur Festsetzung eines Ziels	________	________
g) Konferenz zur Planung	________	________
h) Informelle Konferenz	________	________
i) Trainingssitzung	________	________

j) Keiner der obengenannten Konferenztypen. Beschreiben Sie den Konferenztyp, für den Sie sich entscheiden würden:

____

____

____

____

____

____

Sobald alle Mitglieder Ihre Wahl getroffen haben, diskutieren Sie 10 Minuten lang darüber und einigen Sie sich auf eine Gruppenentscheidung.

Sobald Sie eine Einigung erzielt haben, lesen Sie die nächste Seite *(Bitte nicht vorher)*.

Bewertung der Wahl des Konferenztyps

Bewerten Sie Ihre Wahl folgendermaßen:

Wenn Sie sich für denselben Konferenztyp entschieden haben wie Ihre Arbeitsgruppe, haben Sie fünf Punkte erreicht.

Wenn Sie sich für einen anderen Konferenztyp entschieden haben, erhalten Sie drei Punkte – es sei denn, Sie haben j) angekreuzt.

Wenn Sie j) angekreuzt und Ihren Konferenztyp schriftlich beschrieben haben und wenn es Ihnen gelungen ist, Ihre Arbeitsgruppe von Ihrer Wahl zu überzeugen, erhalten Sie acht Punkte.

Wenn Ihre Gruppe j) angekreuzt hat und Sie sich mit ihr auf eine Kombination verschiedener Konferenztypen einigen konnten, die vor dieser Einigung von niemandem schriftlich beschrieben wurde, erhält jedes Mitglied Ihrer Gruppe 10 Punkte.

Was Sie aus dieser Übung gelernt haben:

Im Prinzip kann man seine Ziele mit jedem Konferenztyp erreichen, wenn man sich genügend Zeit für die Planung und Vorbereitung nimmt.

2. Welche verschiedenen Rollen muß der Konferenzleiter spielen?

Das beschriebene Ziel läßt sich sicherlich mit Hilfe verschiedener Konferenztypen erreichen – die Hauptsache ist, daß Sie die Konferenz gut vorausplanen und organisieren. Nehmen wir an, Sie haben sich über das Problem Gedanken gemacht und sich folgende Ziele gesetzt:

1. Sie möchten Ihre Mitarbeiter über die Ziele informieren, auf die Sie sich mit Ihrem Chef geeinigt haben.
2. Sie möchten Ihre Mitarbeiter für diese Ziele gewinnen.
3. Sie möchten sie zur Diskussion anregen, um etwaige Irrtümer aufzuklären.
4. Im Anschluß an die Konferenz möchten Sie sich mit jedem Mitarbeiter einzeln unterhalten und die Zielsetzungen im Detail ausarbeiten.

Sie sind zu dem Schluß gekommen, daß diese Ziele sich am besten mit Hilfe einer *gesteuerten Konferenz* erreichen lassen. (Dieser Begriff ist Ihnen vielleicht neu.)

Eine solche Konferenz stellt den Konferenzleiter vor eine recht heikle, vielschichtige Aufgabe. Er muß den Konferenzteilnehmern gewisse Informationen vermitteln, muß sie für etwas gewinnen, eine Diskussion in Gang bringen und zu einer Entscheidung gelangen. Vielleicht muß er sogar ein Brainstorming abhalten, Probleme lösen oder eine Diskussion leiten.

Das heißt, seine Rolle ändert sich von einer Konferenzphase zur anderen. Entscheiden Sie nun, welche Rolle Sie in welcher Konferenzphase spielen möchten.

Sie könnten folgende Rollen spielen:

a) Fürsprecher oder Ratgeber
b) Katalysator
c) Stratege
d) Jemand, der gemeinsam mit den anderen ein Problem löst
e) Jemand, der Instruktionen erteilt
f) Jemand, der Informationen gibt
g) Autoritätsperson
h) Beobachter
i) Fachberater
j) Der neue Abteilungsleiter
k) Konferenzleiter
l) Ein Mitglied des Teams
m) Irgendeine andere Rolle, die Sie für angemessen halten

Konferenzphasen	*Rolle, die Sie jeweils spielen würden*	
	Ihre Entscheidung	Gruppenentscheidung
1. Eröffnung der Konferenz	____________	____________
2. Vermittlung von Informationen	____________	____________
3. Gewinnung der Konferenzteilnehmer für ein bestimmtes Ziel	____________	____________
4. Anregung einer Diskussion	____________	____________
5. Fällen einer Entscheidung	____________	____________

Tragen Sie die Rolle, die Ihnen angemessen erscheint, jeweils in die Spalte »Ihre Entscheidung« ein. Sie haben dazu fünf Minuten Zeit.

Wenn Sie sich an irgendeiner Stelle für die Alternative »m« entschieden haben, beschreiben Sie diese Rolle kurz:

Wenn alle Mitglieder Ihrer Arbeitsgruppe ihre Entscheidung getroffen haben, diskutieren Sie zehn Minuten lang mit Ihnen darüber und einigen Sie sich dann für jede Konferenzphase auf eine Gruppenentscheidung.

Sobald Sie eine Einigung erzielt haben, blättern Sie um (*bitte nicht vorher*).

3. Bewertung Ihrer Entscheidung

Vergleichen Sie Ihre Entscheidung und die Gruppenentscheidung mit der folgenden Liste. Für jede Übereinstimmung zwischen Ihrer Entscheidung oder der Gruppenentscheidung mit der Liste erhalten Sie fünf Punkte.

Konferenzphase	*Rolle, die Sie jeweils spielen müssen*
1. Eröffnung der Konferenz	j) (Der neue Abteilungsleiter)
2. Vermittlung von Informationen	a) (Fürsprecher oder Ratgeber)
3. Gewinnung der Konferenzteilnehmer für ein bestimmtes Ziel	d) (Jemand, der gemeinsam mit den anderen ein Problem löst) *oder* l) (Ein Mitglied des Teams)
4. Anregung einer Diskussion	k) (Konferenzleiter) *oder* b) (Katalysator)
5. Fällen einer Entscheidung	l) (Ein Mitglied des Teams)

Für alle anderen Rollen, die Sie eingetragen haben und die nicht in dieser Liste enthalten sind, erhalten Sie ebenfalls je fünf Punkte. Schreiben Sie Ihr Ergebnis in Zeile 2 des Punktzahlenblattes, lesen Sie die untenstehende Erörterung, und fahren Sie dann auf der nächsten Seite mit der Übung fort.

Eröffnung der Konferenz	Hier müssen Sie wahrscheinlich die Rolle des neuen Abteilungsleiters spielen, denn Sie sind derjenige, der die Konferenz einberufen hat.
Vermittlung von Informationen	Sie haben einige Absprachen mit Ihrem Chef getroffen, und darüber müssen Ihre Mitarbeiter informiert werden. Zu diesem Zweck empfiehlt sich die Rolle des Fürsprechers oder Ratgebers. Als Autoritätsperson oder gar Diktator sollten Sie in diesem Fall nicht auftreten.
Gewinnung der Konferenzteilnehmer für ein bestimmtes Ziel	Ihre Mitarbeiter werden Ihre Beschlüsse viel eher akzeptieren, wenn Sie die Aufgabe des Problemlösens mit ihnen teilen. In diesem Fall stehen Sie mit ihnen auf einer Ebene; Sie sind ein Mitglied des Teams.
Anregung einer Diskussion	Eine Diskussion können Sie am besten in Gang bringen, wenn Sie eine Katalysatorrolle spielen. Auf diese Weise locken Sie alle Ihre Mitarbeiter aus der Reserve und bringen sie dazu, ihre Ideen zu äußern.
Fällen einer Entscheidung	Am Schluß der Konferenz möchten Sie eine Einigung erzielen. Wenn Sie fragen: »Sind wir uns nun alle einig?«, stellen Sie sich mit den anderen Konferenzteilnehmern auf eine Ebene und sind wiederum ein Mitglied des Teams. Genau so sollten Ihre Mitarbeiter Sie jetzt sehen, dann werden Sie Ihre Ziele erreichen.

4. Die Eröffnung der Konferenz

Diese Phase ist für den Erfolg einer Konferenz von entscheidender Wichtigkeit. Sie sind der neue Abteilungsleiter, daran gibt es nichts zu rütteln. Vielleicht sind einige Ihrer Mitarbeiter der Meinung, daß diese Position eigentlich ihnen gebührt hätte; aber Ihr Chef hat nun einmal *Sie* zum Abteilungsleiter befördert, und nun müssen Sie auch die Verantwortung, die Ihre neue Position mit sich bringt, auf sich nehmen.

Sie wissen, was Sie in dieser Konferenz erreichen möchten und was Sie Ihrem Bezirksleiter zugesagt haben. Sie haben sich und Ihre Abteilung dazu verpflichtet, folgende Ziele anzustreben:

1. Die Einnahmen sollen so gesteigert werden, daß sie den derzeitigen Durchschnittseinnahmen anderer ähnlicher Abteilungen entsprechen.

2. Das Niveau des Kundendienstes soll angehoben werden.

3. Es sollen mehr Frauen, ausländische Arbeitskräfte und Behinderte fortgebildet werden.

4. Fehlzeiten sollen auf ein akzeptables Maß reduziert werden, ohne daß das Arbeitsklima zu sehr belastet wird.

Im Hinblick auf diese Zielsetzungen und die Tatsache, daß Sie in der Firma neu und den Mitarbeitern noch ziemlich fremd sind, müssen Sie Ihre einführenden Worte formulieren.

Machen Sie sich Notizen darüber, was Sie Ihren Mitarbeitern sagen möchten. Sie brauchen keine ganzen Sätze aufzuschreiben; ein paar Stichworte genügen.

Berücksichtigen Sie bei der Formulierung Ihrer einführenden Worte folgende Faktoren:

1. Sie möchten ein angemessenes Besprechungsklima schaffen.

2. Sie möchten sich allen Anwesenden vorstellen, die Sie noch nicht kennen.

3. Sie möchten die Konferenzteilnehmer über die Ziele informieren, auf die Sie sich mit Ihrem Chef geeinigt haben.

4. Sie möchten ihnen sagen, daß sie Ihnen nachher dabei helfen werden, für jeden Bezirk spezielle Zielsetzungen auszuarbeiten.

5. Sie möchten eine sinnvolle Diskussion in Gang bringen, an der sich alle beteiligen.

Sie haben für die Formulierung Ihrer einführenden Worte sieben Minuten Zeit. Wenn alle Mitglieder Ihrer Arbeitsgruppe fertig sind, gehen Sie zum nächsten Punkt der Übung über *(bitte nicht vorher)*.

Nun sollen die Mitglieder Ihrer Arbeitsgruppe nacheinander ihre Ideen für die einführenden Worte vortragen. Die anderen Mitglieder sollen sich dabei jeglichen Kommentars enthalten.

Lassen Sie Ihre Gruppe nun durch geheime Wahl die *beiden besten* Einführungen bestimmen. Jedes Mitglied der Arbeitsgruppe schreibt die Namen der Teilnehmer, deren einführende Worte ihm am besten gefallen haben, auf einen Zettel. (Die Zettel werden vom Konferenzleiter verteilt.) *(Sie selbst treffen Ihre Wahl unabhängig von Ihrer Arbeitsgruppe.)*

Jemand soll die Zettel einsammeln, das Ergebnis der Wahl ermitteln und die Namen der beiden »Sieger« vorlesen. Tragen Sie Ihr eigenes Ergebnis und das der Gruppe in Zeile drei des Punktzahlenblattes ein.

Wenn Sie damit fertig sind, fahren Sie mit der Übung fort (*(bitte nicht vorher)*.

Zusätzliche Hinweise zur Eröffnung von Konferenzen

Ich habe noch einige zusätzliche Tips und Hinweise für die Eröffnung einer gesteuerten Konferenz zusammengestellt. Für jede dieser Ideen, auf die Sie bei der Formulierung Ihrer einführenden Worte selbst gekommen sind, erhalten Sie einen Punkt. (Ihre Formulierungen können sich ruhig von meinen unterscheiden; es kommt nur auf die Idee an.) Tragen Sie die Zahl der erreichten Punkte in Zeile vier des Punktzahlenblattes ein.

Hinweise zur Eröffnung einer gesteuerten Konferenz (die Liste erhebt keinen Anspruch auf Vollständigkeit):

1. Sie müssen sich denjenigen Mitarbeitern, die Sie noch nicht kennen, vorstellen. Wenn Sie das bei Ihren Notizen eingeplant haben, erhalten Sie einen Punkt.

2. Sie müssen Ihre Mitarbeiter über die Gründe informieren, warum Sie diese Konferenz einberufen haben.

3. Sie müssen den Konferenzteilnehmern genügend Informationen geben, damit sie sich auf die zu lösenden Probleme konzentrieren können und die Besprechung nicht ziellos im Sande verläuft.

4. Sie müssen den Konferenzteilnehmern Richtlinien für die Diskussion geben, damit sie überhaupt wissen, worüber sie diskutieren sollen.

5. Sie müssen den Konferenzteilnehmern Gelegenheit geben, ihre eigenen Ansichten und Probleme zum Ausdruck zu bringen,

nachdem Sie gemeinsam die anstehenden Punkte besprochen haben.

6. Sie müssen den Konferenzteilnehmern klarmachen, daß Sie bei der Diskussion nicht dominieren möchten, sondern daß Sie eine offene, faire Diskussion wünschen, bei der jeder seine Ideen und Vorschläge vorbringen darf.

7. Sie müssen Ihren Mitarbeitern klarmachen, daß Sie die für die Abteilung angestrebten Ziele (die im Grunde genommen die Ziele der Firma sind) nicht ohne ihre Hilfe erreichen können.

8. Sie müssen Ihren Mitarbeitern sagen, daß Sie in dieser Konferenz nur die groben Richtlinien für die Abteilung festsetzen möchten und daß jeder Teilnehmer später bei einem Gespräch unter vier Augen Gelegenheit haben wird, seine eigenen, speziellen Ziele gemeinsam mit Ihnen festzulegen.

9. Sie müssen den Konferenzteilnehmern klarmachen, daß Sie sich zwar Ihrem Chef gegenüber auf bestimmte Ziele festgelegt haben, aber dennoch nicht starr und engstirnig auf Ihrem Standpunkt beharren, sondern bereit sind, sich alle ihre Vorschläge anzuhören.

10. Sie müssen den Konferenzteilnehmern sagen, daß Sie die Ziele, die die oberste Geschäftsleitung festgesetzt hat, für sinnvoll und notwendig erachten, und daß ein Team, das bereit ist, sich Herausforderungen zu stellen, diese Ziele ohne weiteres erreichen kann.

11. Bei der Eröffnung einer Konferenz ist eine Tagesordnung sehr sinnvoll. Wenn Sie daran gedacht haben, bei der Eröffnung Ihrer Konferenz die Tagesordnung zu verteilen oder mündlich bekanntzugeben, erhalten Sie einen Punkt.

12. Visuelle Hilfsmittel eignen sich gut als Einstieg in eine Konferenz. Wenn Sie bei der Eröffnung Ihrer Konferenz ein solches Hilfsmittel eingeplant haben, erhalten Sie einen Punkt. (Es wäre zum Beispiel eine gute Idee, die bisherigen Leistungen der Abteilung anhand visueller Hilfsmittel zu veranschaulichen.)

Wenn alle Mitglieder Ihrer Arbeitsgruppe ihre Punktzahl ermittelt haben, fahren Sie mit der Übung fort.

5. Beiträge des Konferenzleiters und der Konferenzteilnehmer

Die Variationsbreite einer gesteuerten Konferenz ist sehr groß; sie reicht von bloßem Vortrag des Konferenzleiters bis hin zu hundertprozentiger Beteiligung der Konferenzteilnehmer. Ein entscheidender Faktor ist hierbei die Frage, wieviel die Teilnehmer bereits über das Konferenzthema wissen.

Wie viele Konferenzbeiträge von Ihnen kommen und wie viele von den Konferenzteilnehmern, das haben Sie selbst in der Hand. Es läßt sich geschickt steuern, wenn man die Kunst der richtigen Fragetechnik beherrscht. An den Antworten der Konferenzteilnehmer auf Ihre Fragen läßt sich ihr Kenntnisstand leicht ablesen.

Daher möchte ich im folgenden kurz auf die verschiedenen Fragetypen eingehen und erläutern, wie man sie richtig einsetzt.

Was für Fragetypen gibt es?

Der Konferenzleiter hat grundsätzlich zwei Möglichkeiten: Er kann seine Fragen an die ganze Gruppe richten und auf freiwillige Wortmeldungen warten, oder er kann einzelne Konferenzteilnehmer herausgreifen und ihnen Fragen stellen. Neben diesen beiden Alternativen gibt es auch noch verschiedene Fragetypen, auf die ich im folgenden kurz eingehen möchte.

Es gibt offene und geschlossene Fragen. Eine geschlossene Frage (auch »Ja/Nein-Frage« genannt) ist eine Frage, die entweder mit »Ja« oder mit »Nein« – oder jedenfalls mit einigen wenigen Worten – beantwortet werden kann. Eine offene Frage dagegen läßt sich nicht einfach mit »Ja« oder »Nein« beantworten, sondern erfordert eine ausführlichere Antwort. Solche Fragen beginnen in der Regel mit Wörtern wie »Wer«, »Was«, »Wann«, »Wo«, »Wie« oder »Warum«. Daneben gibt es auch noch die sogenannte rhetorische Frage: Das ist eine Frage, auf die keine Antwort erwartet wird. Der Konferenzleiter beantwortet sie entweder anschließend selbst, oder die Frage impliziert bereits die Antwort.

Wenn Konferenzteilnehmer Fragen stellen, hat der Konferenzleiter zwei Möglichkeiten: Er kann sie selbst beantworten oder aber an die Gruppe oder einen einzelnen Teilnehmer zurückgeben.

Nun, da Sie gelernt haben, wie man die verschiedenen Fragetypen nennt, wollen wir feststellen, ob Sie auch wissen, wie man sie richtig einsetzt.

In der linken Spalte des nun folgenden Tests sind bestimmte Situationen beschrieben, in der rechten Spalte Fragetypen. Sie müssen nun entscheiden, in welcher Situation Sie welchen Fragetyp einsetzen würden. (Tragen sie den Buchstaben des Fragetyps in die Zeilen in der Mitte ein.)

Situation	**Ihre Entscheidung**	**Gruppenentscheidung**	
1. Der Konferenzleiter möchte ein Diskussion anregen.	______	______	a) Der Konferenzleiter richtet eine Frage direkt an einen der Teilnehmer.
2. Der Konferenzleiter möchte die Diskussion abbrechen.	______	______	b) Der Konferenzleiter richtet eine Frage an die ganze Gruppe.
3. Einer der Konferenzteilnehmer ist extrem ruhig und beteiligt sich nicht an der Diskussion.	______	______	c) Der Konferenzleiter gibt die Frage an einen bestimmten Teilnehmer zurück.
4. Einer der Teilnehmer stellt eine Frage. Der Konferenzleiter ist sich nicht sicher, ob er sie beantworten kann.	______	______	d) Der Konferenzleiter stellt eine offene Frage.
5. Der Konferenzleiter möchte die Diskussion auf ein Minimum reduzieren, um Zeit zu sparen.	______	______	e) Der Konferenzleiter stellt eine geschlossene Frage.
6. Zwei Teilnehmer führen ein «Privatgespräch»: der Konferenzleiter möchte sie unterbrechen.	______	______	f) Der Konferenzleiter stellt eine rhetorische Frage.

7. Der Konferenzleiter möchte herausfinden, wie sehr die Gruppe von der Meinung eines bestimmten Teilnehmers überzeugt ist, die er selbst für falsch hält.	__________	__________	g) Der Konferenzleiter gibt die Frage an die ganze Gruppe zurück.
8. Der Konferenzleiter hat den Eindruck, daß einer der Teilnehmer das Thema nicht objektiv betrachtet, sondern Vorurteile hat.	__________	__________	h) Keine der obigen Lösungen.
9. Ein Teilnehmer stellt eine Frage, die der Konferenzleiter nicht selbst beantworten möchte. Die Antwort soll von den anderen Konferenzteilnehmern kommen.	__________	__________	
10. Zwei Konferenzteilnehmer haben sich in eine hitzige Debatte verwickelt, die nicht weiterführt; die anderen hören schweigend zu.	__________	__________	

Sie haben fünf Minuten Zeit, um Ihre persönliche Entscheidung zu fällen, und 10 Minuten, um zu einer Gruppenentscheidung zu gelangen. Sobald Ihre Arbeitsgruppe sich für jede Situation auf eine Antwort geeinigt hat, lesen Sie die nächste Seite *(bitte nicht vorher)*.

6. Bewertung des Fragetypen-Tests

Vergleichen Sie Ihre Antworten und die Antworten Ihrer Gruppe mit der untenstehenden Auflösung. Für jede Frage, die Sie oder Ihre Arbeitsgruppe richtig beantwortet hat, erhalten Sie einen Punkt. Man kann pro Frage nur einen Punkt erreichen, das heißt, wenn Sie und Ihre Gruppe zu verschiedenen Ergebnissen gelangt sind und beide Antworten unten als richtig aufgeführt sind, erhalten Sie trotzdem nur einen Punkt.

Situation

1	d, b oder h oder eine Kombination von d und b
2	e oder f
3	a oder c (Sie müssen aber sicher sein, daß er/sie die Frage auch beantworten kann)
4	c oder g
5	e oder f
6	a, b oder h
7	b oder g
8	b oder g
9	g
10	a, e oder h

Erläuterung der Auflösung

1. Eine offene Frage ist am besten dazu geeignet, eine Diskussion anzuregen, da sie eine ausführliche Antwort erfordert (sie fragt nach dem Wie, Was, Wann oder Warum). Am besten richtet man diese Frage an die ganze Gruppe, damit sich alle angesprochen fühlen.

2. Mit einer geschlossenen Frage kann man eine Diskussion sehr gut zum Abschluß bringen, da sie eine sehr kurze, eindeutige Antwort (Ja oder Nein) erfordert. Eine rhetorische Frage erfüllt denselben Zweck.

3. Grundsätzlich sollte man nur dann eine Frage an einen bestimmten Teilnehmer richten, wenn man ganz sicher ist, daß dieser sie auch beantworten kann.

4. Eine Frage, die der Konferenzleiter nicht selbst beantworten kann, gibt er am besten an die ganze Gruppe oder an einen einzelnen Konferenzteilnehmer weiter.

5. Auch hier eignet sich eine geschlossene Frage, da sie sich mit einem Wort bzw. mit wenigen Worten beantworten läßt, oder eine rhetorische Frage, die gar keine Antwort erfordert.

6. Der Konferenzleiter kann einen der Teilnehmer, die in das Privatgespräch verwickelt sind, direkt ansprechen und dadurch zur Aufmerksamkeit zwingen. Eine etwas diskretere Lösung besteht darin, eine Frage an die ganze Gruppe zu richten. Auch dann werden die betreffenden Teilnehmer ihr Privatgespräch wahrscheinlich unterbrechen, denn sie wissen ja nicht, ob er die Frage nicht als nächstes an einen von ihnen richten wird.

7. Durch eine Frage, die an alle Teilnehmer gerichtet ist, kann der Konferenzleiter am ehesten erfahren, welche Meinung bzw. Stimmung innerhalb der Gruppe herrscht.

8. Wenn der Konferenzleiter ein Vorurteil vor der ganzen Gruppe enthüllt, wird er den betreffenden Teilnehmer damit eher bloßstellen und verärgern, statt sein Problem zu lösen. Besser ist es, eine entsprechende Frage an die ganze Gruppe zu richten. Diese kann dann einen gewissen Druck auf ihn ausüben und ihn davon überzeugen, sein Vorurteil aufzugeben.

9. Wenn der Konferenzleiter die Frage an die ganze Gruppe zurückgibt bzw. zur Diskussion stellt, werden alle Teilnehmer dazu angeregt, sich Gedanken über die Antwort zu machen.

10. Wieder empfiehlt sich eine geschlossene Frage, die in wenigen Worten beantwortet werden kann, um die Diskussion, die nichts bringt, abzukürzen. Die Frage sollte an einen der beiden streitenden Teilnehmer gerichtet werden.

Errechnen Sie Ihre Punktzahl, und tragen Sie sie in Zeile fünf des Punktzahlenblattes ein. (Denken Sie daran, daß man nicht mehr als zehn Punkte erreichen kann!)

7. Beendung einer Konferenz

Es folgen nun einige Vorschläge, wann man eine Konferenz beenden sollte. Sind Sie mit ihnen einverstanden oder nicht? Dann antworten Sie dementsprechend mit »Ja« oder »Nein«, und tragen Sie Ihre Antwort in die Spalte »Ich« ein. Sie haben dazu sieben Minuten Zeit. Sobald alle mit dem Test fertig sind, diskutieren Sie in der Gruppe über die einzelnen Ideen, finden Sie eine Gruppenentscheidung, und tragen Sie diese in die »Wir«-Spalte ein. Dazu haben Sie 14 Minuten Zeit.

Vorschläge zur Beendung einer Konferenz

1. Sie sollten die Konferenz beenden, sobald ein gewisses Gleichgewicht zwischen Ihren eigenen Beiträgen und denen der Konferenzteilnehmer erreicht ist: Beide Parteien sollten etwa 50% der Besprechung beigetragen haben.

2. Ein rascher Blick auf Ihren Zeitplan zeigt Ihnen, ob Sie noch tiefer in das Thema einsteigen oder mit der Zusammenfassung beginnen sollen.

3. Schauen Sie nicht auf die Uhr. Die meisten Konferenzteilnehmer möchten erst dann gehen, wenn alles geklärt ist.

4. Beenden Sie eine Besprechung niemals »mittendrin«. Es ist nicht gut, für dasselbe Thema eine weitere Konferenz anzuberaumen; bis dahin haben die Konferenzteilnehmer das Interesse an dem Thema längst verloren.

5. Machen Sie die Konferenzteilnehmer darauf aufmerksam, wenn das Ende der Besprechung kurz bevorsteht, und sagen Sie ihnen, daß Sie nun noch Zeit haben, um ein paar Fragen zu beantworten.

6. Stellen Sie fest, was für eine Stimmung unter den Konferenzteilnehmern herrscht, z. B. mit einer Frage wie: »Würden Sie sich gern noch eingehender mit dem Thema befassen?« Aus den Antworten können Sie dann entnehmen, ob die Teilnehmer genug haben oder nicht und ob Sie die Konferenz beenden können.

7. Es ist die Aufgabe des Konferenzleiters, die Teilnehmer zu einem angemessenen Abschluß der Besprechung hinzuführen.

8. Wegen des Zeitdrucks ist es manchmal schwierig, alle Konferenzteilnehmer zu Wort kommen zu lassen; doch wenn man die Konferenz richtig plant und gut unter Kontrolle hält, kann man seine Ziele durchaus in der zur Verfügung stehenden Zeit erreichen.

9. Die Besprechung sollte so lange dauern, wie Sie das Gefühl haben, daß etwas Sinnvolles dabei herauskommt und daß die Konferenzteilnehmer interessiert sind – natürlich im Rahmen der zur Verfügung stehenden Zeit und des Konferenzplans.

Sobald Ihre Gruppe sich über alle Antworten einig geworden ist, gehen Sie zur nächsten Seite über *(bitte nicht vorher)*.

Bewertung des Tests

Sie erhalten für jede richtige Antwort einen Punkt. Tragen Sie die Punkte in Zeile sechs des Punktzahlenblattes ein.

Auflösung und Erläuterung

1. Eine ausgewogene Mischung aus Beiträgen des Konferenzleiters und Beiträgen der Konferenzteilnehmer ist kein ausreichendes Kriterium für die Entscheidung, wann eine Besprechung beendet werden sollte.

2. Jeder Konferenzleiter sollte einen genauen Zeitplan haben und ihn als Richtlinie benützen. Wenn dieser Zeitplan schriftlich ausgearbeitet ist, können sich auch die Konferenzteilnehmer daran halten; sie wissen dann genau, ob sie sich noch eingehender mit dem Thema auseinandersetzen oder bereits mit der Zusammenfassung und Entscheidungsfindung beginnen sollen.

3. Das stimmt leider nicht. Die meisten Konferenzteilnehmer schauen öfter auf die Uhr als Sie.

4. Manchmal ist es durchaus sinnvoll, für dasselbe Thema noch eine weitere Konferenz anzuberaumen. Es kann die Konferenzteilnehmer dazu motivieren, sich eingehender mit dem Thema zu befassen, und neue Einsichten erbringen.

5. Sie dürfen auf gar keinen Fall den Fehler machen, zu sagen: »So, und jetzt haben wir noch Zeit für ein paar Fragen.« Wenn in der

Endphase der Konferenz tatsächlich noch jemand eine etwas kompliziertere Frage hat, wird es Ihnen sehr schwerfallen, die Besprechung rechtzeitig zu beenden.

6. Das ist eine gute Methode, um herauszufinden, inwieweit die Konferenzteilnehmer die Besprechung noch fortsetzen möchten.

7. Ja, das ist Ihre Aufgabe; und nur wenige Konferenzleiter beherrschen diese Kunst. Es erfordert viel Übung. Denken Sie daran, daß Sie am Schluß die wichtigsten Inhalte der Besprechung noch einmal rekapitulieren und versuchen müssen, eine Einigung zu erzielen.

8. Häufig wird die Zeit, die für die Diskussion zur Verfügung steht, tatsächlich sehr begrenzt sein. Lassen Sie sich deswegen keine grauen Haare wachsen. Sie müssen den Konferenzteilnehmern nur klarmachen, warum die Zeit für die Diskussion begrenzt ist.

9. Das ist die beste Grundregel dafür, wie lange eine Konferenz dauern sollte.

Damit sind Sie am Ende dieser Übung angelangt. Nun errechnen Sie Ihre Gesamtpunktzahl und die Gesamtpunktzahl Ihrer Gruppe. Auf der nächsten Seite haben Sie Gelegenheit, Ihre Leistungen als Konferenzteilnehmer zu bewerten. Nur Sie selbst sind dazu in der Lage.

Bewertung Ihrer Leistungen als Konferenzteilnehmer

Und nun bewerten Sie die Leistungen, die Sie im Lauf dieser Übung erbracht haben, mit Hilfe folgender Notenskala:

Gute Leistung	5
Mittelmäßige Leistung	3
Geringe Leistung	1

1. Habe ich viele Ideen zur Diskussion beigetragen?

2. Habe ich mir die Ideen der anderen aufmerksam angehört?

3. Habe ich die Probleme objektiv betrachtet?

4. Habe ich zum ordnungsgemäßen Ablauf der Konferenz beigetragen?

5. Inwieweit habe ich mich wirklich darum gekümmert, wie die Gruppenbeschlüsse zustande kamen?

Nun bewerten Sie Ihre Punktzahlen anhand dieser Tabelle:

Ihre Punktzahl			*Punktzahl Ihrer Gruppe*		
Niedrig	Mittelmäßig	Hoch	Niedrig	Mittelmäßig	Hoch
0–12	13–39	40–68	0–5	6–24	25–43

Register